Michael Volmer

Vollzug von Kaufverträgen

AUSBILDUNGSREIHE FÜR NOTARFACHANGESTELLTE

HERAUSGEGEBEN VON DER NOTARKASSE A.D.Ö.R., MÜNCHEN

Vollzug von Kaufverträgen

3. Auflage

von

Notar
Michael Volmer
Aschaffenburg

DeutscherNotarVerlag

Weitere Titel der Ausbildungsreihe für Notarfachangestellte

Michael Bernauer/Hans-Joachim Vollrath/
Nora Ziegert
Familienrecht, 2. Auflage
(ISBN 978-3-95646-256-6)

Andreas Bosch/Benedikt Strauß
Berufsrecht – BNotO, BeurkG, 2. Auflage
(ISBN 978-3-95646-257-3)

Christian Esbjörnsson
Gesellschaftsrecht, 2. Auflage
(ISBN 978-3-95646-218-4)

Melanie Falkner
Grundstückskaufvertrag, 3. Auflage
(ISBN 978-3-95646-313-6)

Michael Gutfried
Grundschulden, 2. Auflage
(ISBN 978-3-95646-252-8)

Jens Haßelbeck
Wohnungs- und Teileigentum, 3. Auflage
(ISBN 978-3-95646-278-8)

Franz Heitzer
Notarkosten, 3. Auflage
(ISBN 978-3-95646-277-1)

Anja Heringer/Franz Heitzer/
Hans-Joachim Vollrath
Prüfungswissen kompakt, 2. Auflage
(ISBN 978-3-95646-306-8)

Judith Junk
Erbrecht, 2. Auflage
(ISBN 978-3-95646-253-5)

Bernadette Kell
Grundbuch – Rechte in Abt. II, 2. Auflage
(ISBN 978-3-95646-255-9)

Andreas Kersten/Martin Jurkat
Büroorganisation, 3. Auflage
(ISBN 978-3-95646-307-5)

Jens Neie
Überlassungsvertrag, 2. Auflage
(ISBN 978-3-95646-220-7)

Sonja Pelikan
Basiswissen im Notariat, 2. Auflage
(ISBN 978-3-95646-221-4)

Sonja Karl Pelikan
Grundbuch lesen und verstehen, 2. Auflage
(ISBN 978-3-95646-254-2)

Holger Sagmeister
Anmeldungen zum Registergericht, 3. Auflage
(ISBN 978-3-95646-284-9)

Markus Sikora
Vollmachten, Genehmigungen, Zustimmungen, Beglaubigungen, 3. Auflage
(ISBN 978-3-95646-279-5)

Valentin Spernath
Grundstücksrecht Spezial, 3. Auflage
(ISBN 978-3-95646-311-2)

Hinweis
Die Formulierungsbeispiele in diesem Buch wurden mit Sorgfalt und nach bestem Wissen erstellt. Sie stellen jedoch lediglich Arbeitshilfen und Anregungen für die Lösung typischer Fallgestaltungen dar. Die Eigenverantwortung für die Formulierung von Verträgen, Verfügungen und Schriftsätzen trägt der Benutzer. Autor und Verlag übernehmen keinerlei Haftung für die Richtigkeit und Vollständigkeit der in dem Buch enthaltenen Ausführungen und Formulierungsbeispiele.

Umschlaggestaltung: gentura, Holger Neumann, Bochum
Satz: PMGi – Agentur für intelligente Medien GmbH, Hamm
Druck: Hans Soldan Druck GmbH, Essen
ISBN 978-3-95646-280-1

Bibliografische Information der Deutschen Bibliothek
Die Deutsche Bibliothek verzeichnet diese Publikation in der Deutschen Nationalbibliografie; detaillierte bibliografische Daten sind im Internet über
http://dnb.d-nb.de abrufbar.

Geleitwort

Hinter jedem guten Notar stehen seine Mitarbeiter, die den reibungslosen Ablauf im Notariat sicherstellen.

Der Beruf der Notarfachangestellten ist ein spannender und vielfältiger Beruf, der in Anforderung und Verantwortung weit über einen „gewöhnlichen" Bürojob hinausgeht. Immobilienkäufe, Testamente, Unternehmensgründungen, Eheverträge, Scheidungsvereinbarungen und einiges mehr – über die ganze Bandbreite notarieller Tätigkeiten müssen auch Sie als Mitarbeiter im Notariat tiefgehende Kenntnisse haben. Nur mit Ihrer Unterstützung kann der Notar sein Büro erfolgreich führen.

Wie kann man Sie möglichst gezielt und effizient unterstützen, um eine bestmögliche Ausbildung zum Notarfachangestellten zu absolvieren? Diese Frage haben wir uns als Notarkasse gemeinsam mit Autoren aus der Praxis, nämlich Notarinnen und Notaren, Notarassessoren und Büroleitern gestellt. Zusammen mit dem Deutschen Notarverlag wurde die *„Ausbildungsreihe für Notarfachangestellte"* ins Leben gerufen. Wir haben uns zum Ziel gesetzt, Auszubildende während ihrer anspruchsvollen Ausbildungszeit und Berufsanfänger bei ihrem Einstieg in den komplexen Büroalltag zu unterstützen. Auch für Quereinsteiger zur Vermittlung von Grundlagen und für den erfahrenen Notarfachangestellten als Nachschlagewerk ist die Reihe gut geeignet.

Pro Band vermitteln die Autoren dieser Reihe anschaulich die komplette Bandbreite eines notariellen Fachgebiets von den Grundlagen bis hin zu komplexeren Fallgestaltungen. Um Ihnen die Anwendung des Erlernten zu erleichtern, enthält jedes Buch ein Kapitel zur Wissensüberprüfung. Die Lösungsvorschläge verbinden bereits einzelne Fachgebiete miteinander und geben so Gelegenheit zur Vertiefung der gewonnenen Fähigkeiten.

In diesem Band stellt *Michael Volmer* den Vollzug des Grundstückskaufvertrages und seine Hintergründe dar. *Michael Volmer* ist zwar in Westfalen aufgewachsen, hat aber durch sein Studium und Referendariat in Passau die Schönheit Bayerns kennen und schätzen gelernt, weswegen er nun als Notar in Aschaffenburg tätig ist. Zum Thema „Vollzug von Grundstückskaufverträgen" referiert er seit vielen Jahren regelmäßig in Seminaren für Notariatsmitarbeiter. Deren Rückmeldungen und Fragen sind in diesen Band eingeflossen.

Dr. Helene Ludewig

Präsidentin der Notarkasse A.d.ö.R., München

Vorwort

Der Grundstückskaufvertrag ist einer der wichtigsten Standardverträge, die im Notariat beurkundet und abgewickelt werden. Das Anleitungsbuch, dessen 3. Auflage Sie nun in Ihren Händen halten, ist eine erste Einführung in die Abwicklung des Grundstückskaufvertrages. Einbezogen sind die Nebenurkunden sowie Löschungsbewilligungen und Grundschuldbestellungen.

Das Buch richtet sich vorrangig an Vollzugskräfte. Auf allgemeine Hinweise zur notariellen Betreuungstätigkeit, zur Überwachung dieser Tätigkeit oder zur Bewältigung unerwarteter Störfälle wurde bewusst verzichtet. Dieses Buch soll Ihnen als Berufsanfänger oder Quereinsteiger eine selbstständige Erarbeitung ermöglichen oder auch Ihr Wissen in einem zweiten Anlauf vertiefen, wenn Sie bereits in Ihre „heimische“ Routine eingewiesen wurden.

Die Vollzugstätigkeit knüpft häufig an die im Grundbuch vermerkten Rechte an. Daher orientiert sich die Darstellung am Aufbau des Grundbuchs: Bestandsverzeichnis, Abteilungen I, II und III. Vorab sind diejenigen Vollzugshandlungen erläutert, die unmittelbar und allein aus der Urkunde entnommen werden müssen, weil sie nicht mit einer vorhandenen Grundbucheintragung zusammenhängen.

Die eingestreuten Gesetzestexte dienen der vertiefenden Darstellung. Sie sollen selbstverständlich nicht auswendig gelernt werden. Vielmehr verdeutlichen sie, wie der Vollzug durch gesetzliche Vorgaben determiniert ist und welche Folgen sich aus übergangenen Grundbucheintragungen für die Vertragsbeteiligten, insbesondere den Käufer, ergeben.

Die Verwendung der Fachbegriffe und die Darstellung der gesetzlichen Zusammenhänge sind absichtlich vereinfacht worden, um den Einstieg zu erleichtern. Für die deswegen teils unpräzise Verwendung der Fachbegriffe bitte ich um Nachsicht; es ist nicht Ziel des Buches, die Rechtsdogmatik auf wissenschaftlichem Niveau sauber darzustellen.

Das Buch ist hervorgegangen aus einem mehrmals gehaltenen Seminarvortrag gleichen Inhalts für Mitarbeiter des bayerischen (und pfälzischen) Notariats. Eine gelegentlich betont bayerische Sicht lässt sich daher nicht leugnen. Die Anregungen der Seminarteilnehmer fließen weiterhin in die stetige Verbesserung des Werks ein. Für diese Ideen wie auch für die freundliche Aufnahme der bisherigen Auflagen sage ich herzlichen Dank. Anregungen und Korrekturhinweise aus dem Kreis der Leser und Anwender nehme ich gerne entgegen per Mail unter *fehlerteufel@sachenrecht.rocks*.

Die benutzten Muster wurden von Herrn Notar a.D. *Dr. Hans-Frieder Krauß*, München, entwickelt und sind veröffentlicht in seinem Handbuch *Immobilienkaufverträge in der Praxis*, erschienen im Carl Heymanns Verlag, 1[illegible]uflage 2023. Ich halte die Muster für gelungen, meine deswegen aber noch nicht, dass jedes Notariat zwingend auf diese umstellen müsste. Aus diesem Grund finden Sie in diesem Buch genügend Raum für Notizen zu Ihrem heimischen Pendant.

Dr. Krauß und dem Carl Heymanns Verlag sei an dieser Stelle herzlich für die Gestattung der Verwendung gedankt. Ebenso danke ich meinem früheren Sozius, Herrn Notar *Nikolaus Klöcker*, Starnberg, für die Bereitstellung seiner Vollzugsanweisung zur Aktenführung.

Besonderen Dank für die Unterstützung spreche ich meiner Frau Katharina aus; ihr sei dieses Buch gewidmet.

Michael Volmer

Aschaffenburg, im Mai 2024

Inhaltsverzeichnis

§ 1 Einführung

A. Vorbemerkung

I. Vollzug und EDV

Dieses Buch soll zum Vollzug von Grundstückskaufverträgen und Grundschulden – letztere vor allem soweit sie zur Kaufpreisfinanzierung dienen – anleiten. Dabei sind jedoch für mich als Autor einige Grenzen zu beachten. Mehr und mehr durchdringt die EDV die Arbeitsabläufe im Notariat. Das ist Segen wie Fluch zugleich. Es ist Segen, weil viele Standardbriefe nicht mehr eigens geschrieben werden müssen, sondern in der EDV als Formular hinterlegt sind. Die vielfältigen Musteranschreiben in diesem Buch zeugen davon. Eine gut geführte EDV ermöglicht die bruchlose automatische Übernahme der Daten aus der Urkunde in den Vollzug, womit ein mehrfaches Abschreiben beispielsweise derselben Personalien überflüssig wird. Segen ist die Digitalisierung auch, weil viele Informationen aus dem Grundbuch und dem Handelsregister in Sekunden abgerufen werden können. 1

Die EDV ist aber auch Fluch, weil die automatische Datenübernahme nur dann gut funktioniert, wenn die Bearbeitung sich der EDV anpasst. Der zunehmende Einsatz der EDV verlangt also eine Ausrichtung der Arbeitsweise und der Büroabläufe nach dem Programm und nicht umgekehrt, wie es eigentlich wünschenswert wäre. 2

Das vorliegende Anleitungsbuch bietet nun keine Hilfe im Umgang mit einer bestimmten EDV. Dazu hätte der Verlag mindestens ein halbes Dutzend Parallelwerke – je eines für jede Notarsoftware – auflegen müssen. Und mir als Autor fehlt für ein solches Projekt der Gesamtüberblick über alle angebotenen Programme. Mit dem Anspruch auf Sachkunde und technische Beherrschung würde ich allenfalls über das eine selbstgenutzte Programm schreiben können. Auch diese Begrenzung ist Segen wie „Fluch“. Segen, weil das Buch unabhängig von einer bestimmten EDV benutzt werden kann; Fluch, weil die letzte Anpassung, nämlich die Umsetzung in Ihrem konkreten Programm, von Ihnen zu leisten ist. Sie sind aber nicht nur eingeladen, sondern aufgefordert, das Buch durch zahlreiche Notizen, Hinweise und Listen für Ihren eigenen Arbeitsplatz anzupassen. 3

Deswegen verzichte ich auch auf eine Einführung in den elektronischen Vollzug (zu abhängig von der jeweiligen Software), mit einer Ausnahme: Hinweise zum Versenden von beglaubigten Abschriften per EDV habe ich aufgenommen (siehe Rdn 61). Die weitere Darstellung der Programmanwendung, insbesondere zur Erfassung der sog. XML-Strukturdaten für das Grundbuchamt, muss einer gesonderten Handreichung vorbehalten bleiben.

II. Grundlegende Empfehlungen

Sodann möchte ich Ihnen als Leser und Anwender zunächst **einige Benutzerhinweise** mit auf den Weg Ihrer Lektüre und Ihrer täglichen Arbeit geben: 4

- Vorrangig gegenüber meinen sämtlichen Vorschlägen ist Ihre **Büroroutine**. Nichts ist wichtiger als eine funktionierende, gut strukturierte Büroroutine. Routine vermeidet Stress und ermöglicht die Konzentration auf Wesentliches. Natürlich kann auch die Büroroutine geändert werden. Das aber bitte immer nur mit Bedacht und auf keinen Fall eigenmächtig.
- Gegenüber jeder Routine gilt: Bitte beachten Sie **Einzelanweisungen** peinlich genau. Es ist gerade in Routinefällen die wichtigste Aufgabe des Notars in der Beurkundung – und seines Büros bei Vorbereitung und Vollzug –, zu erkennen, ob nicht der einzelne Fall ausnahmsweise einmal außerhalb des Alltäglichen abzuwickeln ist. Diese Einzelanweisungen finden sich nicht in diesem Buch und auch nicht in den allgemeinen Arbeitsanweisungen Ihres Notariats. Sie finden sich allenfalls handschriftlich notiert in den Vollzugsbögen. Aus meiner Sicht ist noch ein Fluch der EDV im Notariat, dass die Software abweichenden Einzelanweisungen gegenüber einer allgemeinen Routine nicht genügend Raum lässt. Von allen Blicken, die Sie in die Handakten werfen, ist das der viel-

leicht wichtigste Blick überhaupt: zu erkennen, ob nicht im Einzelfall die eingefahrene Routine verlassen werden sollte.

- Beachten Sie in jedem Fall schließlich die **Wiedervorlage**. Das (ggf. elektronisch geführte) Wiedervorlagebuch muss ordnungsgemäß geführt und abgearbeitet werden. Eine gute Wiedervorlage führt nicht nur dazu, dass ausstehende Reaktionen bei anderen Beteiligten rechtzeitig angemahnt werden. Sie ermöglicht auch eine verbesserte Selbstkontrolle, indem eigene Defizite und Unterlassungen bei der Ausfertigung schneller auffallen und rechtzeitig(er) behoben werden können. Wenn routinegemäß die Handakte drei Monate nach Beurkundung aus der Registratur geholt wird, stellt sich vielleicht doch heraus, dass der Grunderwerbssteuerstelle die mittlerweile eingegangene Genehmigung nicht mitgeteilt wurde (und deswegen die Unbedenklichkeitsbescheinigung aussteht).

5 Für die weitere Darstellung gehe ich immer davon aus, dass die Urkunde ihrem Wortlaut nach feststeht. Möglich sind allenfalls Korrekturvermerke zur Schreibfehlerberichtigung oder das fehlerbehebende Ausnutzen einer Vollzugsvollmacht. Dieses Buch behandelt aber nicht die Vorbereitung der Urkunde selbst, sondern ausschließlich die Urkundenabwicklung. Sollten Sie der Meinung sein, dass sich in der Urkunde Fehler eingeschlichen haben oder Unzutreffendes bzw. nicht Durchführbares beurkundet wurde, nehmen Sie bitte selbstverständlich schnellstmöglich Kontakt mit dem Sachbearbeiter oder Ihrem Notar auf. Die dann erforderlichen Nachträge sind aber jedenfalls nicht Aufgabe der Vollzugskräfte und auch nicht Teil dieser Darstellung.

B. Erteilung von Abschriften

I. Im Notariat erzeugte Schriftstücke

6 *Zur Vertiefung:*

Karl Pelikan, Basiswissen im Notariat, 2. Aufl., § 1 Rn 3 ff.

Das Beurkundungsgesetz (BeurkG) kennt drei große Bereiche notarieller Tätigkeit, nämlich

- die **Beurkundung von Willenserklärungen** (das ist der notariell beurkundete, komplett verlesene Vertrag oder die einseitige Willenserklärung wie Testament oder Grundschuld);
- die **Beurkundung von Tatsachen**, die der Notar in amtlicher Eigenschaft selbst wahrgenommen hat (wichtigster Fall: Versammlungsbeschlüsse, aber auch die Errichtung eines Nachlassinventars). In amtlicher Eigenschaft bedeutet: Er muss die Tatsache aufgrund eines vorherigen Auftrags von Anfang an „als Notar“ wahrgenommen haben. Er kann nicht nachträglich zufälliges Privatwissen umqualifizieren;
- **sonstige Vermerke**, wie insbesondere Unterschriftsbeglaubigungen.

II. Herausgabe von Protokollen

7 Die Urschrift von beurkundeten Erklärungen und das Protokoll über Wahrnehmungen bleiben in der notariellen Verwahrung und werden nur in besonderen Fällen herausgegeben.

§ 45 BeurkG: Urschrift

(1) Die Urschrift der notariellen Urkunde bleibt, wenn sie nicht auszuhändigen ist, in der Verwahrung des Notars.

(...)

§ 45a BeurkG: Aushändigung der Urschrift

(1) Die Urschrift einer Niederschrift soll nur ausgehändigt werden, wenn dargelegt wird, dass sie im Ausland verwendet werden soll, und sämtliche Personen zustimmen, die eine Ausfertigung verlangen können. In diesem Fall soll die Urschrift mit dem Siegel versehen werden; ferner soll eine Ausfertigung zurückbehalten und auf ihr vermerkt werden, an wen und weshalb die Urschrift ausgehändigt worden ist. Die Ausfertigung tritt an die Stelle der Urschrift.

(2) Die Urschrift einer Urkunde, die in der Form eines Vermerks verfasst ist, ist auszuhändigen, wenn nicht die Verwahrung verlangt wird.

Diese besonderen Fälle sind im Gesetz abschließend aufgezählt: 8

- So werden **Testamente** oder **Erbverträge** in die gerichtliche Verwahrung gegeben, § 34 BeurkG (bei Erbverträgen, die der Notar selbst im Archiv verwahrt, erst mit dem Erbfall; faktisch hat der Notar bei der Beurkundung von Erbverträgen damit ein Optionsrecht, ob er sich zur Eigenverwahrung bereit erklärt oder den Beteiligten die amtliche Verwendung vorschlägt; Ehe- und Erbverträge können nicht in die amtliche Verwahrung gegeben werden).
- **Notariell verwahrte Erbverträge** können den Beteiligten aus der amtlichen Verwahrung ausgehändigt werden; die Urkunde wird dann unwirksam, § 2256 BGB.

Schließlich darf die Urschrift bei glaubhaft gemachter Verwendung im Ausland herausgegeben werden, § 45a BeurkG. Anstelle der Urschrift wird dann eine Ausfertigung im Archiv verwahrt. Dabei hat sich ein besonderer Ausfertigungsvermerk eingebürgert, der auf den Sachverhalt hinweist: 9

Formulierungsbeispiel: Ausfertigungsvermerk bei Aushändigung der Urschrift

Vorstehende, mit der Urschrift übereinstimmende Ausfertigung erteile ich mir gemäß § 45a Abs. 1 S. 2 BeurkG. Die Urschrift wurde unter Zustimmung aller Beteiligten wegen Verwendung in (…) am heutigen Tage ausgehändigt an (…).

(Ort, Datum)

(Notar)

In die (Papier-)Urkundensammlung wird sodann die Ausfertigung als Ersatz eingelegt. In das elektronische Urkundenarchiv wird jedoch nach wie vor die elektronische Bildfassung der (herausgegebenen) Urschrift und keine Bildfassung der Ausfertigung eingestellt/gescannt. Hier weicht das Urkundenarchiv ausnahmsweise von der Bildidentität zum Papierarchiv ab (§ 34 Abs. 5 NotAktVV). 10

Ähnliches gilt bei einem Verlust des Originals. Die Urschrift kann auf der Grundlage einer noch vorhandenen Ausfertigung oder einer beglaubigten Abschrift mit einem entsprechenden Vermerk ersetzt werden. 11

Formulierungsbeispiel: Verlust des Originals

Diese Ausfertigung/beglaubigte Abschrift tritt an die Stelle der durch (…) zerstörten Urschrift.

„*Vorhanden*" bedeutet an dieser Stelle nicht, dass diese Ausfertigung im Besitz gerade des Notars sein muss. Sie kann auch von einem Urkundsbeteiligten oder Dritten kurzzeitig zur Verfügung gestellt worden sein oder aus dem Grundakt beschafft werden, gerade um die ersetzende Ausfertigung herzustellen.

Die Beteiligten und andere Adressaten der Erklärungen erhalten, von diesen Ausnahmen abgesehen, lediglich Abschriften der Urkunde, nie aber die Urschrift. 12

III. Herausgabe von Vermerken

Bei einfachen Vermerken ist es gerade umgekehrt: Hier wird nach der gesetzlichen Vorgabe die Urschrift regelmäßig herausgegeben. Sie soll nur aufgrund besonderer Anweisung in der Verwahrung des beglaubigenden Notars verbleiben. Löschungsbewilligungen oder Dienstbarkeitsbestellungen werden typischerweise an das Grundbuchamt weitergegeben (wenngleich vielleicht über einen auswärtigen Vollzugsnotar). Genehmigungen werden an den jeweiligen Vollzugsnotar bzw. unmittelbar an das Grundbuchamt gegeben. Ebenso wurden früher die Originale von Handelsregisteranmeldungen an das Gericht geschickt. 13

14 Mit Einführung des elektronischen Rechtsverkehrs im Handelsregister und dessen zunehmender Verbreitung auch im Grundbuchverfahren funktioniert aber die althergebrachte Routine immer weniger. (Digital anzuschreibendes) Grundbuchamt und Handelsregister stehen als Abnehmer des Originals nicht mehr zur Verfügung, weil sie nur im Ausnahmefall Papierdokumente entgegennehmen dürfen und können.

Andererseits benötigt der Unterzeichner das Original ebenfalls nicht (allenfalls eine einfache Kopie zur eigenen Erinnerung). Deswegen ist interessanterweise für Vermerkurkunden die auf den ersten Blick erstaunlich anmutende Frage aufgekommen, ob das Original der Unterschriftsbeglaubigung beim beglaubigenden Notar verbleiben darf oder wie sonst damit zu verfahren sein könnte, angesichts der Tatsache, dass ein besonderer Bedarf für die Herausgabe an den Unterzeichner gar nicht mehr besteht.

15 Die überwiegende Praxis geht bisher für **Handelsregisteranmeldungen** davon aus, dass sich der Gesetzeszweck des § 45a Abs. 2 BeurkG überholt habe. Man dürfe auch das Original aufbewahren. Gelegentlich wird eine entsprechende Verwahrungsanweisung in die Registeranmeldung hineinformuliert. Das scheint auf den ersten Blick für den auf Dienstpflicht vereidigten Notar, von dem eine hohe Rechtstreue erwartet werden kann, eine sehr gewagte Gesetzesauslegung zu sein. Man muss aber erkennen: Der hinter § 45a Abs. 2 BeurkG stehende Normzweck hat sich durch die zunehmende Digitalisierung verflüchtigt, ohne dass die Norm angepasst worden wäre.

16 **Exkurs: Verwahrung hereinkommender Originale bei ausschließlich elektronischer Antragstellung**

Da beim elektronischen Registerverkehr die Papierdokumente überflüssig werden, sobald sie einmal in elektronische Dokumente umgewandelt und an das zuständige Registergericht oder Grundbuchamt übermittelt werden, hat sich weiter die Frage aufgetan, wie beim Vollzugsnotar die von auswärts eingehenden Originale (von Unterschriftsbeglaubigungen, Löschungsbewilligungen oder Genehmigungen) zu behandeln sind.

Bei Papiervorlage wären diese an das Grundbuchamt gegangen und dauerhaft im Grundakt aufbewahrt worden.

Eine Rückgabe an den beglaubigenden Notar ist überflüssig bzw. scheidet aus, weil dieser entsprechend der NotAktVV für seine eigenen Unterlagen die von ihm für erforderlich erachteten Kopien gefertigt hat.

Das Grundbuchamt/Registergericht nimmt nach einer Umstellung auf elektronischen Rechtsverkehr aber das Papierdokument nicht an, und auch bei den Beteiligten besteht an diesen Nebenerklärungen typischerweise kein Interesse bzw. sie bewahren entsprechende Kopien auf.

Man könnte sie zwar bei der Urschrift als Zusatzdokument aufbewahren. Das führt aber dazu, dass die Urkundensammlungen allmählich mit den Nebendokumenten überfrachtet werden. Diese sind vereinzelt nur ein oder zwei Seiten lang. In anderen Fällen – bei Löschungsbewilligungen der Banken etwa – treten aber zur eigentlichen Erklärung von einer Seite Länge mit einer Seite Unterschriftsbeglaubigung viele Seiten an Vollmachten und Kopien von Spaltungsplänen hinzu.

Gestattet sein sollte eine Aufbewahrung im Nebenakt, auch wenn dies zur Folge hat, dass mit Vernichtung des Nebenaktes auch das Original der Löschungsbewilligung vernichtet wird.

IV. Verwahrung der Urschrift

Zur Vertiefung: 17

Kersten, Büroorganisation, 2. Aufl., § 2 Rn 257.

Die Urschriften werden, mit nach Kalenderjahr fortlaufenden Nummern versehen, in der Urkundensammlung unter ihrer Nummer archiviert.

Grundsätzlich wird jede Urschrift an der ihrer Nummer entsprechenden Stelle aufbewahrt. 18
Seit der Einführung des elektronischen Urkundenarchivs gibt es für die Urschrift in Papier drei Stellen im Archiv des Notars:

- die **normale Urkundensammlung**,
- die **Erbvertragssammlung** und
- die **Sondersammlung** für Urkunden, die sich nicht scannen lassen.

Urkunden in den zuletzt genannten beiden Sammlungen dürfen nicht nach 30 Jahren vernichtet werden und müssen deswegen **gesondert** verwahrt werden.

Ausnahmen hiervon sind möglich: 19

- Testamente und Erbverträge können in die amtliche Verwahrung gegeben werden;
- beurkundete Vollmachten können zur Verwendung im Ausland herausgegeben werden;
- von den Vermerkurkunden kann die Urschrift an die Beteiligten oder eine andere Stelle herausgegeben worden sein, und
- Nachtragsurkunden können bei der sog. Haupturkunde aufbewahrt werden.

In all diesen Fällen gilt: Es muss an der Stelle der Urkundennummer im Archiv ein Hinweis 20
auf die Auffindbarkeit möglich sein. Sofern eine Aufbewahrung der Urschrift nicht oder nicht an dieser Stelle erfolgt, ist ein „Ersatzstück" anzufertigen, um die Auffindbarkeit sicher zu stellen.

Als Ersatz an dieser Stelle kommt sodann die Einordnung einer einfachen oder einer beglaubigten Abschrift in Betracht.

Mit Einführung des elektronischen Urkundenarchivs wurde für Urkunden der Kategorie „*Unterschriftsbeglaubigung ohne Entwurf*" die Pflicht zur Verwahrung einer Abschrift oder zumindest eines Vermerkblatts zur Kann-Vorschrift herabgestuft. Seitdem enthält das Urkundenverzeichnis Einträge, denen kein Schriftstück der Sammlung zugeordnet ist.

Bei Nachtragsurkunden kann auch noch anders verfahren werden. Es besteht kein Zwang, 21
den Nachtrag bei der Haupturkunde zu verwahren. Verpflichtend sind nur wechselseitige Hinweise, wobei in der Nachtragsurkunde ein Vermerk im Urkundstitel oder Untertitel („*Nachtrag zu …*") bereits genügen würde. Dann muss nur ein Hinweis bei der Haupturkunde angebracht werden. Deswegen kann der Nachtrag auch an seiner zugeordneten Stelle verwahrt werden. Zur Haupturkunde gelangt dann eine (beglaubigte) Abschrift oder auch nur der Verweis.

Die Urkundenrolle ist entfallen, das Urkundenverzeichnis wird **rein elektronisch** geführt. 22
Es ist auch nicht mehr auszudrucken. Der jährliche Abschluss findet rein digital statt.

Zu beachten ist, dass in einem Fall die frühere Urkundenrolle manuell nachgebessert werden 23
muss und zwar bei Nachtragsurkunden. Bei Nachtragsurkunden ist der Nachtragscharakter wechselseitig anzubringen. Es verweist also die Nachtragsurkunde auf die Haupturkunde und auch bei der Haupturkunde ist ein Hinweis auf den Nachtrag anzubringen. Weil die Urkundenrolle zur Haupturkunde vor dem 1.7.2022 bei Beurkundung des Nachtrags schon ausgedruckt ist, ist dieser Vermerk handschriftlich zu ergänzen.

Im elektronischen Urkundenverzeichnis werden diese Vermerke ebenfalls rein digital er- 24
fasst. Manuelle Nachträge sind daher bei Verweisen auf ältere, nicht im Urkundenarchiv erfasste Vorurkunden erforderlich.

V. Kopien der Urschrift

25 *Zur Vertiefung:*

Karl Pelikan, Basiswissen im Notariat, 2. Aufl., § 1 Rn 12.

Kersten, Büroorganisation, 2. Aufl., § 2 Rn 346.

Bei Abschriften haben sich in der Gerichts- und Notarpraxis drei Kategorien entwickelt, nämlich

- die einfache Abschrift,
- die beglaubigte Abschrift und
- die Ausfertigung.

Dazu vorab einige Rechtsnormen:

§ 47 BeurkG: Ausfertigung

Die Ausfertigung der Niederschrift vertritt die Urschrift im Rechtsverkehr.

§ 48 BeurkG: Zuständigkeit für die Erteilung der Ausfertigung

Die Ausfertigung erteilt, soweit bundes- oder landesrechtlich nichts anderes bestimmt ist, die Stelle, welche die Urschrift verwahrt. Wird die Urschrift bei einem Gericht verwahrt, so erteilt der Urkundsbeamte der Geschäftsstelle die Ausfertigung.

§ 49 BeurkG: Form der Ausfertigung

(1) Die Ausfertigung besteht, jeweils mit einem Ausfertigungsvermerk versehen, in

1. einer Abschrift der Urschrift, der elektronischen Urschrift oder der elektronischen Fassung der Urschrift oder
2. einem Ausdruck der elektronischen Urschrift oder der elektronischen Fassung der Urschrift.

(2) Der Ausfertigungsvermerk soll den Tag und den Ort der Erteilung angeben, die Person bezeichnen, der die Ausfertigung erteilt wird, und die Übereinstimmung der Ausfertigung mit der Urschrift, der elektronischen Urschrift oder der elektronischen Fassung der Urschrift bestätigen. Er muß unterschrieben und mit dem Siegel der erteilenden Stelle versehen sein. Besteht die Ausfertigung in einer Abschrift oder einem Ausdruck der elektronischen Urschrift oder der elektronischen Fassung der Urschrift, soll das Ergebnis der Signaturprüfung dokumentiert werden. § 39a Absatz 3 Satz 2 gilt entsprechend. (…)

(4) Im Urkundenverzeichnis soll vermerkt werden, wem und an welchem Tage eine Ausfertigung erteilt worden ist.

§ 51 BeurkG: Recht auf Ausfertigungen, Abschriften und Einsicht

(1) Ausfertigungen können verlangen

1. bei Niederschriften über Willenserklärung jeder, der eine Erklärung im eigenen Namen abgegeben hat oder in dessen Namen eine Erklärung abgegeben worden ist,
2. bei anderen Niederschriften jeder, der die Aufnahme der Urkunde beantragt hat, sowie die Rechtsnachfolger dieser Personen.

(2) Die in Absatz 1 genannten Personen können gemeinsam in der Niederschrift oder durch besondere Erklärung gegenüber der zuständigen Stelle etwas anderes bestimmen.

(3) Wer Ausfertigungen verlangen kann, ist auch berechtigt, einfache oder beglaubigte Abschriften zu verlangen und die Urschrift einzusehen.

(4) Mitteilungspflichten, die aufgrund von Rechtsvorschriften gegenüber Gerichten oder Behörden bestehen, bleiben unberührt.

§ 52 BeurkG: Vollstreckbare Ausfertigung

Vollstreckbare Ausfertigungen werden nach den dafür bestehenden Vorschriften erteilt.

§ 725 ZPO: Vollstreckungsklausel

Die Vollstreckungsklausel: „Vorstehende Ausfertigung wird dem usw. (Bezeichnung der Partei) zum Zwecke der Zwangsvollstreckung erteilt“ ist der Ausfertigung des Urteils am Schluss beizufügen, von dem Urkundsbeamten der Geschäftsstelle zu unterschreiben und mit dem Gerichtssiegel zu versehen.

§ 797 ZPO: Verfahren bei vollstreckbaren Urkunden

(…)

(2) Die vollstreckbare Ausfertigung notarieller Urkunden wird von dem Notar erteilt, der die Urkunden verwahrt. Befindet sich die Urkunde in der Verwahrung einer Behörde, so hat diese die vollstreckbare Ausfertigung zu erteilen.

Die **einfache Abschrift** ist eine normale Kopie ohne Übereinstimmungsvermerk und deswegen wenig fälschungssicher. Es werden auch keine besonderen Vorkehrungen gegen Fälschungen verlangt, etwa gegen die Herausnahme oder das Einfügen einzelner Blätter. Ein Zusammenbinden mit Prägesiegel bei mehrblättrigen Erklärungen ist also nicht erforderlich. 26

Typischerweise wird die einfache Abschrift immer dann verschickt, wenn es dem Empfänger entweder nicht auf 100 %ige Sicherheit ankommt oder er aufgrund der Tatsache, dass ihm die Kopie ohnehin unmittelbar vom Notariat übermittelt wurde, sowieso jedes Fälschungsrisiko ausschließen kann. Letzteres ist z.B. der Fall bei der Übermittlung von einfachen Abschriften an die Grunderwerbsteuerstelle. Außerdem werden vielfach von den Beteiligten selbst einfache Abschriften verlangt, um sie anschließend kopieren oder einscannen zu können. Dabei erweist sich die Bindung durch Schnur und Siegel nur als hinderlich.

§ 3 NotAktVV: Urschriften, Ausfertigungen, Abschriften und elektronische Urkunden

(1) Urschriften, Ausfertigungen und beglaubigte Abschriften notarieller Urkunden sind so herzustellen, dass sie gut lesbar, dauerhaft und fälschungssicher sind (...)

§ 44 BeurkG: Verbindung mit Schnur und Prägesiegel

Besteht eine Urkunde aus mehreren Blättern, so sollen diese mit Schnur und Prägesiegel verbunden werden. (...)

Beglaubigte Abschriften und Ausfertigungen stimmen insoweit überein, als der Notar durch einen amtlichen Vermerk die Übereinstimmung mit dem vorgelegten Dokument bescheinigt und durch Siegel und Faden Vorkehrungen dafür trifft, dass keine Seiten ausgetauscht oder eingefügt werden. Übereinstimmung heißt dabei jedenfalls für Textpassagen aber lediglich: **inhaltliche (= wörtliche), nicht bildliche Übereinstimmung** (Einzelheiten siehe Rdn 45). 27

Anders als die beglaubigte Abschrift ordnet jedoch § 47 BeurkG nur für die Ausfertigung einer Niederschrift an, dass sie die Urkunde im Rechtsverkehr vertrete. Die Aussage ist auf den ersten Blick dunkel. Auch die Äußerungen des BGH deuten an, dass bei der Ausfertigung die Richtigkeitsgewähr noch höher sei als bei der beglaubigten Abschrift – eine These, die aus der Praxis heraus kaum vertretbar ist, da Ausfertigung und beglaubigte Abschrift im gleichen Verfahrensgang kopiert werden. 28

Die Unterschiede bestehen auch nicht darin, wer Ausfertigungen oder beglaubigte Abschriften verlangen kann. Hierzu ordnet § 51 Abs. 3 BeurkG nämlich den völligen Gleichlauf an, wenn es dort heißt, dass der Ausfertigungsberechtigte auch berechtigt ist, einfache oder beglaubigte Abschriften zu verlangen. 29

Allerdings soll eine Ausfertigung dem Empfänger namentlich erteilt werden.

Den entscheidenden Unterschied sehe ich darin, dass bei Ausfertigungen anders als bei beglaubigten Abschriften eine Beschränkung in der erteilenden Stelle angeordnet ist, indem allein und ausschließlich der Verwahrer der Urschrift berechtigt ist, Ausfertigungen zu erteilen. Diese Vorschrift des § 48 S. 1 BeurkG gilt für beglaubigte Abschriften nicht, so dass beglaubigte Abschriften jeder Notar erteilen kann und dies auch tut: Wenn zur Beurkundung ein Bevollmächtigter mit einer unterschriftsbeglaubigten Vollmachtsurkunde kommt, wird typischerweise davon eine beglaubigte Abschrift gefertigt und als Nachweis der Vollmacht zur Vertragsurkunde genommen, ganz egal welcher Notar die Vollmacht beglaubigt hat. 30

31 Deswegen wird eine Ausfertigung immer dann verlangt, wenn der Errichter der Urkunde, also derjenige, dessen Erklärung abgegeben wurde, die Möglichkeit haben soll oder haben muss, auf die erteilten Kopien noch einzuwirken, konkret: sie insbesondere zurückverlangen zu können. Dies ist bei beglaubigten Abschriften nicht möglich, weil keine Kontrolle besteht, wer wann wie viele beglaubigte Abschriften erteilt hat. Typischerweise wird zwar auch die Erteilung von einfachen und beglaubigten Abschriften auf der Urschrift oder auf einem besonderen Laufzettel vermerkt, aber nur beschränkt auf eigene Urschriften und insoweit nicht vollständig.

Kein Notariat hält nach, wenn beglaubigte Abschriften von Urkunden anderer Notare gefertigt werden. Der Urkundsnotar des Kaufvertrages teilt dem Beglaubigungsnotar der Veräußerungsvollmacht nicht mit, wenn er eine beglaubigte Abschrift fertigt! Eine solche Kontrolle besteht aber bei Ausfertigungen, zumal ergänzend gemäß § 49 Abs. 4 BeurkG der Notar auch verpflichtet ist, bei Ausfertigungen im Urkundenverzeichnis zu vermerken, wem er wann Ausfertigungen erteilt hat.

32 Die Erteilung einer **vollstreckbaren Ausfertigung** ist nochmals verschärft gemäß § 797 ZPO: Während § 48 BeurkG nur die erteilende Stelle monopolisiert und § 49 BeurkG vorschreibt, die erteilten Ausfertigungen kontrollierbar zu dokumentieren, ist die Erteilung von vollstreckbaren Ausfertigungen sogar der Anzahl nach limitiert. Weitere vollstreckbare Ausfertigungen dürfen nur nach einem besonderen Verfahren erteilt werden. Vollstreckbare Ausfertigungen müssen auch durchnummeriert sein. Einfache Ausfertigungen können durchnummeriert sein, müssen es aber nicht (gelegentlich zu sehen bei Bankvollmachten für die Filialmitarbeiter mit ungewöhnlich hohen Ordnungszahlen, z.B. *„vorstehende 78. Ausfertigung (...) wird hiermit dem (...) erteilt“*).

33 Der Begriff der *„weiteren vollstreckbaren Ausfertigung“* ist in diesem Zusammenhang nicht mathematisch als reine Zählung zu verstehen, sondern rechtstechnisch. Es soll die mehrfache Durchsetzung desselben Anspruchs verhindert werden (**Gefahr der Doppelvollstreckung**). Die vollstreckbare Ausfertigung ist eine *„weitere“* nur dann, wenn über denselben Anspruch schon eine solche vollstreckbare Ausfertigung (dieser oder einer anderen Person) erteilt wurde. So würden sich eine vollstreckbare Ausfertigung zur Durchsetzung der Kaufpreiszahlung und eine zur Durchsetzung der Räumung nicht überschneiden; sie wären im Verhältnis zueinander nicht *„weitere“*. Zwei sich nicht überlappende vollstreckbare Ausfertigungen über Grundschuldteilbeträge (nach Teilabtretungen) sind ebenfalls im Verhältnis zueinander nicht *„weitere“*. Das erklärt auch das Erfordernis der Einschränkung der Vollstreckungsklausel bei der ursprünglichen vollstreckbaren Ausfertigung. *„Weitere“* Ausfertigungen wären aber eine vollstreckbare Ausfertigung über den gesamten Kaufpreis an die Verkäufer-Ehefrau und eine ebensolche an den Verkäufer-Ehemann.

34 Aus der Beschränkung der vollstreckbaren Ausfertigung auf ein Exemplar folgt, dass jederzeit feststellbar sein muss, wem in welchem Umfang eine vollstreckbare Ausfertigung erteilt wurde.

> *Praxistipp:*
>
> Deswegen bei vollstreckbaren Ausfertigungen nicht nur vermerken, dass und wem eine solche erteilt wurde, sondern eine Kopie des Ausfertigungsvermerks zur Urschrift nehmen, damit auch die Einzelheiten rekonstruiert werden können.

35 Die Überlegungen zur Rückforderbarkeit erklären auch, warum insbesondere der Nachweis einer beurkundeten Vollmacht nur aufgrund einer erteilten Ausfertigung, nicht aber aufgrund einer beglaubigten Abschrift möglich ist. Der Vollmachtgeber muss die Möglichkeit haben, die erteilten Ausfertigungen der Vollmachtsurkunde zurückzuverlangen, um damit auch den fortbestehenden Rechtsschein der Vollmacht zu beseitigen.

36 Ferner verlangt die Rechtsprechung eine Ausfertigung bei der sog. **Stufenbeurkundung**. Ein Vertrag wird „in Stufen“ beurkundet, wenn Angebot und Annahme zeitlich und damit auch urkundlich-dokumentarisch auseinanderfallen. Das Angebot muss dem Angebotsemp-

fänger in Ausfertigung zugehen. Die Übermittlung einer einfachen oder beglaubigten Abschrift genügt nicht.

Ebenso muss beim Widerruf eines gemeinschaftlichen Testamentes oder beim Rücktritt vom Erbvertrag die Widerrufs- oder Rücktrittserklärung in Ausfertigung zugehen. In diesen letzteren Fällen kommt es zwar weniger darauf an, feststellen zu können, wem wie viele förmliche Abschriften erteilt wurden (das belegt der Gerichtsvollzieher mit dem Zustellungsprotokoll), sehr wohl aber auf den Nachweis, dass eine Abschrift bewusst aufgrund einer Entscheidung des Erklärenden in den Rechtsverkehr gelangt ist.

Die **Vorkaufsrechtsanfrage** erfolgt gegenüber Privatpersonen ebenfalls üblicherweise 37
durch Übersendung einer Ausfertigung. Die braucht es aber nicht zur sicheren Mitteilung des Vertragsinhalts, sondern zum Nachweis der **Vollzugs- und Empfangsvollmacht** des Notars.

> *Praxistipp:*
>
> Die **Tektur** (Urkundsumschlag) hat bei alledem keine rechtliche Bedeutung. Sie ist nur Schutz bei häufiger Verwendung (Vollmachten) und Marketing (schönes Aussehen, Adresse des Notars). Lassen Sie die Tektur weg bei Adressaten, bei denen es auf diese Aspekte nicht ankommt und die von der Größe des Umschlags eher irritiert sind (Banken, Behörden, Finanzamt beim Abheften).

Die Beschränkung auf eine erteilende Stelle kann derzeit digital nicht abgebildet werden. 38
Deswegen gibt es aktuell nur elektronisch beglaubigte Abschriften, aber keine elektronischen Ausfertigungen.

VI. Erteilungsanspruch

Das Recht auf Erteilung von Abschriften ist in § 51 BeurkG geregelt. Danach kann jeder 39
Erklärende eine Abschrift, beglaubigte Abschrift oder Ausfertigung verlangen sowie auch sein Rechtsnachfolger. Rechtsnachfolger ist insbesondere sein Erbe als **Gesamtrechtsnachfolger**. Es kann aber auch der sog. **Einzelrechtsnachfolger** sein, dem beglaubigte Abschriften jedoch nur im Umfang der Rechtsnachfolge erteilt werden, also nur insoweit, wie die Wirkungen der damaligen Urkunde ihn noch treffen oder begünstigen.

> *Wichtigster Fall dabei:*
>
> Der heutige Grundstückseigentümer ist berechtigt, Abschriften von Dienstbarkeitsbestellungen zu bekommen, die sein Grundstück belasten oder begünstigen, auch wenn er selbst am damaligen Bestellungsakt nicht beteiligt war.

Die Beteiligten können aber anderes bestimmen, und zwar sowohl den Erteilungsanspruch 40
beschränken als auch zugunsten anderer Personen erweitern. Eine Totalbeschränkung kommt kaum vor. Häufig sind aber partielle Beschränkungen, wonach bestimmte Passagen der Urkunde (vor allem die Auflassung) vorerst nicht ausgefertigt werden sollen oder die Beteiligten auf Kopien umfangreicher Pläne verzichten. Unter die Erweiterung des Anspruchs zugunsten anderer Personen fallen alle anderen Adressaten, wie z.B. Banken, Makler, die selbst keine Willenserklärung in der Urkunde abgegeben haben.

Welche Art der Kopie den Beteiligten standardmäßig übermittelt wird, ist Usus des jeweili- 41
gen Notariats. Aus eigener Praxis kenne ich hier nur die standardmäßige Übermittlung einer einfachen Abschrift oder einer beglaubigten Abschrift. Im norddeutschen Raum scheint auch die standardmäßige Übermittlung von Ausfertigungen an die Beteiligten gebräuchlich zu sein. Teils wird auch nach Beurkundung eine einfache Abschrift, nach Vollzug eine Ausfertigung erteilt. Dabei ist diese Frage für die Beteiligten selbst wegen § 51 BeurkG nur in seltenen Fällen bedeutsam; sie könnten ja ohnehin jederzeit nochmals eine Ausfertigung nachverlangen.

Praxistipp:

Wichtig ist die Erteilung einer Ausfertigung in den o.g. Fällen vor allem dann, wenn die Urkunde eine **sofort auszunutzende Vollmacht** enthält, etwa wenn der Grundstückskäufer vor Eigentumsübergang eine Mietkündigung oder Mieterhöhung aussprechen oder in einer WEG-Eigentümerversammlung abstimmen will (was aufgrund einer Vollmacht möglich ist). Legt der Käufer dann nur eine beglaubigte Abschrift vor, kann der Mieter die Erklärung zurückweisen. Spätestens dann wird sich der Käufer zwar eine Ausfertigung verschaffen, womöglich sind aber entscheidende Termine verstrichen. Achten Sie auf Einzelfallanweisungen in der Urkunde, z.B. in der Passage über die Abschriften.

42 Wichtig ist die Erteilung von Abschriften für andere Personen, die nicht vertragsbeteiligt sind. Dabei ist die Einräumung eines Ausfertigungsanspruchs nach herrschender Auffassung frei widerruflich. Dem Makler, der keine Kopie der Urkunde erhalten hat (obwohl das zunächst im Verteiler der Kaufvertragsurkunde vorgesehen war), könnte also nachträglich sein Erteilungsanspruch wieder entzogen werden.

43 Außerhalb des § 51 BeurkG stehen gesetzliche Mitteilungspflichten, die (z.B. zugunsten des Finanzamts oder Gutachterausschusses) immer erfüllt werden müssen. Wenn solche Stellen im **Abschriftenverteiler** aufgeführt werden, dient dies nicht als Ermächtigung oder Erweiterung des Ausfertigungsanspruchs, sondern als Information an die Vertragsparteien darüber, wer noch Kopien bekommt. Und es dient den Mitarbeitern als arbeitserleichternde Vorgabe.

44 Die Erteilung von Abschriften kann durch besondere Rechtsvorschriften, insbesondere aus dem Steuerrecht, vorläufig verboten sein. Bestehen gesetzliche Mitteilungspflichten an das Finanzamt, wird regelmäßig zugleich die Erteilung von beglaubigten Abschriften und Ausfertigungen an die Vertragsparteien untersagt, solange nicht diese Mitteilungspflichten erfüllt sind. Als Erfüllung gilt dabei der gleichzeitige Versand mit der Post. Schwierig ist die praktische Handhabung, wenn die gesetzlichen Mitteilungspflichten noch nicht erfüllt werden können, weil von den Beteiligten selbst Mitwirkungshandlungen ausstehen. Insbesondere geht es dabei um die Nachreichung der Steuer-ID. Die gehört einerseits zu einer ordnungsgemäßen Anzeige an die Grunderwerbsteuerstelle (siehe § 2 Rdn 70). Sie ist andererseits so kompliziert, dass niemand sie auswendig weiß und erst nachschauen muss.

Hinweis:

Untersagt ist nur der Versand von beglaubigten Abschriften oder Ausfertigungen an die Beteiligten selbst. Die beglaubigte Abschrift an das Grundbuchamt zum sofortigen Vollzug der Auflassungsvormerkung kann erteilt werden.

VII. Wortlautidentität der Abschrift (mit Ausnahme der elektronischen Fassung der Urschrift)

45 Die Abschrift ist mit Ausnahme von Kartenbeilagen, Skizzen oder Zeichnungen eine wörtliche Wiedergabe des Dokuments, keine bildliche. Auch die Unterschriften ebenso wie das Siegel des Notars müssen in der Abschrift nicht bildlich wiedergegeben werden, sondern können wörtlich ersetzt werden durch das Kürzel „*gez. (Name)*“ für die Unterschrift bzw. „*L. S.*“ zur Wiedergabe des Siegels. Problemlos möglich ist deswegen auch die Vorbereitung beglaubigter Abschriften/Ausfertigungen, indem im Entwurf des Originaldokuments dort, wo nachfolgend die Unterschriften auftauchen werden, diese mit „*gez. (Name)*“ vorweggenommen werden. Diese Abschrift kann vorab mit den typischen Beglaubigungsstempeln (beglaubigte Abschrift im Titel, Beglaubigungsvermerk am Schluss) versehen und für die Unterschrift durch den Notar vorbereitet werden.

Final wird die beglaubigte Abschrift erst dann, wenn auch der Notar den Beglaubigungsvermerk unterzeichnet. Dies darf er erst dann, wenn die Urschrift formgerecht errichtet wurde. Der Entwurf der beglaubigten Abschrift kann aber auf diese Weise vorbereitet werden, um sämtliche Unterschriften alsdann in einem Arbeitsgang abzuhandeln.

Beispiel: 46

Nach Eingang einer betreuungsgerichtlichen Genehmigung fertigten die Mitarbeiter zunächst den Entgegennahmevermerk auf der Grundlage der Doppelvollmacht, der dem Notar sodann zu Unterschrift vorgelegt wurde (dazu unter § 2 Rdn 22). Dann ging die ganze Akte erneut in die Ausfertigung, um vom Genehmigungsbeschluss mit Entgegennahmevermerk eine beglaubigte Abschrift für den Grundbuchantrag vorzubereiten. Je nach Arbeitsbelastung der Ausfertigungskräfte vergingen dann einige Tage.

Daraufhin wurden die Arbeitsabläufe wie folgt umgestellt: Nach Eingang des Genehmigungsbeschlusses fertigen die Mitarbeiter nun den Entgegennahmevermerk wie üblich an. Sie machen einen zweiten Ausdruck, in welchen sie Unterschrift des Notars und Siegel sogleich hineinsetzen (oder bearbeiten das Worddokument am Bildschirm gleich zu einer vorweggenommenen beglaubigten Abschrift um), und der Notar unterschreibt schließlich in einem Arbeitsgang zunächst die Entgegennahme, mit seiner unmittelbar nachfolgenden Unterschrift die beglaubigte Abschrift sowie noch eine Unterschrift weiter den Grundbuchantrag. Damit kann in einem Aktentransport der gesamte anstehende Vollzug erledigt werden.

Aus dem Beispiel folgt auch, dass die beglaubigte Abschrift gar nicht durch ein Kopieren der Urschrift angefertigt werden muss. Sie könnte auch durch einen neuen Ausdruck des Word-Dokuments vom PC aus vorbereitet werden. Vor allem im elektronischen Rechtsverkehr könnten die an das Register zu verschickenden Dateien direkt am PC durch Umwandlung des .doc-Worddokuments in ein .pdf-Dokument mit geeigneter Software erstellt werden. 47

Und es können für Abschriften handschriftliche Korrekturen aus der Beurkundung in den laufenden Text eingearbeitet werden, auch wenn die Information, dass in der Beurkundung eine Korrektur erfolgte, damit verloren geht. Auf diese Informationen bezieht sich aber der Beglaubigungsvermerk nicht.

Klarstellende Hinweise:

- Eine solche Überarbeitung ist für die Urschrift strikt verboten!
- Diese Überlegungen zur Inhaltsidentität gelten nur für Ausfertigungen und beglaubigte Abschriften, nicht aber für die elektronische Fassung der Urschrift gemäß § 56 BeurkG (also den Scan, der im elektronischen Urkundenarchiv eingestellt wird). Für diesen schreibt § 56 Abs. 1 BeurkG neben der inhaltlichen auch die bildliche Übereinstimmung vor; hierauf muss sich auch der zu signierende Vermerk beziehen, der damit über den allgemeinen Beglaubigungsvermerk hinausgeht. Umfangreiche handschriftliche Korrekturen dürfen nur als (weitere) Leseabschrift in das Urkundenarchiv eingestellt werden.

Probleme bereiten Abschriften/Ausfertigungen bei Plananlagen in größeren Formaten als DIN A3, insbesondere in Architektenformaten A0/A1. Die im Notariat verfügbaren Kopierer dürfen sich nach den berufsrechtlichen Vorgaben auf die Größe DIN A3 beschränken. Plotter zu Verarbeitung größerer Formate muss der Notar nicht vorhalten. Daraus folgt unter anderem, dass solche Pläne auch an Grundbuchämter mit elektronischem Grundakt weiter in Papierform eingereicht werden dürfen. 48

Sofern auf dem Architektenformat DIN A0/A1 keine durchgehende Zeichnung abgebildet ist, sondern der Plan mehrere Geschossgrundrisse/Ansichten/Schnitte enthält, spricht meines Erachtens nichts dagegen, die einzelne Teilzeichnung separat in einer Größe von DIN A3 zu kopieren und die sich ergebenden Einzelblätter als eine beglaubigte Abschrift des Planes zu nehmen. Dann ist es nicht erforderlich, die einzelnen Kopien von DIN A3 zurecht zu schneiden, zusammen zu kleben und die Klebestellen mit Siegel fälschungssicher zu verbinden.

VIII. Papiereinreichung beim Grundbuchamt

49 Regelmäßig genügt beim Grundbuchamt die **Vorlage einer beglaubigten Abschrift**. Das Grundbuchamt kontrolliert die inhaltliche Übereinstimmung mit der Urschrift und diese Übereinstimmung wird durch die beglaubigte Abschrift nachgewiesen.

50 Dies gilt auch bei der **Vorlage einer Vollmacht**. Das Grundbuchamt muss zwar den Bestand der Vollmacht selbstständig überprüfen. Dazu genügt es aber, wenn der Notar zu beurkundeten Vollmachten eine Feststellung in den Kaufvertrag aufnimmt, dass zur Beurkundung eine Ausfertigung vorgelegt wurde, und dem Kaufvertrag selbst eine beglaubigte Abschrift beigefügt ist. Diese Feststellung kann auch nachträglich getroffen werden, wenn ein Beteiligter die Ausfertigung bei der Beurkundung vergessen hat. Diese Handhabung gilt auch für den Betreuerausweis.

51 Ausnahmen bestehen beim **Erbschein** und beim **Testamentsvollstreckerzeugnis**. Zu diesen genügt die Beifügung einer beglaubigten Abschrift mit Feststellungsvermerk über die Vorlage der Ausfertigung nicht! Erbschein und Testamentsvollstreckerzeugnis müssen dem Grundbuchamt **immer in Ausfertigung** vorgelegt werden (für das Testamentsvollstreckerzeugnis ist dies aber strittig). Daraus folgt:

> *Praxistipp:*
>
> Erbschein und Testamentsvollstreckerzeugnis sollten nie während des Vollzugs an die Beteiligten zurückgeben werden!

52 Die Vorlage der Erbscheinsausfertigung bei Eintragung der Vormerkung hat auch keine „Vorwirkung" für den späteren Auflassungsvollzug. Der Erbschein könnte zwischenzeitlich widerrufen bzw. eingezogen worden sein. Deswegen muss die Ausfertigung während der ganzen Vollzugsdauer im Notariat verbleiben.

53 Besonderheiten bestehen auch beim **europäischen Nachlasszeugnis (ENZ)**. Dieses wurde auf der Grundlage einer europäischen Verordnung mit Wirkung für Todesfälle ab 17.8.2015 eingeführt. Vom ENZ gibt es kraft Gesetzes nur beglaubigte Abschriften, die aber den Status einer Ausfertigung nach deutschem Recht, nicht denjenigen einer beglaubigten Abschrift haben. Also: beglaubigte Abschrift des ENZ = „Ausfertigung des ENZ". Es gibt nämlich nur eine Stelle, die ein ENZ erteilt, und das ist die zuständige Stelle nach der europäischen Erbrechtsverordnung, vereinfacht ausgedrückt: das jeweilige Nachlassgericht. Es muss also, ebenso wie beim Erbschein die Ausfertigung, beim ENZ immer die unmittelbar vom Nachlassgericht erstellte beglaubigte Abschrift vorgelegt werden.

54 Ein weiteres Problem des ENZ ist die beschränkte **Gültigkeitsdauer** der beglaubigten Abschrift von sechs Monaten ab Ausstellung. Sie ist auf der Schlussseite des Formulars im Beglaubigungsvermerk ausdrücklich vermerkt. Die Rechtsprechung verlangt, dass die zeitliche Gültigkeit noch bei Vollzug der **Grundbucheintragung** bestehen muss. Die Arbeitszeit beim Grundbuchamt ist damit einzukalkulieren.

55 Ebenfalls müssen Hypotheken- und Grundschuldbriefe immer im **Original** vorgelegt werden.

IX. Elektronische Einreichung beim Grundbuchamt

56 Für den elektronischen Rechtsverkehrs erfolgt die Einreichung als elektronische beglaubigte Abschrift (Scan, Beglaubigungsvermerk, Signatur des Notars).

Eine **Ausfertigung** lässt sich digital nicht ablichten. Sobald das Verfahren eine Vorlage der Ausfertigung (Erbschein, Testamentsvollstreckerzeugnis) oder der Urschrift (Grundschuldbrief) verlangt, muss auf zwei Wegen vorgelegt werden:

- Bewilligungen und sonstige Dokumente: in elektronischer Form,
- Ausfertigung/Urschrift: wie herkömmlich in Papier.

X. Vermerkblatt

§ 33 NotAktVV: Sonderbestimmungen für Verfügungen von Todes wegen 57

(1) Wird ein Erbvertrag aus der notariellen Verwahrung zurückgegeben, so ist anstelle des Erbvertrags ein Vermerk mit den Angaben nach § 9 Nummer 1 bis 3 und der Urkundenverzeichnisnummer zur Erbvertragssammlung zu nehmen.

(…)

§ 9 NotAktVV: Angaben im Urkundenverzeichnis

Die Eintragung im Urkundenverzeichnis enthält folgende Angaben:
1. das Datum und den Ort oder die Orte der Beurkundung oder der sonstigen Amtshandlung (§ 10),
2. die Amtsperson (§ 11),
3. die Beteiligten (§ 12),

Das Vermerkblatt ist heute weitgehend Geschichte. Bis zur Einführung des elektronischen Urkundenarchivs konnte es bei UBoE (Unterschriftsbeglaubigung ohne Entwurf) die Abschrift für die Urkundensammlung ersetzen, vor allem in den Fällen, in denen die Abschrift viele Seiten gehabt hätte. Nun ist die Pflicht, in der Urkundensammlung überhaupt etwas aufzubewahren, in den Fällen der Unterschriftsbeglaubigung ohne Entwurf entfallen. Mit anderen Worten: Heute wird darum nichts mehr verwahrt! 58

Letzter verbliebener Anwendungsbereich sind in die amtliche Verwahrung gegebene Testamente und Erbverträge, bei denen der Erblasser aus Gründen der Geheimhaltung auch keine (beglaubigte) Abschrift für die Urkundensammlung wünscht. Ich stelle den Inhalt des Vermerkblattes nur für diesen Sonderfall dar.

Das Vermerkblatt muss die Angaben nach § 9 Nr. 1–3 NotAktVV enthalten. Diese sind: 59
- die Personalien der Anerkennenden (Familienname, abweichender Geburtsname, Wohnort und ggf. weitere Angaben, dies auch zu Vertretenen);
- Gegenstand des Geschäfts;
- Hinweis, ob mit oder ohne Entwurf.

Das Vermerkblatt (hier früheres Muster aus dem Jahre 2016 zu UBoE; die Unterschrift des Geschäftsführers deckte eine 100seitige Bedienungsanleitung eines technischen Geräts) selbst kann dann etwa lauten: 60

▼

Muster 1.1: Vermerkblatt

Vorderseite

Zur UR-Nr.: vgl. umseitig

Beteiligte: vgl. umseitig

Gegenstand des Geschäfts: Unterschriftsbeglaubigung ohne Entwurf

Bewertung:

Geschäftswert: 5.000,00 EUR

KV 25100	Beglaubigung, Unterschriftsbeglaubigung	20,00 EUR
KV 25200	Registerbescheinigung	15,00 EUR
KV 26001	Tätigkeit in fremder Sprache	6,00 EUR
KV 26001	Tätigkeit in fremder Sprache	4,50 EUR
Zwischensumme		*45,50 EUR*
KV 32014	19 % USt	8,65 EUR
Rechnungsendbetrag		**54,15 EUR**

Rückseite mit Text der UB:

UR-Nr. 1224 V 2016

I hereby certify that the signature under this document was acknowledged in my presence to be his signature by

Mr. Alexander Erich **Smith**, born July 16, 1967, 82205 Gilching, Germany, identified by official identity-card.

Upon inspection of the Municipal Court of Munich, Commercial Register on May 3, 2016, I further certify that xy GmbH, with its corporate domicile in Gilching, is registered under section B #1234567 and that Mr. Alexander Smith is entitled to act individually as this company's director (Geschäftsführer).

(Ort, Datum)

(Notar)

▲

C. Beglaubigte Abschrift als elektronisches Dokument

I. Vorüberlegungen

61 *Zur Vertiefung:*

Kersten, Büroorganisation, 2. Aufl., § 2 Rn 26.

Sofern „nur" eine beglaubigte Abschrift übermittelt werden soll und nicht die Urschrift oder eine Ausfertigung (bei Letzteren geht es häufig um den Besitz am Papier; Besitz aber kann eine elektronische Datei nicht vermitteln, weil sie beliebig häufig kopiert werden kann), kann der Versand zur Zeitersparnis auch elektronisch durchgeführt werden. Davon wird zwar noch wenig Gebrauch gemacht und stattdessen womöglich ein teurer Botendienst für eine sichere Zustellung am nächsten Tag beauftragt.

62 Es kann auch anders laufen: Der versendende Notar scannt das Dokument ein und signiert es mit der in XNP vorhandenen Funktion „Dokumente" oder mit einem gesonderten Programm wie „SecSigner". Datei und Signaturdatei („.pkcs7" als Namenserweiterung) werden dann z.B. per E-Mail übermittelt. Der Empfänger überzeugt sich mit der in XNP oder im SecSigner gleichfalls vorhandenen Prüffunktion von der Echtheit und stellt darüber eine an diesem Ausdruck des eigentlichen Dokuments angesiegelte Bestätigung aus, durch welche die elektronisch beglaubigte Abschrift in eine Papierabschrift zurückverwandelt wird. Der Vermerk könnte etwa lauten:[1]

Formulierungsbeispiel:

Die Übereinstimmung des von mir, (...) *(Notar)*, gefertigten Ausdrucks des mir heute vorgelegten elektronischen Dokuments mit dem mir am Bildschirm angezeigten Inhalt dieses Dokuments wird hiermit beglaubigt. Das vorgelegte elektronische Dokument ist mit einer qualifizierten elektronischen Signatur nach dem Signaturgesetz versehen. Die von mir, (...) *(Notar)*, am heutigen Tag vorgenommene Signaturprüfung hat ergeben, dass die Signatur gültig ist und von der Zertifizierungsstelle (...) in einem vertrauenswürdigen, nicht gesperrten Zertifikat Herrn/Frau (...), geb. am (...), wohnhaft (...), (...) *(absendender Notar)* zugeordnet wurde.

63 Beim **manuellen Mailversand** ist zu beachten: Bei der elektronischen Signatur wird eine zusätzliche Datei angelegt, die exakt namensidentisch ist mit der zu signierenden Datei und lediglich ein zusätzliches Kürzel enthält, dass auf den Dateityp hinweist, nämlich „.pkcs7". Diese Datei enthält Angaben zum beglaubigenden Notar, dessen Amtssitz etc. und schließlich eine Prüfsumme, um die unveränderte Übereinstimmung mit der Originaldatei feststel-

1 *Melzer*, DNotZ 2006, 9, 13.

len zu können. Die Signatur führt also nicht zu einer Verschlüsselung des Originals, sondern (nur) zu einer Echtheitskontrolle. Das entspricht dem Beglaubigungsvermerk, der als solcher das Dokument ja auch nicht in einen verschlossenen Umschlag einschließt.

Solange Sie mit Programmen arbeiten, die unmittelbar für signierte Dateien gedacht sind (insbesondere also XNP), bleibt Ihnen diese Signaturdatei verborgen. XNP übernimmt selbst die Organisation der beiden Dateien und zeigt nach außen nur das Attribut „signiert“ an. 64

Beim Aufruf mit dem Windows-Explorer etwa würde die Signaturdatei aber als separate Datei angezeigt.

Name	Änderungsdatum	Typ
Grundbuch_BW.pdf	22.04.2024 11:04	Foxit Reader PDF Document
Grundbuch_BW.pdf.pkcs7	22.04.2024 11:04	PKCS7-Datei

Sobald Sie die Dateien mit anderen Programmen bearbeiten, die nicht für das Vorhandensein signierter Dokumente geschaffen sind, müssen Sie selbst die Zusammengehörigkeit von signierter Datei und Signaturdatei sicherstellen. Das gilt insbesondere bei einem händischen Mailversand mit handelsüblichen Mailclients.

> *Praxistipp:*
>
> Beachten Sie dabei: Beide Dateien müssen exakt namensidentisch sein mit Ausnahme des „.pkcs7“-Anhangs der Signaturdatei. Und beide Dateien müssen im selben Ordner abgelegt werden (welcher wiederum ist egal), damit XNP die Zuordnung erkennt.

II. Beispiele für die isolierte Signatur (außerhalb einer Registeranmeldung)

Als weiterer Hinweis hier eine bildliche Darstellung zur Überprüfung einer Signatur. Die Funktion ist in XNP versteckt eingefügt: Man findet sie unter **Kartenverwaltung** (die Prüfung einer hereinkommenden signierten Datei hat mit der eigenen Signaturkarte nichts zu tun), im Bild (1), Signatur prüfen, im Bild (2). 65

Sodann muss die **Signaturdatei** (=pkcs7-Datei) ausgewählt werden, im Bild (3):

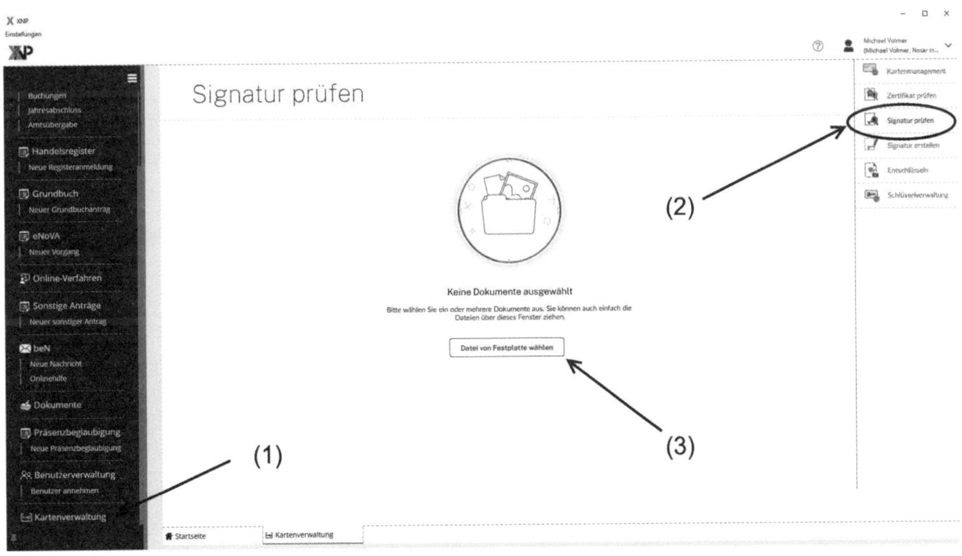

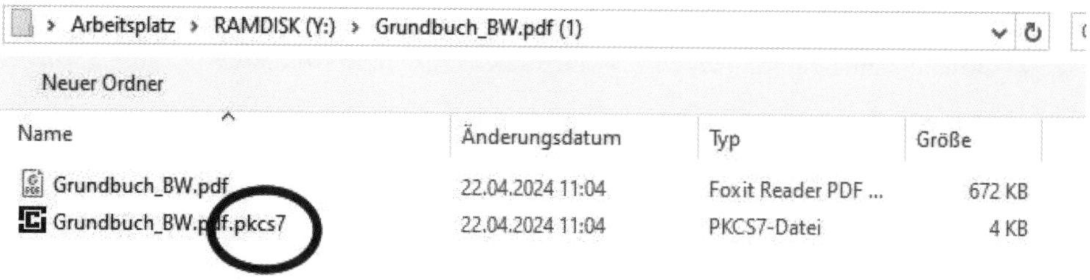

66 In der folgenden Maske muss über die Funktion „*Originaldokument auswählen*“ dann zusätzlich die signierte Datei, also die pdf-Datei übergeben, werden.

Das Ergebnis der Prüfung wird rechts in der Zeile als erfolgreich

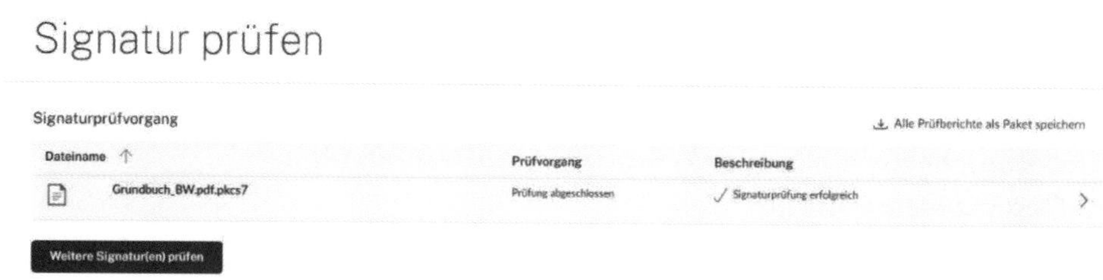

oder nicht erfolgreich

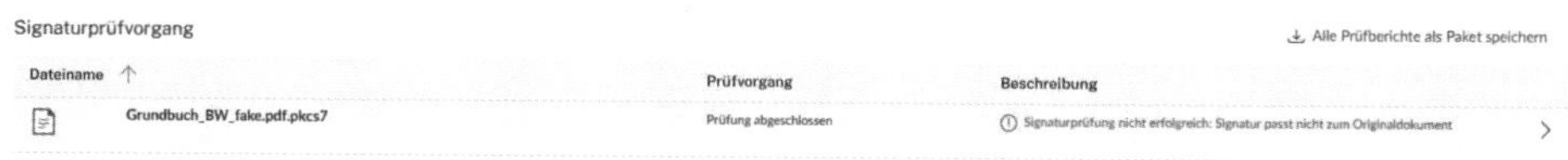

angezeigt.

67 Den vollständigen Prüfbericht kann man über die Funktion „*als Paket speichern*“ herunterladen, z.B. (bei erfolgreicher Prüfung im Original grün):

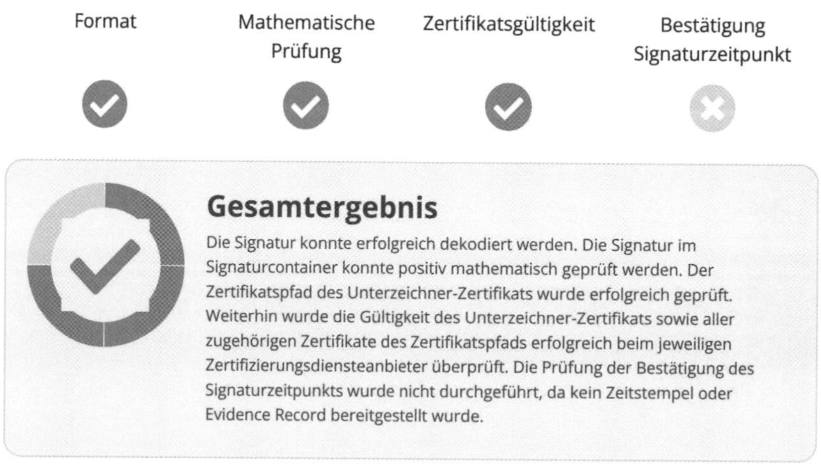

XNP hat keine Funktion für einen Ausdruck mit automatisch generierter Übereinstimmungsbescheinigung (**Beglaubigungsvermerk**). Dies muss im Einzelfall händisch ergänzt werden (Muster Rdn 66). 68

III. Nachträgliche Umbenennung der signierten Datei

> *Praxistipp:* 69
>
> Eine bedeutsame nachträgliche Änderung ist von dem Signaturvermerk nicht erfasst, nämlich die Umbenennung der Datei (ohne sonstige Änderung derselben).

Wichtig ist auch hier nur, dass Sie nicht nur die signierte Datei, sondern auch die Signaturdatei parallel und exakt identisch umbenennen, weil sonst die Zusammengehörigkeit für die Signaturprüfung und Weiterverarbeitung verloren geht. XNP würden dann nicht mehr erkennen, dass sich die Signatur auf genau diese signierte Datei beziehen soll.

Sonst sind aber Umbenennungen auch nachträglich möglich. Das ist hilfreich, weil die automatische Namensvergabe des Scanners meistens zu völlig unverständlichen Buchstaben/Zahlenfolgen führt. Eine Umbenennung beispielsweise hin zu „*Genehmigung_Meier_zu_URNr_123_17*" kann auch nach der Erzeugung der Signatur noch erfolgen, ohne die Signatur zu zerstören. Oder der empfangende Notar kann die Dateien entsprechend seinem Bürousus umbenennen und leichter auffindbar machen.

D. Grundbuch

I. Entwicklung des Grundbuchs

> *Zur Vertiefung:* 70
>
> *Pelikan*, Grundbuch lesen und verstehen, 2. Aufl., § 2 Rn 1 ff.

Das Grundbuch heutiger Prägung wurde mit Inkrafttreten des Bürgerlichen Gesetzbuches (BGB) zum 1.1.1900 reichsweit eingeführt. Es ist somit auch Kind der staatlichen Einigung durch Ausrufung des Deutschen Reiches nach dem deutsch-französischen Krieg 1870/71. Das Grundbuch des BGB baut dabei auf dem preußischen Grundbuch auf, wie es durch das preußische Eigentumserwerbsgesetz aus dem Jahre 1872 gestaltet war. Zwar gab es schon über Jahrhunderte – auch z.B. in Bayern mit seinen Hypothekenbüchern – Bestrebungen, aus Publizitätsgründen Grundbuchsysteme zu schaffen. Der abschließende innovative Schritt, der in Preußen 1872 vollzogen wurde, bestand nun darin, dass erstmals **alle** Rechtsverhältnisse betreffend die Grundstücke in einem Grundbuchsystem registriert werden sollten. Während nämlich die Bayerischen Hypothekenbücher Aufschluss nur über Grundpfandrechtsbelastungen gaben (also im Sinne unserer heutigen Kategorien beschränkt waren auf die Eintragung in Abt. III), war nach dem preußischen System auch die Eigentümerstellung erkennbar sowie weiter alle Dienstbarkeiten, Altenteilsrechte etc., die heute in Abt. II eingetragen sind. Ein solches umfassendes System kannte man zuvor nicht.

Das BGB baute dann zum 1.1.1900 auf dieser Innovation auf. Das führte dazu, dass für das Gebiet Preußens die Grundbücher schon zum 1.1.1900 angelegt waren, weil die Grundbücher – kommend vom preußischen Eigentumserwerbsgesetz – auf das BGB übergeleitet wurden. Preußen hatte insoweit 28 Jahre Vorsprung. In anderen Bundesländern musste hingegen das Grundbuch erst über einen Zeitraum von einem guten Jahrzehnt aufgebaut werden. Das erklärt bei alten Eintragungen aus diesen Jahren Vermerke wie „*Bebauungs- und Bepflanzungsbeschränkung für…, lt. Urkunde des Notars A in München vom 4.1.1867, eingetragen im Anlegungsverfahren am 14.5.1902.*" 71

Es bestand jedoch kein Zwang, alle damals (d.h. am 1.1.1900) vorhandenen Dienstbarkeiten in die Grundbücher einzutragen. Theoretisch können immer noch vorher begründete Dienstbarkeiten außerhalb des Grundbuchs fortbestehen, sog. **altrechtliche Dienstbarkeiten**. 72

73 Allerdings geht jedenfalls der öffentlichen Hand der Sinn für diesen innovativen Schritt des Jahres 1872 langsam wieder verloren. Die Grundbücher sind insoweit entwertet, als auf öffentlich-rechtlicher Grundlage des jeweiligen Landesrechts „Baulasten" übernommen werden können. Baulasten sind Verpflichtungen, die der Grundstückseigentümer gegenüber der Baugenehmigungsbehörde eingeht. Meistens geht es dabei um dienstbarkeitsähnliche Inhalte (Leitungsrechte, Abstandsflächen), zum Teil aber auch um Tätigkeitspflichten. Diese Baulasten binden auch einen Rechtsnachfolger im Eigentum, also einen etwaigen Käufer. Deswegen muss der vorsichtige Käufer nicht nur über den Notar das Grundbuch einsehen, sondern sich auch durch Einsichtnahme in das Baulastenverzeichnis erkundigen, ob dort nachteilige Verpflichtungen eingetragen sind. Eine Amtspflicht des Notars für eine solche Erkundigung besteht nicht.

Baulasten sind Teil des landesrechtlich normierten Bauordnungsrechts und damit deutschlandweit nicht einheitlich geregelt. In Bayern beschränkt sich diese Möglichkeit auf die Übernahme von Abstandsflächen. Deswegen wird hier auch nur von Abstandsflächen und deren Übernahme gesprochen, nicht von Baulasten.

II. Führung des Grundbuches und der Begriff des Grundstücks

74 **§ 3 Abs. 1 GBO**

> Jedes Grundstück erhält im Grundbuch eine besondere Stelle. Das Grundbuchblatt ist für das Grundstück als das Grundbuch im Sinne des Bürgerlichen Gesetzbuches anzusehen.

75 Das Grundbuch wird jedenfalls für Normaleigentum regelmäßig als Personalfolium geführt, d.h. sämtliche Grundstücke, die denselben Berechtigten im selben Berechtigungsverhältnis gehören, werden innerhalb einer Gemarkung auf einem Grundbuchblatt geführt. Erbbaurecht und Wohnungseigentum werden hingegen regelmäßig als Realfolium geführt. Jede Eigentumswohnung hat dann ihr eigenes Grundbuchblatt. Ein Blick in das Bestandsverzeichnis einer Eigentumswohnung oder eines Erbbaurechts zeigt auch zugleich, dass deren Führung als Personalfolium kaum möglich wäre. Immerhin führte aber das Realfolium in Zeiten des Papiergrundbuchs dazu, dass bei Aufteilung eines Grundstücks in vielleicht 200 Wohnungen rein vom Volumen her eine Eintragungszeile auf dem alten Grundbuchblatt umgewandelt wurde in mindestens ca. 1.000 Blatt Papier (Minimum für 1 Grundbuchblatt, da auch leere Abteilungen als Papier geführt werden: 5 Blatt; umgerechnet in Kopierpapier: 4 Packungen à 250 Blatt).

76 Nach diesen Ordnungsprinzipien werden regelmäßig folgende Objekte auf verschiedenen Blättern geführt und können bei Veräußerung „verloren gehen" bzw. auseinandergerissen werden, obschon sie wirtschaftlich zusammengehören:

- Eigentumswohnung einerseits, Kellerabteil oder TG-Stellplatz andererseits, wenn als selbstständiges Teileigentum gebildet;
- Hausgrundstück einerseits, Miteigentumsanteil am privaten Zuweg (Hof, Garagengrundstück) andererseits.

> *Praxistipp:*
>
> Querverweise gibt es im Grundbuch nicht. Es besteht die Möglichkeit, Nebengrundstücke bzw. Miteigentumsanteile daran beim Hauptgrundstück zu buchen („*2 zu 1*"-Vermerke im Bestandsverzeichnis). Aus nicht vorhandenen Vermerken lässt sich aber umgekehrt nicht schließen, dass keine Nebengrundstücke wirtschaftlich zugeordnet wären.
>
> Einzige mögliche Empfehlung: Bei Hypotheken und Grundschulden auf Mithaftvermerke achten.

III. Weiterentwicklung zum elektronischen Grundbuch (Datenbankgrundbuch)

Zur Vertiefung: 77

Kersten, Büroorganisation, 2. Aufl., § 2 Rn 397.

Der Gesetzgeber hat bereits vor einigen Jahren in einer Novelle zur Grundbuchordnung (GBO) die rechtlichen Voraussetzungen geschaffen, um auch den Rechtsverkehr mit dem Grundbuchamt – parallel zum Rechtsverkehr mit dem Handelsregister – auf elektronische Datenübermittlung umzustellen. Hiervon werden die Bundesländer nach und nach Gebrauch machen. Begonnen haben Sachsen und Baden-Württemberg, welches seit dem 1.7.2012 ohnehin eine Generalreform der Grundbuchämter durchführt und in diesem Zusammenhang auf eine elektronische Aktenführung umstellt (allerdings vorerst noch ohne Einreichung von XML-Strukturdaten).

Hinweis:

Die Reform in Baden-Württemberg geht einher mit einer weitgehenden Konzentration der Grundbuchämter (Reduzierung von 654 auf 13).

Bitte die örtliche Zuständigkeit beachten und im Einzelfall vergewissern.

In Bayern sind werden die Grundbuchämter derzeit auf elektronische Grundbuchführung umgestellt. Die Einführung wurde als „*Generationenprojekt*" beschrieben. 78

Der jeweilige Umstellungsstand kann im Internet unter *www.notar.de* (Rubrik: Grundbuchamtssuche) abgerufen werden.

§2 Grundbuchvollzug von Grundstücksgeschäften in der notariellen Praxis

A. Erstvollzug: Einholen von Erklärungen nach Beurkundung

I. Nicht aus dem Grundbuch ersichtliche Maßnahmen

1. Identifizierung der Beteiligten

Die notarielle Urkunde beginnt typischerweise mit der **Identifizierung der Beteiligten**. Der Notar beschäftigt sich also immer mit den Leuten, die vor ihm sitzen. Deren Identität muss festgestellt werden. Diese Herangehensweise wird deutlich in der Herausstellung des Gegensatzes mit dem Zivilprozess. Das Urteil stellt zunächst fest, für und gegen wen der Rechtsausspruch letztlich gelten wird. Deswegen nennt das Urteil immer die Partei zuerst und deren Vertreter nachfolgend. 1

Während es in der Urkunde heißt:

„*Es erschien Herr X, handelnd als Geschäftsführer für die Y-GmbH*“,

würde das Urteil formulieren:

„*Klage der Y-GmbH, vertreten durch Geschäftsführer X, Prozessbevollmächtigter: Rechtsanwalt Z*“,

und zwar selbst dann, wenn Z allein im Gerichtssaal steht.

Deswegen bezieht sich die beurkundungsrechtliche Pflicht zur Identifikation auch nur auf den **tatsächlich Erschienenen**, nicht auf die von ihm Vertretenen. Deren Identität wird, soweit erforderlich, bei der Beglaubigung der Vollmacht oder Genehmigung überprüft. Daraus aber folgt: Wenn das Gesetz weder zur Wirksamkeit der Urkunde noch zu ihrem Vollzug eine beglaubigte Vollmacht/Genehmigung verlangt (das wäre etwa bei Geschäftsanteilsabtretungen einer GmbH der Fall), bleibt die Identität des Vertretenen letztlich ungeprüft. 2

Eine allgemeine Ausdehnung der Identifizierung auf die „Hintermänner“, also auf die vertretene Person, kommt rechtspolitisch erst langsam, veranlasst durch die Bekämpfung der Geldwäsche. Bedeutsam ist diese Ausdehnung der Identifizierungspflicht im gesellschaftsrechtlichen Bereich, weil dort § 29 GBO mit dem umfassenden Beglaubigungserfordernis nicht gilt. Vollmachten etwa zur Vornahme von Geschäftsanteilsabtretungen unterliegen keinem Beglaubigungserfordernis, sodass der Vertretene sich nirgendwo besonders ausweisen muss. Zur besseren Ermittlung der „Hintermänner“, in Rechtsdeutsch „der wirtschaftlich Berechtigte“, wurde das Transparenzregister geschaffen. Die handelnden vertretungsberechtigten Organe müssen sich wegen § 29 GBO im Grundbuchverfahren sowieso vollumfänglich legitimieren. 3

Kann sich ein Urkundsbeteiligter nicht ausweisen, ist dies in der Urkunde festzuhalten („*konnte sich heute nicht ausweisen*“). Über die nachträgliche Identifizierung wird sodann ein gesonderter Vermerk gefertigt und zur Urschrift genommen. 4

> *Formulierungsbeispiel:*
>
> Heute wurde zu UVZ-Nr. (…) der gültige Personalausweis von (…) vorgelegt. Von ihrer/seiner Identität habe ich mich überzeugt.

> *Hinweis:*
>
> Die Feststellung zur Identität muss von demjenigen getroffen werden, der selbst beurkundet hat, also ggf. ebenfalls von amtlich bestellten Vertretern. Bei Beglaubigungen scheidet eine Nachholung der Identitätsfeststellung aus.

2. Stellvertretung/Genehmigung

a) Vollmachtsnachweis

5 Grundstückskaufverträge können wirksam über **Bevollmächtigte** geschlossen werden. Das Grundbuchamt ist beim Vollzug der Auflassung jedoch verpflichtet, den Umfang und die Wirksamkeit der Vollmacht selbstständig zu überprüfen. Deswegen muss die Vollmacht einer bestimmten Form entsprechen, nämlich derjenigen des § 29 GBO, um vom Grundbuchamt akzeptiert zu werden.

§ 29 GBO: Nachweis der Eintragungsunterlagen

(1) Eine Eintragung soll nur vorgenommen werden, wenn die Eintragungsbewilligung oder die sonstigen zu der Eintragung erforderlichen Erklärungen durch öffentliche oder öffentlich beglaubigte Urkunden nachgewiesen werden. Andere Voraussetzungen der Eintragung bedürfen, soweit sie nicht bei dem Grundbuchamt offenkundig sind, des Nachweises durch öffentliche Urkunden.

(...)

(3) Erklärungen oder Ersuchen einer Behörde, aufgrund deren eine Eintragung vorgenommen werden soll, sind zu unterschreiben und mit Siegel oder Stempel zu versehen. Anstelle der Siegelung kann maschinell ein Abdruck des Dienstsiegels eingedruckt oder aufgedruckt werden.

6 Die Vollmacht muss mindestens notariell beglaubigt sein, es sei denn, sie wurde von einer siegelführenden Behörde (Stadt oder Gemeinde, Landratsamt, aber auch Sparkasse oder Landesbank) erteilt. Bringen die Beteiligten eine solche Vollmachtsurkunde zum Termin mit, wird sie wegen § 12 BeurkG (siehe unten Rdn 8) als Anlage zum Kaufvertrag genommen.

Ob der Notar das Original der Vollmacht oder eine beglaubigte Abschrift davon als Anlage zum Kaufvertrag nimmt, entscheidet sich häufig nach dem Inhalt der Vollmacht selbst. Wenn es eine **Generalvollmacht** ist oder jedenfalls eine Vollmacht, die noch anderweitig Verwendung finden soll, kann man sie dem Bevollmächtigten nicht aus der Hand nehmen. Dann wird typischerweise eine beglaubigte Abschrift zum Kaufvertrag genommen. Wenn es sich jedoch um eine **Einzelvollmacht** handelt, die nur diesen einen Verkauf betrifft, wird, um die Beglaubigungsgebühr zu sparen, häufig das Original dem Kaufvertrag beigefügt.

7 Jedenfalls bei geringwertigen Kaufverträgen kommt es aber durchaus vor, dass ein Beteiligter mit einer nur **privatschriftlichen Vollmacht** erscheint oder auch nur behauptet, er sei **mündlich bevollmächtigt** worden. Dann ist die sofortige Beurkundung des Kaufvertrages zwar möglich, im Rahmen des Vollzugs muss aber für das Grundbuchamt ein ordnungsgemäßer Vollmachtsnachweis eingeholt werden. Man spricht insoweit von einer **Vollmachtsbestätigung**. Diese Verfahrensweise wird, wenn auch verklausuliert, durch § 12 BeurkG bestätigt:

§ 12 BeurkG: Nachweis für die Vertretungsberechtigung

Vorgelegte Vollmachten und Ausweise über die Berechtigung eines gesetzlichen Vertreters sollen der Niederschrift in Urschrift oder in beglaubigter Abschrift beigefügt werden. Ergibt sich die Vertretungsberechtigung aus einer Eintragung im Handelsregister oder in einem ähnlichen Register, so genügt die Bescheinigung eines Notars nach § 21 der Bundesnotarordnung.

8 Der Schwerpunkt der Aussage des § 12 BeurkG liegt auf dem einleitenden Attribut „*vorgelegte*“. Die Norm enthält gerade kein Verbot, bei nicht vorgelegten Vollmachten zu beurkunden. Die Norm enthält allein eine Vorgabe zur Gestaltung der Urschrift, wenn Vollmachten mitgebracht wurden. Wird die Vollmacht nicht in gehöriger Form mitgebracht, darf trotzdem beurkundet werden. Die Vollmacht muss dann nachgereicht werden. Das Verfahren unterscheidet sich nur wenig von der Genehmigung durch einen vollmachtlos Vertretenen.

> *Wie ist das zu erkennen?*
>
> Hinweis im Urkundseingang, wonach A für B handelt mit dem Versprechen, Vollmacht in grundbuchtauglicher Form nachzureichen.

Formulierungsbeispiel: Anschreiben 9

UVZ-Nr. (…) vom (…)

Sehr geehrter Herr (…), sehr geehrte Frau (…),

anliegend übersende ich Ihnen eine Abschrift meiner oben genannten Urkunde. Zu dieser Urkunde ist noch Ihre Genehmigung in notarieller Form erforderlich.

Zur Abgabe dieser Genehmigungserklärung bitte ich Sie, mit meiner Kanzlei einen Termin zu vereinbaren.

Fristen, insbesondere die des § 177 Abs. 2 BGB, werden durch dieses Ersuchen um nachträgliche Genehmigung nicht in Lauf gesetzt.

Eine rasche Erledigung liegt in Ihrem eigenen Interesse.

Mit freundlichen Grüßen

(Unterschrift)

(Notar)

Formulierungsbeispiel: Vollmachtbestätigung 10

Vollmachtsbestätigung zur Urkunde vom (…) des Notars (…) in (…)

UVZ-Nr. (…)

In Kenntnis des gesamten Inhalts der oben genannten Urkunde werden alle in dieser abgegebenen Erklärung sowie der gesamte Inhalt der Urkunde vorbehaltlos genehmigt. Die darin behauptete Vollmacht wird als damals bereits vorliegend bestätigt. Die in der Urkunde enthaltenen einseitigen Erklärungen, Vollmachten und Weisungen werden ausdrücklich wiederholt.

(Ort, Datum)

Muster liegen in eigener EDV unter

____

b) Genehmigung bei vollmachtloser Vertretung

Unsere Rechtsordnung lässt es zu, dass ein Kaufvertrag oder ein sonstiger Vertrag für einen **Vertretenen** geschlossen wird, der handelnde Vertreter jedoch bei oder vor der Beurkundung selbst vorträgt, dass er gegenwärtig noch gar keine **Vollmacht** erteilt bekommen habe, er aber davon ausgehe, dass im Nachhinein die **Genehmigung** erteilt werde. 11

§ 177 BGB: Vertragsschluss durch Vertreter ohne Vertretungsmacht

(1) Schließt jemand ohne Vertretungsmacht im Namen eines anderen einen Vertrag, so hängt die Wirksamkeit des Vertrags für und gegen den Vertretenen von dessen Genehmigung ab.

(2) Fordert der andere Teil den Vertretenen zur Erklärung über die Genehmigung auf, so kann die Erklärung nur ihm gegenüber erfolgen; eine vor der Aufforderung dem Vertreter gegenüber erklärte Genehmigung oder Verweigerung der Genehmigung wird unwirksam. Die Genehmigung kann nur bis zum Ablauf von zwei Wochen nach dem Empfang der Aufforderung erklärt werden; wird sie nicht erklärt, so gilt sie als verweigert.

Häufig ist in diesen Fällen der Vertragsinhalt zwar zwischen den Beteiligten vorbesprochen, sodass die Genehmigung mehr oder weniger reine Formsache ist. Darauf kommt es jedoch für die Wirksamkeit des Verfahrens insgesamt nicht an. 12

Der Notar ist vielmehr verpflichtet, die Beurkundung vorzunehmen, solange die Anwesenden dies wünschen. Er darf nur dann ablehnen, wenn ihm schon bei der Beurkundung ersichtlich ist, dass die Genehmigung seitens des Vertretenen nach menschlichem Ermessen nicht erteilt werden wird. Ein solcher Fall ist aber realitätsfern, weil dem Notar bei der Beurkundung regelmäßig dafür die Erkenntnismöglichkeiten fehlen. Der Vertretene weiß nichts von der anstehenden Beurkundung und schickt schon deswegen keine Missbilligung!

> *Hinweis:*
>
> Ablehnen kann der anwesende Vertragspartner, indem er auf Vorlage der Vollmacht besteht oder wegen deren Fehlens die Erklärung des Vertreters zurückweist. Dann kommt es nicht zur Beurkundung.

13 Nach der Beurkundung muss dann die Genehmigung eingeholt werden, und zwar auch in der Form des § 29 GBO. Inhaltlich unterscheidet sich diese Erklärung nicht grundlegend von der eben erwähnten **Vollmachtsbestätigung**. Viele Genehmigungsmuster unterscheiden beide Fälle gar nicht oder decken vorsorglich beide zugleich ab.

> *Wie ist das zu erkennen?*
>
> Hinweis im Urkundseingang, wonach „*A handelt für B vorbehaltlich dessen Genehmigung*“.

(Anschreiben wie zur behaupteten Vollmacht, siehe oben Rdn 9).

> *Formulierungsbeispiel: Genehmigung*
>
> Genehmigung zur Urkunde UVZ-Nr. (…) vom (…)
>
> des Notars (…)
>
> In Kenntnis des gesamten Inhalts der oben genannten Urkunde werden alle in dieser abgegebenen Erklärung sowie der gesamte Inhalt der Urkunde vorbehaltlos genehmigt. Eine etwa behauptete Vollmacht wird bestätigt. Die in der Urkunde enthaltenen einseitigen Erklärungen, Vollmachten und Weisungen werden ausdrücklich wiederholt.
>
> *(Ort, Datum)*

Muster liegen in eigener EDV unter

____

14 An sich muss die Genehmigung der Gegenseite zur Kenntnis gelangen; typischerweise wird dem Notar aber eine Empfangsvollmacht erteilt. Eine isolierte Weiterleitung an den Vertragspartner ist dann nicht erforderlich.

c) Vertretung der Städte und Gemeinden

15 Die Vertretung der Städte und Gemeinden ist im Kommunalrecht des jeweiligen Bundeslandes geregelt. Damit gibt es keine bundesweit einheitliche Regelung zur Vertretungsberechtigung der Gemeinden, wenngleich verschiedene Reformen der Landeskommunalrechte in den vergangenen beiden Jahrzehnten eine klare Tendenz hin zur Stärkung des Bürgermeisters erkennen ließen, vor allem bei dessen unmittelbarer (direkter) Wahl durch die Gemeindeangehörigen. Informieren Sie sich aber in jedem Fall über die Vertretungsberechtigung in Ihrem Bundesland.

16 Wird die Gemeinde danach vom Bürgermeister allein vertreten, gilt: Seine Amtseigenschaft wird in der Urkunde erwähnt, muss – wegen Offenkundigkeit – aber darüber hinaus nicht besonders nachgewiesen werden. Ebenso muss, wenn ein zweiter oder dritter Bürgermeister die Ausübung der Amtsgeschäfte wahrnimmt, der Vertretungsfall (Urlaub, Krankheit, Dienstabwesenheit) jedenfalls in Bayern nicht gesondert nachgewiesen werden. Zweite/Dritte Bürgermeister handeln als unmittelbare Inhaber des Bürgermeisteramtes, das ihnen wegen Abwesenheit des Ersten Bürgermeisters dann direkt zusteht, nicht für den Ersten Bürgermeister als dessen rechtsgeschäftliche Vertreter. Sie benötigen somit auch keine Vollmacht, die vom Ersten Bürgermeister ausgestellt wäre.

Der Bürgermeister kann aber die Beurkundung auch auf eine andere Person delegieren, häufig (ohne darauf begrenzt zu sein) auf Beamte der Gemeindeverwaltung. Diese beziehen ihre Handlungsberechtigung für die Gemeinde dann nicht aus einer ihnen verliehenen Amtseigenschaft, sondern allein aus der Vollmacht (= Delegation) vom Ersten Bürgermeister. Der Gemeindemitarbeiter hat aber keine weitergehende Handlungsbefugnis als der Bürgermeister selbst sie hätte, wenn er persönlich zur Beurkundung erschiene. Mit anderen Worten: In diesem Fall muss in Bayern zusätzlich neben der vorgelegten Vollmacht überprüft werden, ob der Ratsbeschluss aufgrund Geringfügigkeit des Geschäfts und eines zusätzlichen Geschäftsordnungsbeschlusses entbehrlich ist, oder ob anderenfalls der Ratsbeschluss vorliegt oder ggf. noch einzuholen ist (siehe Rdn 18). Der handelnde Beamte muss dann die Vollmacht nachweisen bzw. als vollmachtloser Vertreter handeln, parallel zum Auftreten eines rechtsgeschäftlichen Vertreters (siehe oben Rdn 11). 17

Da die Gemeinde siegelführend ist, kann sie sich grundbuchtaugliche Vollmachten selbst erteilen. Der Erste Bürgermeister geht also für Unterschriftsbeglaubigungen nicht zum Notar, sondern er zeichnet unter Beifügung seines Dienstsiegels. Generalvollmachten für alle künftigen Veräußerungsfälle erkennt die Rechtsprechung aber nicht an, weil die Kontrolle durch den Bürgermeister verlorenginge.

> *Wie ist das zu erkennen?*
>
> Dies ergibt sich aus dem Einleitungssatz im Urkundseingang, in dem die Handlungsberechtigung des erschienenen Gemeindebeamten beschrieben ist.

Nach **bayerischem Landesrecht** (anders in fast allen anderen Bundesländern) kann der Erste Bürgermeister einer Gemeinde bzw. Oberbürgermeister einer Stadt Grundstücksgeschäfte grundsätzlich nicht aus eigener Amtsbefugnis tätigen. Insoweit ist seine Vertretungsmacht auch im Außenverhältnis beschränkt. Er benötigt zum Vertrag einen Gemeinde- oder Stadtratsbeschluss (oder einen Beschluss des zuständigen Ausschusses) mit der entsprechenden Ermächtigung. Der Bürgermeister muss also zur Beurkundung einen entsprechenden Ratsbeschluss mitbringen, der dann auch der Urkunde als Anlage beigefügt wird. Technisch handelt es sich um die beglaubigte Abschrift aus dem Beschlussbuch der Gemeinde. 18

Liegt bei Beurkundung der Ratsbeschluss noch nicht vor, kann der Kaufvertrag zwar sofort beurkundet werden. Der Bürgermeister steht dann aber einem Vertreter ohne Vertretungsmacht gleich, d.h. der Ratsbeschluss muss nachträglich noch eingeholt werden, beispielsweise mit folgendem Wortlaut: 19

> *Formulierungsbeispiel: Genehmigung durch den Stadtrat/Gemeinderat*
>
> Meine UVZ-Nr. (…) vom (…)
>
> Sehr geehrter Herr Bürgermeister,
>
> anbei erhalten Sie eine Abschrift meiner vorbezeichneten Urkunde.
>
> Ich bitte um Zusendung eines entsprechenden
> - Stadtratsbeschlusses,
> - Gemeinderatsbeschlusses,
>
> soweit möglich in zweifacher Fertigung.
>
> Für den Beschluss schlage ich folgende Fassung vor:
>
> „*Der Stadtrat/Gemeinderat hat Kenntnis vom Inhalt der Urkunde UVZ-Nr. (…) des Notars (…) in (…) und stimmt dieser Urkunde zu.*“

> *Formulierungsbeispiel: Beschlussbuch der Gemeinde*
>
> **B E G L A U B I G T E R A U S Z U G** aus der Niederschrift
>
> über die nichtöffentliche Sitzung des Marktgemeinderates X, am Montag, den 31.3.2023 um 19.00 Uhr im Schulungsraum des Feuerwehrgerätehauses.

Von den 21 ordnungsgemäß geladenen Mitgliedern waren 18 anwesend.

Vorsitzender: 1 Bürgermeister

9. Grundstücksverkehr:

9.2 Verkauf des Bauplatzes Flst.Nr. 1300/19 (317 qm) an die Eheleute S. u. H. H., Y-Stadt (mit Grundschuldbestellung)

Das Gremium stimmt dem Verkauf des gemeindlichen Bauplatzes Flst.Nr. 1300/19, ggf. mit Grundschuldbestellung, an die Eheleute S. und H. H zu den bekannten, üblichen Konditionen und Bedingungen zu.

Abst.: 18 : 0

Die Richtigkeit und Vollständigkeit dieses Auszuges wird beglaubigt:

X, den 1.4.2008

Für den Markt X

I. A.

Müller, VOAR *(Gemeindesiegel)*

Muster liegen in eigener EDV unter

____

20 Eine Ausnahme besteht dann, wenn die betreffende Gemeinde in ihrer Geschäftsordnung für den Gemeinderat den Bürgermeister für geringwertige Kaufverträge allgemein zur selbstständigen Geschäftserledigung ermächtigt hat. Die Wertgrenze wird in der Geschäftsordnung des Gemeinderates festgesetzt. Dann kann der Bürgermeister diese Verträge auch ohne Ratsbeschluss wirksam beurkunden lassen. Rechtstechnisch muss dem Grundbuchamt die Geschäftsordnung vorgelegt sein. In der Praxis geschieht dies so, dass die Gemeinde von dem Grundlagenbeschluss zur Geschäftsordnung eine beglaubigte Abschrift zum Grundbuchamt gibt und der Kaufvertrag sich dann später nur auf den vorgelegten Geschäftsordnungsbeschluss bezieht. Für den Vertragsvollzug ist insoweit also nichts weiter veranlasst.

Wie ist das zu erkennen?

Im Urkundseingang ergibt sich diese Vorgehensweise daraus, dass der Bürgermeister als *„aufgrund Geschäftsordnung handelnd für die Gemeinde* (...)" beschrieben wird.

21 **Exkurs: Wann genügt die gezielte Erklärung der Gemeinde (gleiches gilt für die Sparkasse)? Wann ist eine Beurkundung erforderlich?**

Die Gemeinde ist siegelungsbefugt. Ihre gesiegelte Erklärung genügt gemäß § 29 GBO für den Grundbuchvollzug (wobei insbesondere die gesiegelte Erklärung auch die Vermutung der richtigen internen Zuständigkeit für sich hat). Sondervorschriften für gemeindegesiegelte Erklärungen bestehen aber weder im BeurkG noch in der BNotO noch im BGB. Daraus folgt: Die gesiegelte Erklärung genügt immer dann, wenn das BGB keine besondere Form vorschreibt und nur wegen § 29 GBO eine Beglaubigung erforderlich wäre.

Eine gesiegelte Erklärung genügt also zum Nachweis der Vollmacht, Genehmigung, Eintragungsbewilligung, Rangrücktritt, Löschungs- oder Freigabebewilligung. Das BGB schreibt keine besondere Form vor (§§ 167 Abs. 2, 873 BGB) und für die Nachweiszwecke des § 29 GBO genügt die Eigensiegelung.

Die gesiegelte Erklärung genügt nie, wenn das BGB eine notarielle Beurkundung vorschreibt. Eine notarielle Beurkundung ist z.B. erforderlich bei Grundstückserwerb oder -veräußerung, auch bei Erwerb/Veräußerung eines GmbH-Anteils (z.B. bei Stadtwerke-GmbH).

d) Betreuer, Vormund, Pfleger

§ 1850 BGB: Genehmigung für Rechtsgeschäfte über Grundstücke und Schiffe 22

(1) Der Betreuer bedarf der Genehmigung des Betreuungsgerichts
1. zur Verfügung über ein Grundstück oder über ein Recht an einem Grundstück, sofern die Genehmigung nicht bereits nach § 1833 Absatz 3 Satz 1 Nummer 4 erforderlich ist,
2. zur Verfügung über eine Forderung, die auf Übertragung des Eigentums an einem Grundstück, auf Begründung oder Übertragung eines Rechts an einem Grundstück oder auf Befreiung eines Grundstücks von einem solchen Recht gerichtet ist,
3. zur Verfügung über ein eingetragenes Schiff oder Schiffsbauwerk oder über eine Forderung, die auf Übertragung des Eigentums an einem eingetragenen Schiff oder Schiffsbauwerk gerichtet ist,
4. zu einem Rechtsgeschäft, durch das der Betreute unentgeltlich Wohnungs- oder Teileigentum erwirbt,
5. zur Eingehung einer Verpflichtung zu einer der in den Nummern 1 bis 3 bezeichneten Verfügungen oder des in Nummer 4 bezeichneten Erwerbs sowie
6. zu einem Rechtsgeschäft, durch das der Betreute zum entgeltlichen Erwerb eines Grundstücks, eines eingetragenen Schiffes oder Schiffsbauwerks oder eines Rechts an einem Grundstück verpflichtet wird, sowie zur Verpflichtung zum entgeltlichen Erwerb einer Forderung auf Übertragung des Eigentums an einem Grundstück, an einem eingetragenen Schiff oder Schiffsbauwerk oder auf Übertragung eines Rechts an einem Grundstück.

§ 1855 BGB: Erklärung der Genehmigung

Das Betreuungsgericht kann die Genehmigung zu einem Rechtsgeschäft nur dem Betreuer gegenüber erklären.

§ 1856 BGB: Nachträgliche Genehmigung

(1) Schließt der Betreuer einen Vertrag ohne die erforderliche Genehmigung des Betreuungsgerichts, so hängt die Wirksamkeit des Vertrags von der nachträglichen Genehmigung des Betreuungsgerichts ab. Die Genehmigung sowie deren Verweigerung wird dem anderen Teil gegenüber erst wirksam, wenn ihm die wirksam gewordene Genehmigung oder Verweigerung durch den Betreuer mitgeteilt wird.

(2) Fordert der andere Teil den Betreuer zur Mitteilung darüber auf, ob die Genehmigung erteilt sei, so kann die Mitteilung der Genehmigung nur bis zum Ablauf des zweiten Monats nach dem Empfang der Aufforderung erfolgen; wird die Genehmigung nicht mitgeteilt, so gilt sie als verweigert.

(3) Soweit die Betreuung aufgehoben oder beendet ist, tritt die Genehmigung des Betreuten an die Stelle der Genehmigung des Betreuungsgerichts.

Bei Kauf und Grundschuldbestellung durch einen Betreuer als gesetzlichem Vertreter des Betreuten sind die Genehmigungserfordernisse u.a. des § 1850 BGB zu beachten. Gleiches gilt über die in § 1643 Abs. 1 BGB enthaltene Verweisung für die Eltern, für die Pflegschaft (§ 1888 Abs. 1 BGB) und für den Vormund (§ 1795 BGB). Praxiswichtigster Fall ist der Verkauf durch einen Betreuer. 23

Der Verkauf des Grundstücks durch den Betreuer unterliegt der **betreuungsgerichtlichen Genehmigung** nach § 1850 Abs. 1 Nr. 1 BGB. Für das Verfahren der Genehmigung enthalten die §§ 1855, 1856 BGB ausdrückliche Verfahrensvorschriften: Das Genehmigungsverfahren wird allein und ausschließlich von Betreuer und Betreutem eingeleitet; der Vertragspartner des zu genehmigenden Rechtsgeschäfts ist hieran nicht beteiligt. Deswegen kann auch die Genehmigung nur gegenüber dem Betreuer erklärt werden. Dies gilt auch im Fall der Nachgenehmigung nach § 1856 Abs. 1 BGB. Alsdann muss der Betreuer dem Vertragspartner, im Wortlaut des Gesetzes *„dem anderen Teil"*, die Genehmigung mitteilen. Diese Reihenfolge ist vom Gesetzgeber bewusst so gewollt und zwingend. Die Information des anderen Teils (Käufers) durch das Gericht, auf die schon kein gesetzlicher Anspruch besteht, würde also den Vertrag nicht wirksam werden lassen. Hintergrund dieser etwas eigentümli- 24 chen Regelung ist, dass der Gesetzgeber damit dem Betreuer eine zweite Chance zur Prüfung gewähren wollte. Der Betreuer soll bei einer verweigerten Genehmigung Rechtsmittel einlegen können oder auch bei einem genehmigten Vertrag die Möglichkeit haben, den Vertrag doch noch zu Fall zu bringen, indem er die Weiterleitung verweigert. Dem Vertragspartner ist nur die Möglichkeit des § 1856 Abs. 2 BGB zugestanden, um die Schwebelage und damit die fortbestehende Ungewissheit zu beseitigen. Er kann den Betreuer jederzeit zur Erklärung über die Genehmigung auffordern. Dann muss der Betreuer sich innerhalb der gesetzlichen Frist positiv äußern, indem er in der verbleibenden Zeit die Genehmigung des Gerichts rechtswirksam beschafft und diese dem Vertragspartner mitteilt. Anderenfalls wird der Vertrag unwirksam (und zwar selbst dann, wenn die Frist vom Betreuer gar nicht eingehalten werden konnte, weil das Gericht noch nicht entschieden hat und selbst das Gericht womöglich noch gar nicht entscheiden konnte, weil gesetzlich zwingende Fristen abzuwarten waren).

25 Für den Grundstückskaufvertrag ist über § 20 GBO dem Grundbuchamt die volle Wirksamkeit auch der dinglichen Auflassung nachzuweisen, d.h. die gesamte Durchführung des Tatbestandes des § 1856 Abs. 1 BGB. Dazu hat sich in der Praxis die sog. **Doppelvollmacht** herausgebildet: Das Verfahren des § 1856 BGB ist als solches nicht dispositiv, d.h. Betreuer und anderer Teil können hiervon nicht abweichen und eine andere Regelung zur Mitteilung/Weiterleitung und zur Wirksamkeit der betreuungsgerichtlichen Genehmigung festlegen. Die einzelnen Entgegennahmen und Mitteilungen sind aber nicht höchstpersönlich, sondern können auf Bevollmächtigte übertragen werden. Dabei wird jedenfalls beim Grundstückskaufvertrag die Durchführung aller Schritte auf den Notar übertragen, der also die betreuungsgerichtliche Genehmigung für den Betreuer in Empfang nimmt, sie namens des Betreuers dem anderen Vertragsteil mitteilt und zugleich – insoweit als In-Sich-Entgegennahme – für den anderen Vertragsteil auch in Empfang nimmt.

Bezogen auf die Anzahl der Schritte müsste man besser von einer „Dreifachvollmacht“ sprechen; der Begriff der Doppelvollmacht (weil von beiden Seiten erteilt) hat sich aber durchgesetzt.

Alsdann erstellt der Notar als Nachweis hierüber eine Eigenurkunde in der Form des § 29 GBO.

> *Wie ist das zu erkennen?*
>
> Nach Urkundseingang handelt jemand als Betreuer/Vormund/Eltern; Doppelvollmacht zum Verfahren nach § 1856 BGB; Hinweis auf erforderliche Genehmigung; beigefügter Betreuerausweis; beglaubigte Abschrift an das Familiengericht oder Betreuungsgericht im Verteiler.

26 In der Praxis taucht die Genehmigung des § 1850 BGB in aller Regel beim Grundstücksverkauf durch einen Betreuer und anschließender Grundschuldbestellung des Käufers auf. Für diese Fälle hat die Rechtsprechung entschieden, dass die Finanzierungsgrundschuld des Käufers auch dann gesondert der betreuungsgerichtlichen Genehmigung bedarf, wenn bereits der Verkauf durch den Betreuer genehmigt wurde. Gerade in diesen Fällen ist also besonders darauf zu achten, dass Kauf und Finanzierungsgrundschuld zeitnah beurkundet werden, damit möglichst das Genehmigungsverfahren als einheitliches durchgeführt werden kann. Anderenfalls droht weiterer Zeitverlust, der wiederum die Finanzierung gefährdet.

Die parallele Bearbeitung muss auch im Büroablauf beachtet werden.

Formulierungsbeispiel: Entwurf des Anschreibens

Antrag auf Erteilung der betreuungsgerichtlichen Genehmigung

zu diesamtlicher Urkunde vom (…), UVZ-Nr. (…)

Sehr geehrte Damen und Herren,

nach den Bestimmungen des § 1851 BGB bedarf der zu oben genannter Urkunde errichtete Vertrag zu seiner Wirksamkeit der nachträglichen Genehmigung durch das Betreuungsgericht gemäß § 1856 Abs. 1 BGB. Aufgrund der mir in § (…) der vorgezeichneten Urkunde erteilten Vollmacht, beantrage ich namens des Betreuers die Erteilung der betreuungsgerichtlichen Genehmigung für sämtliche in dieser Urkunde vom Betreuer als gesetzlicher Vertreter des Mündels vorgenommene genehmigungsbedürftige Rechtsgeschäfte. Aufgrund der im selben Abschnitt dieser Urkunde erteilten Empfangsvollmacht des Betreuers ersuche ich um Übersendung der Genehmigung zu meinen Händen, wobei ich die Erteilung eines Rechtskraftvermerks zur Genehmigung schon jetzt beantrage. Bei etwaigen Rückfragen bitte ich Sie, sich direkt mit den Beteiligten in Verbindung zu setzen.

Mit freundlichen Grüßen

(Unterschrift)

Beispiel: Angeforderte Genehmigung 27

Amtsgericht Obernburg

Geschäftsnummer XVII 0123/16

Betreuungsverfahren für

Irmgard G. – Betroffene –,

Hiltrud T. – Betreuerin –

Obernburg, den (…)

Beschluss

Die Erklärung von Frau Hiltrud T. als Betreuerin für Frau Irmgard G. bzw. die aufgrund Vollmacht abgegebenen Erklärungen betreffend den Kaufvertrag und die Grundschuldbestellung, abgegeben in den Urkunden des Notars Martin Herrmann in Obernburg vom 14.3.2023 (UVZ-Nr. 234/2023 und 235/2023) werden betreuungsgerichtlich genehmigt. Die Genehmigung wird mit Rechtskraft wirksam.

(Unterschrift)

Rechtspfleger

Der Beschluss ist rechtskräftig. Obernburg, den (…)

Formulierungsbeispiel: Entgegennahmevermerk 28

Feststellung

Am heutigen (…), habe ich, (…), Notar, aufgrund der in § (…) der diesamtlichen Urkunde UVZ-Nr. (…) vom (…) erteilten Vollmacht, die Genehmigung des Amtsgerichts – Betreuungsgericht – (…) vom (…), Aktenzeichen (…), in Empfang genommen, sie dem anderen Vertragsteil mitgeteilt und für diesen die Mitteilung in Empfang genommen.

Die Rechtswirksamkeit des Kaufvertrages ist somit eingetreten.

(Notar) *(Siegel)*

Muster liegen in eigener EDV unter

____

29 Der Genehmigungsbeschluss des Gerichts und die Feststellung (unterschrieben und gesiegelt) sind zur Urschrift zu nehmen. Sie müssen Teil der beglaubigten Abschrift für das Grundbuchamt sein.

30 Vom Betreuerausweis ist eine beglaubigte Abschrift zur Urkunde zu nehmen (§ 12 BeurkG) und mit auszufertigen. Vereinzelt hat der Betreuer den Ausweis nicht dabei. Dann muss er nachgefordert werden; das ist zulässig. Wird das Betreuungsverfahren beim gleichen Gericht geführt, kann eine Bezugnahme auf den Betreuungsakt genügen.

31 Leicht abweichend ist die Verfahrensweise bei der Grundschuld. Auch bei ihr muss die Genehmigung eingeholt werden. Eintragungsgrundlage (= Handlungsgrundlage für das Grundbuchamt) ist aber nicht die vertragliche Auflassung (wie bei der Eigentumsumschreibung), sondern die einseitige Bewilligung des Eigentümers. Deswegen genügt es bei der Grundschuld, die Genehmigung des Gerichts in beglaubigter Abschrift vorzulegen. Der Entgegennahmevermerk entfällt.

32 Die Frist des § 1856 Abs. 2 BGB kommt erst dann zum Tragen, wenn der Käufer den Betreuer zur Erklärung „auffordert", d.h. eine endgültige klare Entscheidung verlangt. Solange der Käufer dieses Verlangen nicht stellt, kann – rein rechtlich – der Schwebezustand ewig dauern. Das wiederum kommt zwar bei gerichtlichen Genehmigungen nicht vor, weil die Gerichte um eine zügige Abarbeitung der Fälle bemüht sind. Bei der vollmachtlosen Vertretung (vor allem bei vollmachtlos vertretenen Familienangehörigen) kann aber die Nachgenehmigung durchaus Jahre später noch kommen.

Bedeutsam aber auch für die notarielle Praxis: Gemäß § 45 FamFG tritt die Rechtskraft des Genehmigungsbeschlusses erst dann ein, wenn die Frist für die Einlegung des zulässigen Rechtsmittels oder des zulässigen Einspruchs, Widerspruchs oder der Erinnerung abgelaufen ist. Die Bekanntgabe an den Vertragspartner (Käufer) hat auf die Wirksamkeit keinen Einfluss, was § 40 Abs. 2 FamFG nochmals ausdrücklich ausspricht:

§ 40 Abs. 2 FamFG: Wirksamwerden

Ein Beschluss, der die Genehmigung eines Rechtsgeschäfts zum Gegenstand hat, wird erst mit Rechtskraft wirksam. Dies ist mit der Entscheidung auszusprechen.

33 Das hat zu einer deutlichen Verlängerung der gerichtlichen Verfahren geführt, obwohl häufig der Betreuer unter dem Druck der Sozialhilfe steht, vorhandenes Vermögen zu Geld zu machen. Der Ablauf der Rechtsmittelfristen lässt sich für Außenstehende (= hier den Notar, aber auch den Käufer) kaum erkennen. Deswegen sieht das Gesetz die Erteilung eines Rechtskraftzeugnisses vor. Die Wirksamkeitsbestätigung (siehe oben Rdn 28) mit Entgegennahme aufgrund Doppelvollmacht darf deswegen erst nach dem erteilten Rechtskraftzeugnis erstellt werden.

Praxistipp:

Die Doppelvollmacht immer erst dann vorbereiten und den Notar ausnutzen lassen, wenn der Genehmigungsbeschluss mit Rechtskraftvermerk versehen eingegangen ist. Das Rechtskraftzeugnis wird nur auf besonderen Antrag erteilt, deswegen keine Scheu, es nachzufordern.

34 Mitunter teilen die Gerichte den Notaren den Genehmigungsbeschluss sogleich nach Erlass mit, auch wenn er noch nicht rechtskräftig ist. Deswegen ist bei eingehenden Beschlüssen immer auf das Beschlussdatum und das Beglaubigungsdatum zu achten! Die Beschwerdefrist beträgt einen Monat ab Bekanntgabe, eine Verkürzung ist faktisch ausgeschlossen. Wenn die Beschlussabschrift eine Woche nach Erlass im Posteingang liegt, kann der Genehmigungsbeschluss schlicht nicht rechtskräftig sein.

Praxistipp:

Stattdessen Akt auf Wiedervorlage (WV) ca. auf 1 Monat Rechtsmittelfrist plus 2–3 Wochen (für Postlaufzeit und Bearbeitungsdauer im Gericht): also ca. 2 Monate nach Beschlussdatum. Erst dann nachfragen.

Gelegentlich soll schon vor Betreuerbestellung beurkundet werden, indem entweder X als avisierter Betreuer, jedoch vor seiner amtlichen Ernennung oder als vollmachtloser Vertreter vorbehaltlich Genehmigung des noch zu bestellenden Betreuers auftritt. Solche Fälle sind allerdings selten, denn bevor der Kauf beurkundet wird, muss ja jemand Verkaufsaktivitäten gestartet haben. Sie kommen vor, wenn eine nahestehende Person des Verkäufers eine privatschriftliche Vollmacht hat, die den täglichen Bedarf an Erledigungen abgedeckt (sodass keine Betreuung erforderlich wird), die Vollmacht aber wegen § 29 GBO keinen Grundbuchvollzug gestattet. Der Vollzug verläuft dann: Beurkundung – Betreuerbestellung – dessen Genehmigung – dann betreuungsgerichtliche Genehmigung. 35

Die dabei vorab zu bewältigenden Fragen (Klärung, wer den Antrag einreicht, welche Person vorgeschlagen wird etc.) sind aber nur individuell vom Sachbearbeiter/Notar zu klären. Als grobes Muster kann folgendes Anschreiben dienen, welches zur Löschung eines Nießbrauchs gefertigt wurde (der Bruder der geschäftsunfähigen Nießbrauchsberechtigten hatte zwar eine Vollmacht, die aber eine Löschung des Rechts nicht gestattete):

Formulierungsbeispiel: Antrag auf Einrichtung einer Betreuung

Neuanordnung einer Betreuung für

(…), geb. (…), wohnhaft (…)

Ihr Az: **neu**; ich bitte, mir Ihr vergebenes Az. vorab mitzuteilen.

Sehr geehrte/r Frau/Herr Richter/in (…),

ich komme zurück auf ein kurzes Telefonat, an das Sie sich gewiss nicht mehr erinnern werden, welches wir im Herbst vergangenen Jahres vorbereitend zu dieser Angelegenheit geführt haben. Ich hatte aber damals herausgefunden, dass die richterliche Zuständigkeit Ihres Betreuungsgerichts nach Ort vergeben ist. Ich setze voraus, dass Ihre Zuständigkeit für obige Adresse der Betreuten noch unverändert ist. Falls nicht, bitte ich um Weiterleitung an den zuständigen Richter.

Sofern die mir erteilten Vollzugsvollmachten zur Einleitung eines Betreuungsverfahrens noch nicht genügen, darf ich darauf hinweisen, dass der nachgenannte Verkäufer mit in Kürze nachfolgendem gleichlautendem Schreiben dem Antrag auf Einleitung eines Betreuungsverfahrens beitreten wird.

Beigefügt sind eine beglaubigte Abschrift meiner Kaufvertragsurkunde vom gestrigen Tage, UVZ-Nr. (…) sowie ein mir vorliegendes Gutachten zum Gesundheitszustand der Betreuten.

Zum Sachverhalt:

1.

Mit genanntem Kaufvertrag wurde die Immobilie in (…), Flst.Nr. (…) der Gemarkung (…), veräußert. Eigentümer und Verkäufer ist Herr (…), Bruder der Betreuten. Am Grundbesitz lastet ein Nießbrauch für die Betreute, (…). Dieser Nießbrauch soll im Rahmen der Kaufvertragsabwicklung gelöscht werden, um eine uneingeschränkte Nutzung durch die Käufer zu ermöglichen.

Frau (…) wohnt selbst nicht mehr im Objekt sondern im oben genannten Pflegeheim. Nach medizinischen Gesichtspunkten zu urteilen ist eine Rückkehr in das Objekt und Wiederaufnahme einer Selbstnutzung auf der Grundlage des Nießbrauchs ausgeschlossen. Das Objekt ist derzeit auch nicht vermietet. Vorteile und Nutzungen ergeben sich für Frau (…) aus dem Nießbrauch damit nicht.

Der Nießbrauch soll deswegen gelöscht werden. Es ist als Ersatz vorgesehen, dass der Betreuten aus dem Kaufpreis eine Gegenleistung zufließt. Dabei ist vorgesehen, dass vorläufig der gesamte Kaufpreis auf ein Konto auf Namen der Frau (…) überwiesen wird, um liquide Mittel für die Begleichung von Fehlbeträgen beim Heimaufenthalt verfügbar zu haben. Ich verweise insoweit auf die Zahlstellenangabe unter Ziffer (…) (Seite (…) der Urkunde.

2. Umfang der Betreuung

Eine Betreuung soll nach gesetzlicher Vorgabe nur eingeleitet werden, soweit ein Erfordernis besteht. Hier besteht ein Erfordernis auf Anordnung einer Betreuung, inhaltlich beschränkt, zur Löschung dieses Nießbrauchs im Rahmen der Vertragsdurchführung. Im Übrigen ist dem Verkäufer eine umfassende Vollmacht erteilt, die bisher sämtliche anstehenden Maßnahmen abgedeckt und eine Betreuung überflüssig gemacht hat.

Herr (…) ist aber in der Vollmacht nicht von den Beschränkungen des § 181 BGB befreit worden. Die Vollmacht wurde mir vorgelegt. Dies habe ich überprüft. Die herrschende Meinung sieht es als Fall des § 181 BGB an, wenn eine Grundbucheintragung gelöscht wird und davon der Bevollmächtigte selbst profitiert, indem sein Eigentum lastenfrei wird. Diese Auffassung wird desungeachtet vertreten, dass die Löschungsbewilligung eine einseitige Erklärung an das Grundbuchamt ist und diese Erklärung für sich betrachtet gar keinen Vertrag darstellt, auf den § 181 BGB Anwendung finden kann. Ich verweise hierzu auf die jüngst ergangene Entscheidung des OLG Nürnberg vom 26.11.2015, 15 W 1757/15, BeckRS 2016, 01218 (zuvor bereits ebenso OLG München vom 26.3.2012, 34 Wx 199/11, DNotI-Report 2012, 89 zum Testamentsvollstrecker).

Eine Nachbesserung der Vollmacht scheidet angesichts des Gesundheitszustandes der Betreuten aus. Insoweit ist für die Löschung des Nießbrauchs die Anordnung einer Betreuung erforderlich. Ich bitte aber, die Betreuung auch auf diesen Punkt zu beschränken.

3.

Naheliegender Weise ist die Angelegenheit eilbedürftig. Ich wäre Ihnen verbunden, wenn Sie die Entscheidung über die Einleitung des Betreuungsverfahrens zügig treffen könnten. Für Rückfragen stehe ich Ihnen selbstverständlich jederzeit gerne zur Verfügung. Im Anschluss an die Anordnung des Betreuungsverfahrens ist dann immer noch die Einholung einer Löschungsbewilligung und hierzu, soweit erforderlich, die Einholung der betreuungsgerichtlichen Genehmigung erforderlich.

Zur Vereinfachung der Korrespondenz bitte ich vorab um Mitteilung Ihres Aktenzeichens.

Für Ihre Bemühungen darf ich mich herzlich bedanken.

Mit freundlichen Grüßen

(Notar)

Ich, (…) *(Eigentümer)*, geb. (…), wohnhaft (…), trete dem Antrag auf Bestellung eines Betreuers mit dem beschränkten Aufgabenkreis „Löschung des Nießbrauchs" für meine Schwester (…) uneingeschränkt bei.

Als Betreuer schlage ich vor: (…)

(Ort, Datum)

(Unterschrift)

3. Gemeindliches Vorkaufsrecht

36 Nach den §§ 24, 28 BauGB steht der Gemeinde ein gesetzliches, somit nicht im Grundbuch eingetragenes Vorkaufsrecht zu, interessanterweise auch dann, wenn andere Körperschaften der öffentlichen Hand (außer eben die Gemeinde selbst) erwerben. Gemessen an der Anzahl der mitgeteilten Verkäufe ist die Ausübungsquote zum Glück äußerst gering. Gleichwohl

sind politische Vorstöße zu einer Abschaffung dieses Vorkaufsrechts bisher am politischen Einfluss der Gemeindeverbände gescheitert.

Das Vorkaufsrecht ist gemäß § 28 Abs. 1 S. 2 BauGB mit grundbuchtechnischer Sperrwirkung ausgestattet. Das Grundbuchamt darf ohne Stellungnahme der Gemeinde die Auflassung im Grundbuch nicht vollziehen. Die Grundbuchsperre gilt aber nicht für die Auflassungsvormerkung des Käufers, auch nicht für dessen Finanzierungsgrundschuld. Diese können sogleich im ersten Bearbeitungsgang vor einer Antwort der Gemeinde beantragt werden. Hinsichtlich des Nichtbestehens eines Vorkaufsrechts ist das Grundbuchamt auch in der Regel nicht prüfungsberechtigt (obwohl es allein um Rechtsfragen ginge, die der Rechtspfleger vermutlich kompetent entscheiden könnte). Einzig bedeutende Ausnahme davon: Der Verkauf an Verwandte; den Ausschluss des Vorkaufsrechts gemäß § 26 Nr. 1 BauGB wendet das Grundbuchamt in eigener Kompetenz an. **37**

Das Vorkaufsrecht besteht beim Verkauf von Grundstücken und Miteigentumsanteilen, nicht aber bei der Veräußerung von Erbbaurechten und Wohnungseigentum. Das Vorkaufsrechtszeugnis ist auch dann nicht erforderlich, wenn in einer Urkunde mehrere Wohnungseigentumseinheiten übertragen werden, die zusammen das Gesamtgrundstück ausmachen. **38**

Das Vorkaufsrechtzeugnis ist nicht erforderlich, wenn die Gemeinde selbst an der Beurkundung als Erwerber oder Veräußerer beteiligt ist. Das Vorkaufsrechtszeugnis ist aber erforderlich, wenn zusammen mit einem Wohnungseigentum ein ideeller Miteigentumsanteil am Weg/Parkplatz o.Ä. verkauft wird, ungeachtet der untergeordneten wirtschaftlichen Bedeutung. Würde das Vorkaufsrecht je ausgeübt, könnte die Gemeinde auch nur den Wegeanteil kaufen.

In Bayern hat sich aus Datenschutzgründen ein zweistufiges Verfahren durchgesetzt. Zunächst wird der Gemeinde nur die Beurkundung des Vorganges an sich geschildert mit Hinweis auf das veräußerte Grundstück (dies ist wichtig für die Entscheidung, ob das Vorkaufsrecht überhaupt besteht oder ausgeübt wird), die Person des Verkäufers (den kennt die Gemeinde über das verkaufte Objekt sowieso) und des Käufers (wichtig als Adressat der Kostenrechnung). Im Übrigen wird häufig zunächst von einer Übermittlung der Urkunde abgesehen. Dieses Verfahren funktioniert, weil in der überwiegenden Anzahl der Sachverhalte der Bestand des Vorkaufsrechts allein am Verkaufsobjekt hängt (vgl. § 24 BauGB: Verwendung für öffentliche Zwecke; Bebauung gemäß Bebauungsplan). Damit kann die Gemeinde häufig allein aus der Kenntnis des Objekts heraus den Nichtbestand des Vorkaufsrechts bescheinigen. Eine Kopie der Urkunde wird nur dann übermittelt, wenn die Gemeinde dies wünscht, insbesondere weil die Ausübung eines Vorkaufsrechts nach den gesetzlichen Vorgaben in Betracht kommen könnte. Einzelne Gemeinden hebeln dieses Verfahren allerdings aus, weil sie stereotyp eine Abschrift der Urkunde fordern (was nach den gesetzlichen Vorschriften wohl nicht ausgeschlossen werden kann), und zwar selbst dann, wenn ersichtlich gar kein Vorkaufsrecht ausgeübt werden könnte. **39**

An sich hätte die Gemeinde einen Anspruch darauf, dass ihr der Vertrag – wie beim privaten Vorkaufsrecht auch – erst nach vollständiger Wirksamkeit und dann in Ausfertigung übersandt wird. Regelmäßig genügt der Gemeinde eine einfache Abschrift, wenn sie denn überhaupt eine Kopie des Vertrages sehen will.

Auch bei noch offenen Wirksamkeitsdefiziten des Vertrages sollte die Anfrage immer im ersten Bearbeitungsgang verschickt werden.

> *Praxistipp:*
>
> Das Vorkaufsrechtszeugnis der Gemeinde muss grundbuchtauglich sein, d.h. vom Bürgermeister oder einem vertretungsberechtigten Beamten der Gemeinde unterzeichnet und gesiegelt. Die Beifügung des Siegels wird gelegentlich vergessen.

40 **§ 24 BauGB: Allgemeines Vorkaufsrecht**

(1) Der Gemeinde steht ein Vorkaufsrecht zu beim Kauf von Grundstücken

1. im Geltungsbereich eines Bebauungsplans, soweit es sich um Flächen handelt, für die nach dem Bebauungsplan eine Nutzung für öffentliche Zwecke oder für Flächen oder Maßnahmen zum Ausgleich im Sinne des § 1a Abs. 3 festgesetzt ist,
2. in einem Umlegungsgebiet,
3. in einem förmlich festgelegten Sanierungsgebiet und städtebaulichen Entwicklungsbereichen,
4. im Geltungsbereich einer Satzung zur Sicherung von Durchführungsmaßnahmen des Stadtumbaus und einer Erhaltungssatzung,
5. im Geltungsbereich eines Flächennutzungsplans, soweit es sich um unbebaute Flächen im Außenbereich handelt, für die nach dem Flächennutzungsplan eine Nutzung als Wohnbaufläche oder Wohngebiet dargestellt ist, sowie
6. in Gebieten, die nach § 30, 33 oder 34 Abs. 2 vorwiegend mit Wohngebäuden bebaut werden können, soweit die Grundstücke unbebaut sind.

Im Falle der Nummer 1 kann das Vorkaufsrecht bereits nach Beginn der öffentlichen Auslegung ausgeübt werden, wenn die Gemeinde einen Beschluss gefasst hat, einen Bebauungsplan aufzustellen, zu ändern oder zu ergänzen. Im Falle der Nummer 5 kann das Vorkaufsrecht bereits ausgeübt werden, wenn die Gemeinde einen Beschluss gefasst und ortsüblich bekannt gemacht hat, einen Flächennutzungsplan aufzustellen, zu ändern oder zu ergänzen, und wenn nach dem Stand der Planungsarbeiten anzunehmen ist, dass der künftige Flächennutzungsplan eine solche Nutzung darstellen wird.

(2) Das Vorkaufsrecht steht der Gemeinde nicht zu beim Kauf von Rechten nach dem Wohnungseigentumsgesetz und von Erbbaurechten.

(3) Das Vorkaufsrecht darf nur ausgeübt werden, wenn das Wohl der Allgemeinheit dies rechtfertigt. Bei der Ausübung des Vorkaufsrechts hat die Gemeinde den Verwendungszweck des Grundstücks anzugeben.

§ 26 BauGB: Ausschluss des Vorkaufsrechts

Die Ausübung des Vorkaufsrechts ist ausgeschlossen, wenn

1. der Eigentümer das Grundstück an seinen Ehegatten oder an eine Person verkauft, die mit ihm in gerader Linie verwandt oder verschwägert oder in der Seitenlinie bis zum dritten Grad verwandt ist,
2. das Grundstück
   a) von einem öffentlichen Bedarfsträger für Zwecke der Landesverteidigung, der Bundespolizei, der Zollverwaltung, der Polizei oder des Zivilschutzes oder
   b) von Kirchen und Religionsgesellschaften des öffentlichen Rechts für Zwecke des Gottesdienstes oder der Seelsorge

   gekauft wird,
3. auf dem Grundstück Vorhaben errichtet werden sollen, für die ein in § 38 genanntes Verfahren eingeleitet oder durchgeführt worden ist, oder
4. das Grundstück entsprechend den Festsetzungen des Bebauungsplans oder den Zielen und Zwecken der städtebaulichen Maßnahme bebaut ist und genutzt wird und eine auf ihm errichtete bauliche Anlage keine Missstände oder Mängel im Sinne des § 177 Abs. 2 und 3 Satz 1 aufweist.

41 *Formulierungsbeispiel: Entwurfsanschreiben Vorkaufsrecht*

Gesetzliches Vorkaufsrecht der Gemeinde gemäß § 24 BauGB oder aufgrund sonstiger Rechtsgrundlagen

hier: Urkunde: (…) vom (…)

Betroffener Grundbesitz: Flurstück (…), Gemarkung (…)

Verkäufer: (…)

Käufer: (…)

Sehr geehrte Damen und Herren,

mit der oben genannten Urkunde wurde über den im Betreff näher bezeichneten Grundbesitz ein Kaufvertrag abgeschlossen. Soweit für den Gutachterausschuss erforderlich, liegt Kopie der Urkunde bei.

Sofern weitere als die oben genannten gesetzlichen Vorkaufsrechte in Betracht kommen, sind Sie hiermit auch diesbezüglich zur Äußerung aufgefordert.

Ich bitte um Mitteilung, ob dieser Grundbesitz von einem gesetzlichen Vorkaufsrecht Ihrer Gemeinde betroffen ist. Sollte dies der Fall sein, werde ich Ihnen nach Rechtswirksamkeit des Vertrages eine beglaubigte Abschrift der Urkunde übersenden, damit Sie sich endgültig über die Ausübung eines Vorkaufsrechts erklären können.

Andernfalls ist der rückseitige Text mit Ihrer Unterschrift und dem **Amtssiegel** zu versehen und mir zurückzureichen.

Mit freundlichen Grüßen

(Notar)

Formulierungsbeispiel: Vorkaufsrechtszeugnis 42

Unserer Gemeinde steht zu Ihrer UVZ-Nr. (...) kein Vorkaufsrecht zu bzw. es wird ein bestehendes Vorkaufsrecht nicht ausgeübt.

(Ort, Datum)

(Unterschrift) *(Siegel)*

Muster liegen in eigener EDV unter

____

4. Exkurs: landesgesetzliche Vorkaufsrechte

Das bundesweit geltende Vorkaufsrecht gemäß BauGB hat keine abschließende Wirkung. 43
Es hindert also die einzelnen Bundesländer nicht, ihrerseits (natürlich im Rahmen der Kompetenzordnung des Grundgesetzes) für alles Mögliche gesetzliche Vorkaufsrechte festzulegen, die dann bei Beurkundung und Vollzug zu berücksichtigen sind. Eine regelmäßig aktualisierte Übersicht hält das DNotI auf seiner Homepage bereit.

Bundesland	Denkmalschutzrecht	Naturschutzrecht	Wald-/Forstrecht	Wasser-/ Fischgesetz	Straßen-/Wegerecht u.Ä.	Belegungsbindung (Mietwohnungen)	sonstige
Baden-Württemberg	nein	§ 56 NatSchG, § 66 BNatSchG	§ 25 WaldG	§ 8 FischG; § 29 WasserG	nein	nein	§ 17 ASVG (siedlungsrechtliches Vorkaufsrecht), Art. 228 AGBGB (Stockwerkseigentum) Art 14 AnerbenG Württ. (nur wenn Erblasser vor 1.1.1930 geboren wurde)
Bayern	nicht für Grundstücke	Art. 39 BayNatSchG	nein	§ 99a WHG, Art. 57a BayWG; § 18 BayFiG	nein	nein	Art. 3 BayAlmG
Berlin	2005 abgeschafft	§ 53 NatSchG Bin (Modifikation zu § 66 BNatSchG)	2004 abgeschafft	§ 99a WHG; § 7 LFischG	nein	nein	Art. 5 Hörfunk-Überleitungsstaatsvertrag
Brandenburg	nein	§ 26 Bbg NatSchAG	nein	§ 99a WHG; § 6 BbgFischG	§§ 13, 40 StraßenG	nein	nein
Bremen	nein	§ 32 BremNatSchG (Modifikation zu § 66 BNatSchG)	nein	§ 99a WHG	nein	nein	nein
Hamburg	nein	§ 18a HmbBNatSchAG, (Modifikation zu § 66 BNatSchG)	nein	§ 55b HWaG	§ 15a HWG, § 13 HafenEG	nein	§ 4 LinBeschlErStVtrG § 4 FELPlVSHStVtrG § 12 SeilBG

Bundesland	Denkmalschutzrecht	Naturschutzrecht	Wald-/Forstrecht	Wasser-/Fischgesetz	Straßen-/Wegerecht u.Ä.	Belegungsbindung (Mietwohnungen)	sonstige
Hessen	nein	§ 66 BNatSchG, § 62 HeNatG	nein	§ 99a WHG, § 23 Abs. 6 HWG	nein	nein	nein
Mecklenburg-Vorpommern	§ 22 DSchG M-V	§ 34 NatSchAG (Modifikation zu § 66 BNatSchG)	§ 9 Abs. 5 LFoAG M-V, § 26 LWaldG	§ 99a WHG	nein	nein	nein
Niedersachsen	nein	§ 40 NAGBNatSchG (Modifikation zu § 66 BNatSchG)	nein	§ 59b NWG, § 99a WHG	nein	nein	nein
Nordrhein-Westfalen	§ 31 DSchG NRW	§ 74 Abs. 1 LNatSchG i.V.m. § 66 BNatSchG	nein	§ 99a WHG	§ 12, 40 StrWG	nein	nein
Rheinland-Pfalz	§ 32 DSchG R-P	§ 34 LNatSchG (Modifikation zu § 66 BNatSchG)	nein	§ 99a WHG	§ 7 LStrG	nein	§ 22 LEisenbG
Saarland	§ 15 DSchG SL	§ 13 SNG	nein	§ 99a WHG	nein	nein	§ 48 EnteigGrdBesG SL
Sachsen	§ 17 DenkmalSchG	Nein, nach § 36 NatSchG findet § 66 BNatSchG keine Anwendung	Mit Gesetz vom 2.4.2014 mit Wirkung zum 1.5.2014 abgeschafft	§ 99a WHG	§ 40 SächsStrG	nein	nein
Sachsen-Anhalt	§ 11 DenkmalSchG	§ 31 NatSchG (abweichend von § 66 BNatSchG)	nein	§ 99a WHG; § 8 FischG	nein	nein	nein

Bundesland	Denkmalschutzrecht	Naturschutzrecht	Wald-/Forstrecht	Wasser-/ Fischgesetz	Straßen-/We- gerecht u.Ä.	Belegungsbindung (Mietwohnungen)	sonstige
Schleswig-Holstein	nein	§ 50 LNatSchG	2011 abgeschafft	§ 99a WHG; § 9 FischG	nein	nein	§ 4 RöntGLasStVHH/SH § 4 LinBeschlErStVtrG SH
Thüringen	§ 30 DenkmalSchG	§ 31 ThürNatG	§ 17 WaldG (seit 1.7.2008 nicht mehr Privatwaldbesitzer)	§ 99a WHG	nein	nein	nein

Zu finden auf der Homepage des Deutschen Notarinstituts: www.dnoti.de/arbeitshilfen.de.

Für den Vollzug ist bei landesrechtlichen Vorkaufsrechten zunächst zu klären, ob das Vorkaufsrecht – wie § 28 Abs. 1 S. 2 BauGB – das Grundbuch sperrt. Grundbuchsperre bedeutet: Ohne entsprechenden Nachweis darf das Grundbuchamt die beantragte Eintragung (des neuen Eigentümers) nicht vornehmen. Die Nichtausübung des Vorkaufsrechts ist in solchen Fällen dem Grundbuchamt förmlich nachzuweisen. Für den Vollzug kommt man daran nicht umhin, sich mit dem Vorkaufsrecht zu beschäftigen. Das gilt etwa für die Regelung in § 30 ThürDenkmalSchG. 44

Sonst muss aus der Urkunde heraus geklärt werden, ob der Notar den Vorkaufsberechtigten anschreiben und die Erklärung anfordern soll oder ob die Vertragsparteien dies selbst übernehmen. Dann wiederum wäre der Vollzug einfach; es besteht aber die Gefahr, dass die Beteiligten den Vorkaufsberechtigten nicht informieren und später das böse Erwachen kommt. Wird der Vorkaufsfall nämlich nicht angezeigt, besteht das Vorkaufsrecht „ewig" oder die Beteiligten (jedenfalls der Verkäufer) machen sich schadenersatzpflichtig.

> *Wie ist das zu erkennen?*
>
> Die Behandlung sonstiger Vorkaufsrechte erschließt sich aus dem Verteiler und aus den Fälligkeitsvoraussetzungen. Wenn schon die Entscheidung des Vorkaufsberechtigten eingeholt werden soll, obgleich sie für das Grundbuchverfahren nicht unmittelbar erforderlich ist, wird sie auch zur Fälligkeitsvoraussetzung erhoben sein.

Das zivilrechtliche **Mietvorkaufsrecht** gemäß § 577 BGB wird unten (siehe Rdn 129) behandelt. Es ist gleichfalls aber nicht aus dem Grundbuch ersichtlich. 45

Das siedlungsrechtliche Vorkaufsrecht wird nicht gesondert vom Notar abgefragt. Es wird vielmehr verwaltungsintern bei Anfragen nach dem GrdStVG geprüft.

5. Grundstücksverkehrsgesetz – GrdStVG

§ 1 GrStVG: Begriffsbestimmung 46

(1) Die Vorschriften dieses Abschnitts gelten für landwirtschaftliche und forstwirtschaftliche Grundstücke sowie für Moor- und Ödland, das in landwirtschaftliche oder forstwirtschaftliche Kultur gebracht werden kann.

§ 2 GrStVG: Genehmigungspflichtige Geschäfte

(1) Die rechtsgeschäftliche Veräußerung eines Grundstücks und der schuldrechtliche Vertrag bedürfen der Genehmigung. Ist ein schuldrechtlicher Vertrag genehmigt worden, so gilt auch die in Ausführung des Vertrages vorgenommene Auflassung als genehmigt. Die Genehmigung kann auch vor der Beurkundung des Rechtsgeschäfts erteilt werden.

Für land- und forstwirtschaftlichen Grundbesitz ist weiter die Genehmigungspflicht nach dem GrdStVG zu beachten. Dies wird i.d.R. nach der Angabe der Wirtschaftsart im Grundbuch entschieden, wenngleich die Aussagekraft dieser Beschreibung durch zunehmend abstrakte Begriffe stark nachgelassen hat. Zu einer Besichtigung des Objekts sind jedenfalls Notar und Grundbuchamt nicht verpflichtet. 47

Die Genehmigung ist in Bayern beim Landratsamt angesiedelt. Erfragen Sie aber die zuständige Stelle für Ihren Amtssprengel. Bei gelegentlich vorhandenen Veräußerungen in anderen Bundesländern können Internet-Recherchen helfen. 48

Mit dem GrdStVG will der Staat einen Überblick über die landwirtschaftliche Bodenstruktur behalten und verhindern, dass lebensfähige landwirtschaftliche Betriebe zerstückelt oder an Personen veräußert werden, die landwirtschaftliche Flächen gar nicht zum Betrieb einer Landwirtschaft, sondern zu Vergnügungszwecken erwerben möchten. Deswegen könnte das Landratsamt im Rahmen der Erteilung der Genehmigung den Verkäufer beispielsweise verpflichten, an einen erwerbsbereiten Landwirt zu verkaufen. Alternativ kann auch der Erwerber verpflichtet werden, nach dem Erwerb die Fläche an einen bewirtschaftungsbereiten Landwirt zu verpachten. Die Genehmigungspflicht besteht aber auch, wenn der Erwerber schon als Landwirt tätig ist.

49 Das GrdStVG selbst ist Bundesrecht und gilt insoweit in der gesamten Bundesrepublik. Es enthält jedoch eine Ermächtigung an die jeweiligen Landesgesetzgeber, Kleinveräußerungen von der Genehmigungspflicht auszunehmen. Davon haben alle Bundesländer Gebrauch gemacht, aber mit unterschiedlichem Inhalt. In Bayern etwa gilt

Art. 2 Bay AGGrdstLPachtVG

(1) Die Veräußerung von Grundstücken bis zu einer Größe von weniger als einem ha bedarf keiner Genehmigung.

(2) Der Genehmigung bedarf es jedoch dann, wenn
1. aus einem landwirtschaftlichen Betrieb ab einer Größe von 2 ha ein mit Gebäuden der Hofstelle besetztes Grundstück veräußert wird;
2. innerhalb von drei Jahren vor der Veräußerung aus dem gleichen Grundbesitz im Rahmen der Freigrenze land- oder forstwirtschaftliche Grundstücke veräußert worden sind und bei Einrechnung dieser Veräußerung die Fläche von einem ha erreicht wird; dabei gilt als Veräußerung der Abschluss des schuldrechtlichen Vertrages, falls ohne einen solchen ein Anspruch auf Übereignung besteht, die Auflassung.

50 Hält sich der Vertrag innerhalb dieser „Bagatellklausel", ist er per se von der Genehmigungspflicht befreit; ein Genehmigungsverfahren muss dann auch gar nicht mehr eingeleitet werden.

Hinweis:

Die Bagatellklausel ist Landesrecht. Bei Übertragungen landwirtschaftlichen Grundbesitzes in anderen Bundesländern ist die jeweilige Landesregelung zu beachten.

51 Einen Überblick über die landesrechtlichen Freigrenzen hält das DNotI auf seiner Hompage bereit. Zum Teil wird dabei auch nach der Nutzungsart des Grundstücks unterschieden:

Bundesland	allg. Freigrenze	Sonderfälle
Baden-Württemberg	1 ha	0,5 ha bei Weinbau- und Erwerbsgartenbau
Bayern	1 ha	Veräußerungen innerhalb von drei Jahren zusammenrechnen
Berlin	1 ha	
Brandenburg	2 ha	
Bremen	0,25 ha	
Hamburg	1 ha	
Hessen	0,25 ha (unbebaut)	
Mecklenburg-Vorpommern	2 ha	
Niedersachsen	0,5 ha	Veräußerung innerhalb von drei Jahren zusammenrechnen
Nordrhein-Westfalen	1 ha	
Rheinland-Pfalz	0,5 ha	0,1 ha bei Weinbau; bei Wirtschaftsstelle eines land- oder forstwirtschaftlichen Betriebes immer Genehmigungspflicht
Saarland	0,15 ha	
Sachsen	0,5 ha	1,0 ha bei Veräußerung an jeweilige Gemeinde; bei Hofstelle immer Genehmigungspflicht
Sachsen-Anhalt	2 ha	0,25 ha bei Wirtschaftsgebäuden und in Bebauungsplan- oder Flächennutzungsplan für Land- bzw. Forstwirtschaft ausgewiesener Fläche
Schleswig-Holstein	2 ha	
Thüringen	0,25 ha	

Wie ist das zu erkennen?

qm-Zahl nach Grundbuchbeschrieb/Hinweis auf erforderliche Genehmigung/oder umgekehrt: ausdrückliche Erklärung zur Genehmigungsfreiheit.

6. Ehegattenzustimmung (gemäß § 1365 BGB oder nach ausländischem Güterrecht)

§ 1365 BGB: Verfügung über Vermögen im Ganzen 52

(1) Ein Ehegatte kann sich nur mit Einwilligung des anderen Ehegatten verpflichten, über sein Vermögen im Ganzen zu verfügen.

§ 1365 BGB ist eine Norm des Eherechts. Sie macht bestimmte Veräußerungen von Vermögensgegenständen von der Zustimmung des anderen Ehegatten abhängig, obwohl – oder gerade weil – der andere nicht Miteigentümer ist. Der Wortlaut ist schwierig einzuordnen. Bei Verfügungen im Bereich des Sachenrechts gilt ehern der Spezialitätsgrundsatz, d.h. jede einzelne veräußerte Sache muss zumindest ansatzweise individuell aufgeführt sein. Ein Vertrag, in dem ohne nähere Konkretisierung „*aller vorhandener Grundbesitz des Veräußerers*" übertragen wird, wäre im Grundbuch nicht vollziehbar. Jedenfalls nach Grundbuchblatt und Nummer des Bestandsverzeichnisses, auch wenn sonst sämtliche Kennzeichnungen des Grundstücks wie Größe oder Wirtschaftsart weggelassen werden können, muss der Grundbesitz selbst bei umfangreichsten Besitztümern individualisiert sein. Eine Verfügung über „*das Vermögen im Ganzen*" erscheint deswegen gesetzessystematisch widersprüchlich. 53

Nach einigem Überlegen ist dann die Rechtsanwendung zu dem Ergebnis gekommen, den Begriff der „**Gesamtvermögensverfügung**" wirtschaftlich zu betrachten. Eine Verfügung in einer Urkunde betrifft dann das Vermögen im Ganzen, wenn auf einen Schlag das gesamte oder wesentliche Vermögen umgesetzt wird. Die Rechtsprechung zieht die Grenze hier bei ca. 80 %. Das heißt, dass die Zustimmung des anderen Ehegatten erforderlich ist, wenn wertmäßig in einer Urkunde 80 % oder mehr des Vermögens des veräußernden Ehegatten umgeschlagen wird. § 1365 BGB sollte zwar an sich die Wirtschaftsgrundlage der Familie erhalten (insbesondere also das Familienwohnheim), von dieser Absicht aber hat sich die Gesetzesauslegung entfernt. Ob gerade das Familienheim veräußert wird, spielt für die rein wertorientierte Betrachtung keine Rolle. 54

Um für den anderen Vertragsteil die Rechtssicherheit zu erhöhen, vertritt die Rechtsprechung zu § 1365 BGB aber das, was die Juristen „*subjektive Theorie*" nennen. Es kommt für die Erforderlichkeit der Ehegattenzustimmung nicht allein darauf an, ob bei objektiver Betrachtung eines idealen Beobachters, der Einblick in sämtliche Vermögensverhältnisse des Veräußernden hat, diese Wertgrenzen überschritten sind. Vielmehr soll es darauf ankommen, ob der andere Vertragsteil seinerseits mit seinen beschränkten Erkenntnismöglichkeiten wusste, dass die Wertgrenzen erreicht oder überschritten sind. Das erklärt, warum in den Kaufverträgen häufig die Versicherung zu finden ist, dass der Veräußerer nicht über sein Vermögen im Ganzen oder wesentliche Teile davon verfüge. Sind die Wertgrenzen überschritten, hatte der andere Vertragsteil davon aber keine Kenntnis, ist der Vertrag auch ohne Zustimmung des anderen Ehegatten wirksam. Der Schutz der gemeinsamen Wirtschaftsgrundlage der Ehe, der hinter § 1365 BGB steht, wird somit nur eingeschränkt verwirklicht. Faktisch trifft § 1365 BGB damit nur Banken bei einer (annähernd) wertausschöpfenden Beleihung mit Grundschulden. Diese können nicht mit Unwissenheit argumentieren, wenn sie im Vorfeld der Kreditvergabe einen umfassenden Vermögensstatus des Kunden eingeholt haben. Die Banken bestehen deswegen häufig auch auf der vorsorglichen Ehegattenzustimmung. 55

Die Zustimmung selbst ist eine **einfache Einverständniserklärung**. Sie bezieht sich auf die Vornahme einer Eintragung im Grundbuch und muss deswegen in der Form des § 29 GBO verlangt werden. Die Beglaubigung der Unterschrift ist also erforderlich. 56

Muster liegen in eigener EDV unter

____

Wie ist das zu erkennen?

Ein positiver Hinweis auf die Erforderlichkeit der Ehegattenzustimmung kann sich aus den Notarhinweisen (erforderliche Genehmigung) oder auch aus dem Einleitungssatz ergeben, wonach ein Ehegatte vorbehaltlich der Zustimmung des anderen handelt. Idealerweise ist auch die Zustimmungserklärung des anderen Ehegatten in grundbuchtauglicher Form dann auch Voraussetzung für die Kaufpreisfälligkeit. Negativhinweise auf die Nichterforderlichkeit der Ehegattenzustimmung ergeben sich z.B. aus der oben erwähnten (siehe Rdn 55) Versicherung zum Nichtvorliegen eines Gesamtvermögensgeschäfts.

57 § 1365 BGB ist eine Norm des deutschen gesetzlichen Güterstandes. Sie kommt daher nur dann zur Anwendung, wenn die Ehegatten nach deutschem Recht verheiratet sind. Eine ähnliche Norm enthält die Wahl-Zugewinngemeinschaft, die nach § 1519 BGB ehevertraglich vereinbart werden kann (dieser Güterstand wird aber bisher kaum praktiziert). Allerdings bezieht sich dort das Zustimmungserfordernisses gerade auf die selbstgenutzte Wohnimmobilie. Auf die Wertverhältnisse kommt es hingegen nicht an.

58 Sind die Ehegatten insbesondere wegen übereinstimmender ausländischer Staatsangehörigkeit oder gemeinsamen Aufenthalts im Ausland nicht im deutschen gesetzlichen Güterstand verheiratet, sondern nach dem Eherecht einer anderen Rechtsordnung, kann auch dieses beachtlich sein. Die Darstellung der Einzelheiten für die Vielzahl von Konstellationen würde hier zu weit führen.

Wichtig ist an dieser Stelle und für das Verständnis Ihrer Tätigkeit: Ausländisches Eherecht kann zu Zustimmungspflichten oder auch zu Gemeinschaftsverhältnissen führen (ähnlich der in Deutschland möglichen Gütergemeinschaft), die zu einer Vergemeinschaftung des Eigentums führen. Diese Vergemeinschaftung findet dann kraft Eherechts statt und überlagert das deutsche Eigentumsrecht. Das erklärt die Angaben zu den güterrechtlichen Verhältnissen im Kaufvertrag. Gelegentlich wird auch nur vorsorglich die Zustimmung des anderen Ehegatten eingeholt, um sämtliche Unwirksamkeitsmomente auszuschließen.

Die Zustimmung ist dann eine Einverständniserklärung, parallel zur Formulierung bei Einholung der Ehegattenzustimmung nach § 1365 BGB.

7. Teilungsgenehmigung nach Landesrecht

59 **Landesrechtliche Teilungsgenehmigungen** bestehen (und sind dem Grundbuchamt zum Vollzug der Teilung auch nachzuweisen) derzeit noch:

- allgemein nach der Landesbauordnung von **Nordrhein-Westfalen** (§ 7 BauO NRW)
- sowie für **Waldgrundstücke** in Baden-Württemberg und Schleswig-Holstein (§ 24 LWaldG BW, § 11 LWaldG SH).

Wie ist das zu erkennen?

Aus dem Verteiler der Urkunde, ggf. aus den Fälligkeitsvoraussetzungen.

Sonst im Rahmen der Ausfertigung schwierig, weil typischerweise das aktive Wissen von Bundesländern fehlt, mit denen das Notariat nur selten zu tun hat. Das DNotI hält als Arbeitshilfe entsprechende Listen zum Abruf bereit.

8. Anzeigepflicht gegenüber Finanzamt – Grunderwerbsteuer

a) Grundzüge

60 Die Anzeigepflicht an die Grunderwerbsteuerstelle dürfte bekannt sein. Interessant dabei: Art und Umfang der Anzeigepflicht ist zwar im Bundesgesetz vorgegeben. Die Verwaltung ist jedoch insoweit „Landesverwaltung“, sodass zwischen den Bundesländern durchaus Un-

terschiede bestehen. Am deutlichsten wird das beim Grunderwerbsteuergesetz (GrEStG) an den unterschiedlichen Steuersätzen; bei der letzten Kompetenzneuregelung im Grundgesetz (GG) wurde den Bundesländern die Gesetzgebungshoheit über den Steuersatz gegeben.

Die Besteuerung richtet sich nach der Lage des Grundstücks. Dazu muss durch geeignete Ortsverzeichnisse das richtige Finanzamt ausfindig gemacht werden. Im Einzelfall können mehrere Finanzämter zuständig sein, wenn in einer Urkunde Grundstücke in verschiedenen Bezirken verkauft werden. Dabei ist zu beachten, dass die Grunderwerbsteuerstellen mittlerweile in vielen Bundesländern stark konzentriert sind, sodass nur selten das unmittelbar am Belegenheitsort ansässige Finanzamt zuständig sein wird (Liste siehe unten, Rdn 74). Noch dazu setzt der Staat seine Verwaltungsbehörden auch zum Ausgleich eines Stadt-Land-Gefälles ein. Die Zuständigkeit für Nürnberg z.B. wurde (was die Grunderwerbsteuer angeht) an das FA Lohr a.M. verlagert (dabei ist für die Erhebung der Grunderwerbsteuer im Bereich Lohr selbst noch ein anderes FA zuständig). 61

Bei auswärtig gelegenen Grundstücken helfen Übersichten der Finanzämter im Internet. Brauchbar ist die Suchfunktion auf der Homepage des Bundeszentralamtes für Steuern, *http://gemfa.bfinv.de/gemfai.exe*, die zum jeweiligen Finanzamt auch abgegebene Zuständigkeiten (dazu gehören häufig Grunderwerb- und Erbschaft/Schenkungsteuer) aufführt, Listen in Ortsverzeichnissen oder zur Not Anrufe beim Grundbuchamt (Adressen unter *www.justiz.de*), das ja tagtäglich mit „seinem“ Finanzamt zu tun hat.

§ 18 GrEStG: Anzeigepflicht der Gerichte, Behörden und Notare 62

(1) Gerichte, Behörden und Notare haben dem zuständigen Finanzamt schriftlich Anzeige nach amtlich vorgeschriebenem Vordruck zu erstatten über

1. Rechtsvorgänge, die sich beurkundet oder über die sei eine Urkunde entworfen und darauf eine Unterschrift beglaubigt haben, wenn die Rechtsvorgänge ein Grundstück im Geltungsbereich dieses Gesetzes betreffen;
2. Anträge auf Berichtigung des Grundbuchs, die sie beurkundet oder über die sie eine Urkunde entworfen und darauf eine Unterschrift beglaubigt haben, wenn der Antrag darauf gestützt wird, dass der Grundstückseigentümer gewechselt hat;
3. Zuschlagsbeschlüsse im Zwangsversteigerungsverfahren, Enteignungsbeschlüsse und andere Entscheidungen, durch die ein Wechsel im Grundstückseigentum bewirkt wird. Die Anzeigepflicht der Gerichte besteht auch beim Wechsel im Grundstückseigentum aufgrund einer Eintragung im Handels-, Genossenschafts- oder Vereinsregister;
4. nachträgliche Änderungen oder Berichtigungen eines der unter Nummer 1 bis 3 aufgeführten Vorgänge.

Der Anzeige ist eine Abschrift der Urkunde über den Rechtsvorgang, den Antrag den Beschluss oder die Entscheidung beizufügen. Eine elektronische Übermittlung der Anzeige ist ausgeschlossen.

(2) Die Anzeigepflicht bezieht sich auch auf Vorgänge, die ein Erbbaurecht oder ein Gebäude auf fremdem Boden betreffen. Sie gilt außerdem für Vorgänge, die die Übertragung von Anteilen an einer Kapitalgesellschaft, einer bergrechtlichen Gewerkschaft, einer Personenhandelsgesellschaft oder einer Gesellschaft des bürgerlichen Rechts betreffen, wenn zum Vermögen der Gesellschaft in im Geltungsbereich dieses Gesetzes liegendes Grundstück gehört.

(3) Die Anzeigen sind innerhalb von zwei Wochen nach der Beurkundung oder der Unterschriftsbeglaubigung oder der Bekanntgabe der Entscheidung zu erstatten, und zwar auch dann, wenn die Wirksamkeit des Rechtsvorgangs vom Eintritt einer Bedingung, vom Ablauf einer Frist oder von einer Genehmigung abhängig ist. Sie sind auch dann zu erstatten, wenn der Rechtsvorgang von der Besteuerung ausgenommen ist.

(4) Die Absendung der Anzeige ist auf der Urschrift der Urkunde, in den Fällen, in denen eine Urkunde entworfen und darauf eine Unterschrift beglaubigt werden ist, auf der zurückbehaltenen beglaubigten Abschrift zu vermerken.

(5) Die Anzeigen sind an das für die Besteuerung, in den Fällen des § 17 Abs. 2 und 3 an das für die gesonderte Feststellung zuständige Finanzamt zu richten.

63 Dass das Steuerverfahren den jeweiligen Landessteuerverwaltungen obliegt, zeigt sich auch daran, dass unterschiedliche Verwaltungsvorgaben betreffend Bagatellfälle bestehen.

In Bayern gilt z.B.: Auf die Unbedenklichkeitsbescheinigung wird bei Kaufverträgen mit reiner Zahlungspflicht als Gegenleistung und Kaufpreis von max. 2.500 EUR verzichtet. Die Unbedenklichkeitsbescheinigung ist erforderlich bei

- Tausch, auch wenn die vertauschten Objekte ersichtlich unter 2.500 EUR Wert liegen,
- Kaufpreis über 2.500 EUR, aber verteilt auf mehrere Personen auf einer Seite, sodass pro Kopf weniger als 2.500 EUR Kaufpreisanteil anfallen.
- Bei Verkäufen in gerader Abstammungslinie wird auf die Unbedenklichkeitsbescheinigung unabhängig von der Höhe des Kaufpreises verzichtet.

64 Auf die Unbedenklichkeitsbescheinigung wird ferner verzichtet, wenn der Steuerschuldner über jeden Zweifel erhaben ist. In Bayern muss sie deswegen nicht vorgelegt werden, wenn eine Stadt oder Gemeinde erwirbt. Diese Verfahrensvereinfachung ist Teil des Landesrechts und kann in anderen Bundesländern abweichen. Eine Übersicht über das Landesrecht hält das Deutsche Notarinstitut auf seiner Homepage bereit. Die Anzeigepflicht des Steuerfalles besteht jedoch auch bei einer Befreiung gegenüber dem Grundbuchamt immer.

Keine Unbedenklichkeitsbescheinigung ist erforderlich bei einer Begründung von Wohnungseigentum gemäß § 8 WEG (weil keine Eigentumsübertragung), wohl aber bei § 3 WEG (weil mit Eigentumsübergang verbunden).

> *Hinweis:*
>
> Wichtig ist in jedem Fall: Die Anzeigefrist von zwei Wochen **muss** unbedingt eingehalten werden, auch wenn die Wirksamkeit ersichtlich noch nicht eingetreten ist oder noch Angaben fehlen, sonst verlieren die Vertragspartner womöglich einen Anspruch auf Steuererstattung bei nachfolgender Aufhebung des Vertrages oder Minderung des Preises (§ 16 Abs. 5 GrEStG).

65 **§ 16 GrEStG**

(1) Wird ein Erwerbsvorgang rückgängig gemacht bevor das Eigentum am Grundstück auf den Erwerber übergegangen ist, so wird auf Antrag die Steuer nicht festgesetzt oder die Steuerfestsetzung aufgehoben,

1. wenn die Rückgängigmachung durch Vereinbarung, durch Ausübung eines vorbehaltenen Rücktrittsrechts oder eines Wiederkaufsrechts innerhalb von zwei Jahren seit der Entstehung der Steuer stattfindet;
2. wenn die Vertragsbedingungen nicht erfüllt werden und der Erwerbsvorgang deshalb aufgrund eines Rechtsanspruchs rückgängig gemacht wird.

(2) Erwirbt der Veräußerer das Eigentum an dem veräußerten Grundstück zurück, so wird auf Antrag sowohl für den Rückerwerb als auch für den vorausgegangenen Erwerbsvorgang die Steuer nicht festgesetzt oder die Steuerfestsetzung aufgehoben,

1. wenn der Rückerwerb innerhalb von zwei Jahren seit der Entstehung der Steuer für den vorausgegangenen Erwerbsvorgang stattfindet. Ist für den Rückerwerb eine Eintragung in das Grundbuch erforderlich, so muss innerhalb der Frist die Auflassung erklärt und die Eintragung im Grundbuch beantragt werden;
2. wenn das dem Erwerbsvorgang zugrundeliegende Rechtsgeschäft nichtig oder infolge einer Anfechtung als von Anfang an nichtig anzusehen ist;
3. wenn die Vertragsbedingungen des Rechtsgeschäfts, das den Anspruch auf Übereignung begründet hat, nicht erfüllt werden und das Rechtsgeschäft deshalb aufgrund eines Rechtsanspruchs rückgängig gemacht wird.

(3) Wird die Gegenleistung für das Grundstück herabgesetzt, so wird auf Antrag die Steuer entsprechend niedriger festgesetzt oder die Steuerfestsetzung geändert,

1. wenn die Herabsetzung innerhalb von zwei Jahren seit der Entstehung der Steuer stattfindet;
2. wenn die Herabsetzung (Minderung) aufgrund des § 437 des Bürgerlichen Gesetzbuches vollzogen wird.

(4) Tritt ein Ereignis ein, das nach den Absätzen 1 bis 3 die Aufhebung oder Änderung einer Steuerfestsetzung begründet, endet die Festsetzungsfrist (§§ 169 bis 171 der Abgabenordnung) insoweit nicht vor Ablauf eines Jahres nach dem Eintritt des Ereignisses.

(5) Die Vorschriften der Absätze 1 bis 4 gelten nicht, wenn einer der in § 1 Absatz 2 bis 3a bezeichneten Erwerbsvorgänge rückgängig gemacht wird, der nicht fristgerecht und in allen Teilen vollständig angezeigt (§§ 18 bis 20) war.

b) Umsetzung in der EDV

Das Ausfüllen des Musters ist heutzutage ein eher computertechnisches Problem, weil je 66
nach eingesetztem Programm nicht das Formblatt unmittelbar ausgefüllt wird, sondern die Software die Veräußerungsanzeige aus anderweitig eingegebenen Daten zusammensetzt. Dabei ist bei der Datenerfassung vereinzelt nur verklausuliert angegeben, welche Stelle wo im Formblatt erscheint. Das muss man einmal ausprobieren und dann für weitere Eingaben beherzigen.

Wichtiger Fall ist die Gegenleistung für mitverkauftes Inventar. Aus Grunderwerbsteuer- 67
gründen wird sie in der Urkunde häufig als **zusätzlicher** Kaufpreis ausgewiesen. Für das amtliche Muster ist dies jedoch als im Gesamtkaufpreis enthaltene Leistung umzurechnen, weil die Beschreibung im Formblatt lautet *„von der Gegenleistung entfallen auf Inventar* (...)".

Ein weiteres Problem ist die praktische Handhabung, wenn das amtliche Muster bei umfang- 68
reichem übertragenem Grundbesitz nicht genügend Platz lässt.

c) Sonderproblem: „Noch nicht wirksamer Vertrag"

In früheren Zeiten, als die Veräußerungsanzeige noch mit der Schreibmaschine als Durch- 69
schlagformular erstellt wurde, konnten die verschiedenen Durchschläge auch optisch unterschieden werden. Insbesondere war derjenige Durchschlag zum Rücklauf an das Notariat bei vorläufig noch nicht wirksamen Verträgen eingefärbt und konnte auf Anhieb von der letztlich erteilten Unbedenklichkeitsbescheinigung unterschieden werden. Das ist beim heutigen Computerausdruck entfallen, da sämtliche Seiten gleich weiß sind. Deswegen ist besonderes Augenmerk darauf zu legen, dass der etwaige Rücklauf mit der Genehmigungsanfrage als solcher notiert und nicht mit der Unbedenklichkeitsbescheinigung verwechselt wird. Dies kann durch geeignete Aktenführung (Festzwicken der Genehmigungsanfrage in die erste Seite der Handakte) oder durch manuelle Farbmarkierungen vorgenommen werden. Sonst droht, dass erst in letzter Sekunde bei der Vorbereitung des Endvollzugs im Grundbuch das noch offene Steuerverfahren entdeckt wird.

> *Praxistipp:*
>
> Ist die Urkunde in der Veräußerungsanzeige als *„noch nicht wirksam"* gekennzeichnet (vor allem bei vollmachtloser Vertretung oder ausstehende öffentlich-rechtlichen Genehmigungen) sollte bei jeder eingehenden Genehmigung überprüft werden, ob die Wirksamkeitsbestätigung verschickt werden kann/muss.

d) Sonderproblem: Steuer-ID

> *Zur Vertiefung:* 70
>
> *Pelikan*, Basiswissen im Notariat, 2. Aufl., § 2 Rn 18 ff.

Ein weiteres Problem ergibt sich aus der eingeführten Steuer-ID, die nach den daraufhin angepassten Vordrucken auch Teil der Veräußerungsanzeige ist. Diese ID wird einmalig für jeden Steuerpflichtigen erteilt. Sie ist eine Identifikationsnummer gesondert zur bisherigen Steuernummer und eventuell vorhandener Umsatzsteuer-ID. Sie wird vom Bundesamt für Finanzen vergeben bzw. wurde den Steuerpflichtigen von der Finanzverwaltung mitgeteilt. Diese Nummer ist lang, komplex und wird selten benötigt, weswegen wahrscheinlich niemand seine Steuer-ID auswendig weiß. Es ist davon auszugehen, dass viele Steuerpflichtige die Mitteilung des Bundesamts für Finanzen nur flüchtig zur Kenntnis genommen haben.

71 Die Steuer-ID ist für eine ordnungsgemäße Anzeige und deren Wirkungen erforderlich. So hat der Gesetzgeber die §§ 16, 21 GrEStG erst mit Wirkung zum 6.11.2015 um das Erfordernis der „*in allen Teilen vollständigen*" Anzeige nachgebessert. Deswegen gilt: Soweit die Steuer-ID schon bei oder vor Beurkundung **mitgeteilt wird**, ist sie im Formblatt der Veräußerungsanzeige anzugeben. Der Vollzug erfolgt dann wie gehabt.

Ist die **Steuer-ID noch nicht mitgeteilt**, wenn der Grundstückskaufvertrag ausgefertigt wird, können jedenfalls dem Grundbuchamt und drittbeteiligten Stellen wie bisher beglaubigte Abschriften und Ausfertigungen erteilt werden. Insbesondere die Eintragung der Auflassungsvormerkung ist also nicht bis zur Mitteilung der Steuer-ID aufgeschoben.

Den Beteiligten selbst dürfen aber beglaubigte Abschriften und Ausfertigungen erst erteilt werden, wenn die Veräußerungsanzeige ordnungsgemäß an die Grunderwerbsteuerstelle geschickt wurde.

72 Zum Problem wird die fehlende Steuer-ID bei der Abgabe eines Angebots. Eigentlich müsste hier auch die Steuer-ID des Angebotsempfängers angegeben werden. Die hat der Anbietende nicht. Außerdem kollidiert das vorläufige Verbot, Ausfertigungen zu erteilen, mit den Bindungsfristen an ein Angebot, die gerade nach der neuesten Rechtsprechung eher kurz bemessen sind (im Verbraucher-/Unternehmerverhältnis maximal ca. einen Monat). Wenn der Anbietende sich beispielsweise an ein abgegebenes Angebot auf Dauer von vier Wochen ab Beurkundung gebunden hält, dann aber drei Wochen schon damit vergehen, die Steuer-ID der Beteiligten aufzutreiben, bevor überhaupt die Ausfertigung verschickt werden darf, hat der Angebotsempfänger (Postlaufzeit noch gar nicht mitgerechnet) lediglich eine effektive Reaktionszeit von einer Woche.

Ebenso wird die fehlende Steuer-ID zum Problem, wenn wegen einer in der Urkunde enthaltenen Vollmacht ausnahmsweise sofort eine Ausfertigung zu erteilen ist, etwa weil der Grundstückskäufer aufgrund einer entsprechenden Ermächtigung sofort Mietverträge kündigen will.

> *Praxistipp:*
>
> Besprechen Sie diese Kollision von Fristen bitte unbedingt mit dem zuständigen Sachbearbeiter oder dem Notar!

73

> *Formulierungsbeispiel: Anschreiben wegen fehlender Steuer-ID*
>
> Sehr geehrte Damen und Herren,
>
> uns fehlt noch Ihre steuerliche Identifikationsnummer. Solange diese nicht vorliegt, darf ich Ihnen aufgrund gesetzlicher Bestimmungen Ihre beglaubigte Abschrift der Urkunde leider nicht zukommen lassen. Auch Ihr Vertragspartner kann seine beglaubigte Abschrift nicht erhalten.
>
> Bitte teilen Sie uns Ihre steuerliche Identifikationsnummer (nicht Steuernummer!), die Ihnen von Ihrem Finanzamt mitgeteilt wurde, umgehend mit.
>
> Solange ich Ihre Steuer-ID dem für die Grunderwerbsteuer zuständigen Finanzamt nicht mitteilen kann, liegt keine ordnungsgemäße Anzeige des Vorgangs beim Finanzamt vor. Dies kann im Fall einer etwaigen Rückabwicklung des Vertrages zu erheblichen Steuernachteilen für alle Vertragsteile führen.
>
> (*ggf.*: Eine Kopie dieses Schreibens erhält Ihr Vertragspartner.)
>
> Mit freundlichen Grüßen
>
> *(Unterschrift)*

Muster, wenn vorhanden, liegen in eigener EDV unter

____

Nachfolgend sind die Zuständigkeiten der Grunderwerbsteuerstellen für Bayern und Rheinland-Pfalz aufgeführt. Vervollständigen Sie die Liste für die bei Ihnen regelmäßig vorkommenden Zuständigkeiten. 74

Grunderwerbsteuerstelle (FA, Adresse)	Zuständigkeitsbereich der allg. Finanzämter	Zuständigkeit nach Grundbuchamt
FA Ansbach, Mozartstr. 25, 91522 Ansbach, 0981/16–0,	Ansbach, Dinkelsbühl, Rothenburg o. d. Tauber, Uffenheim, Fürth, Schwabach, Gunzenhausen, Hilpoltstein	
FA Augsburg-Land, Sieglindenstr. 19–23, 86152 Augsburg, 0821/506–02,	Augsburg-Land, Augsburg-Stadt	
FA Bad Kissingen, Bibrastr. 10, 97688 Bad Kissingen, 0971/8021–0,	Bad Kissingen, Bad Neustadt a. d. Saale, Lohr a. Main, Karlstadt, Marktheidenfeld, Aschaffenburg, Obernburg a. Main, Amorbach	
FA Bamberg, Martin-Luther-Str. 1, 96050 Bamberg, 0951/84–0,	Bamberg, Forchheim, Kulmbach, Bayreuth	
FA Cham, Außenstelle Waldmünchen, Bahnhofstr. 10, 93449 Waldmünchen, 09971/488–0,	Waldmünchen, Cham, Bad Kötzting, Schwandorf, Neunburg vom Wald, Regensburg	
FA Coburg, Rodacherstr. 4, 96450 Coburg, 09561/646–0,	Coburg, Lichtenfels, Kronach, Hof, Naila, Münchberg, Wunsiedel, Selb	
FA Kelheim, Klosterstr. 1, 93309 Kelheim, 09441/201–0,	Kelheim, Eichstätt, Ingolstadt, Freising, Erding	
FA Lohr, Rexrothstraße 14, 97816 Lohr am Main	Nürnberg, Erlangen, Hersbruck	
FA Memmingen, Bodenseestr. 6, 87700 Memmingen, 08331/608–0,	Memmingen, Mindelheim, Kaufbeuren, Füssen, Kempten, Immenstadt, Lindau	
FA Mühldorf am Inn, Katharinenplatz 16, 84453 Mühldorf a. Inn, 08631/616–0,	Mühldorf, München	
FA Neu-Ulm, Nelsonallee 5, 89231 Neu-Ulm, 0731/7045–0,	Neu-Ulm, Günzburg, Dillingen, Nördlingen, Donauwörth	
FA Passau, Außenstelle Vilshofen, Kapuzinerstr. 36, 94474 Vilshofen, 0851/504–0,	Vilshofen, Bad Griesbach, Passau, Grafenau, Deggendorf, Eggenfelden	
FA Schrobenhausen, Außenstelle Neuburg a. d. Donau, Fünfzehner-Str. 7, 86633 Neuburg a. d. Donau, 08252/918–0,	Neuburg a. d. Donau, Schrobenhausen, Pfaffenhofen, Dachau, Fürstenfeldbruck	

Grunderwerbsteuerstelle (FA, Adresse)	Zuständigkeitsbereich der allg. Finanzämter	Zuständigkeit nach Grundbuchamt
FA Schweinfurt, Schrammstr. 3, 97421 Schweinfurt, 09721/2911–0,	Schweinfurt, Würzburg, Ochsenfurt, Kitzingen, Zeil a. Main, Ebern	
FA Traunstein, Herzog-Otto-Str. 6, 83278 Traunstein, 0861/701–0,	Traunstein, Burghausen, Berchtesgaden, Laufen, Rosenheim, Wasserburg, Ebersberg	
FA Waldsassen, Johannisplatz 13, 95652 Waldsassen, 09632/847–0,	Waldsassen, Weiden i. d. OPf., Amberg, Neumarkt i. d. OPf.	
FA Weilheim, Hofstr. 23, 82362 Weilheim, 0881/184–0,	Weilheim, Schongau, Landsberg, Starnberg, Garmisch-Partenkirchen, Bad Tölz, Miesbach, Wolfratshausen	
FA Zwiesel, Stadtplatz 16, 94227 Zwiesel, 09922/507–0,	Zwiesel, Viechtach, Straubing, Dingolfing, Landshut	

75 Übersicht über die **Finanzämter in Rheinland-Pfalz** mit zentralen Grunderwerbsteuerstellen sowie deren jeweiliger Zuständigkeitsbereich:

Grunderwerbsteuerstelle (FA, Adresse)	Zuständigkeitsbereich der allg. Finanzämter	Zuständigkeit nach Grundbuchamt
FA Landau, Weißquartierstr. 13, 76829 Landau in der Pfalz, 06341/931–0	Frankenthal, Landau, Ludwigshafen, Neustadt, Pirmasens-Zweibrücken, Speyer-Germersheim	
FA Mayen, Westbahnhofstr. 11, 56727 Mayen, 02651/7026–0	Altenkirchen-Hachenburg, Bad Neuenahr-Ahrweiler, Koblenz, Mayen, Montabaur-Diez, Neuwied, Sankt Goarshausen-St. Goar, Simmern-Zell	
FA Trier, Hubert-Neuerburg-Str. 1, 54290 Trier, 0651/9360–0	Bernkastel-Wittlich, Bitburg-Prüm, Daun, Trier	
FA Worms-Kirchheimbolanden, Karlsplatz 6, 67549 Worms	Bad Kreuznach, Bingen-Alzey, Idar-Oberstein, Kaiserslautern, Kusel-Landstuhl, Mainz-Mitte, Mainz-Süd, Worms-Kirchheimbolanden	

76 In **Hessen** ist die gesamte Zuständigkeit konzentriert beim Finanzamt Alsfeld-Lauterbach, Hessische Zentralstelle für Grunderwerbsteuer, Hintergasse 3, 36341 Lauterbach.

9. Anzeigepflicht an das Finanzamt – Schenkungsteuer

77 In gleicher Weise besteht bei beurkundeten Schenkungen eine Anzeigepflicht.

§ 34 ErbStG: Anzeigepflicht der Gerichte, Behörden, Beamten und Notare

(1) Die Gerichte, Behörden, Beamten und Notare haben dem für die Verwaltung der Erbschaftsteuer zuständigen Finanzamt schriftlich Anzeige zu erstatten über diejenigen Beurkundungen, Zeugnisse und Anordnungen, die für die Festsetzung einer Erbschaftsteuer von Bedeutung sein können.

(2) Insbesondere haben anzuzeigen:
1. die Standesämter: die Sterbefälle;
2. die Gerichte und Notare: die Erteilung von Erbscheinen, Testamentsvollstreckerzeugnissen und Zeugnissen über die Fortsetzung der Gütergemeinschaft die Beschlüsse über Todeserklärungen sowie die Anordnung von Nachlasspflegschaften und Nachlassverwaltungen;
3. die Gerichte, die Notare und die deutschen Konsuln: die eröffneten Verfügungen von Todes wegen, die abgewickelten Erbauseinandersetzungen, die beurkundeten Vereinbarungen der Gütergemeinschaft und die beurkundeten Schenkungen und Zweckzuwendungen.

Fertigen Sie sich eine Liste der für Ihren Bezirk zuständigen Erbschaftsteuerstellen. Die Zuständigkeit richtet sich dabei nach dem Schenker, nicht nach dem Beschenkten. Bei Erwerbern mit unterschiedlichen Wohnsitzen ist gleichwohl nur eine Anzeige zu fertigen. 78

Die Zuständigkeit der Erbschaftsteuerstellen in Bayern lautet:

ErbSt-Finanzamt	**Zuständig für die Bezirke der Finanzämter**	**Zuständigkeit nach Schenkerwohnsitz**
Amberg Postfach 1452, 92204 Amberg, Tel.: 09621/36–0	Amberg, Cham, Hersbruck, Hilpoltstein, Neumarkt i. d. Opf., Nürnberg-Nord, Nürnberg-Süd, Zentralfinanzamt Nürnberg, Regensburg, Schwabach, Schwandorf, Waldsassen, Weiden i. d. Opf.	
Eggenfelden Postfach 1160, 84301 Eggenfelden, Tel. 08721/981–0	Berchtesgaden, Burghausen, Deggendorf, Dingolfing, Ebersberg, Eggenfelden, Grafenau, Kelheim, Landshut, Miesbach, Mühldorf a. Inn, Passau, Rosenheim, Straubing, Traunstein, Zwiesel	
Hof Postfach 1368, 95012 Hof, Tel. 09281/929–0	Bamberg, Bayreuth, Coburg, Erlangen, Forchheim, Hof, Kronach, Kulmbach, Lichtenfels, Wunsiedel	
Kaufbeuren Postfach 1260, 87572 Kaufbeuren, Tel. 08341/802–0	Garmisch-Partenkirchen, Kaufbeuren, Kempten (Allgäu), Landsberg a. Lech, Lindau, München, Starnberg, Weilheim-Schongau, Wolfratshausen	
Lohr a. Main Postfach 1465, 97804 Lohr a. Main, Tel. 09352/850–0	Ansbach, Aschaffenburg, Bad Kissingen, Bad Neustadt a. d. Saale, Fürth, Gunzenhausen, Kitzingen, Lohr a. Main, Obernburg a. Main, Schweinfurt, Uffenheim, Würzburg, Zeil a. Main	
Nördlingen Postfach 1521, 86715 Nördlingen, Tel. 09081/215–0	Augsburg-Land, Ausburg-Stadt, Dachau, Dillingen a. d. Donau, Eichstätt, Erding, Freising, Fürstenfeldbruck, Günzburg, Ingolstadt, Memmingen, Neu-Ulm, Nördlingen, Pfaffenhofen a. d. Ilm, Schrobenhausen	

10. Vermessungsantrag

Beim Teilflächenverkauf muss aus den entsprechenden Passagen der Urkunde erschlossen werden, wer genau den Vermessungsantrag wann stellt. Sichere statistische Werte, die eine Routine begründen könnten, sind schwer zu gewinnen. Wenn ein neuer Bauplatz herausvermessen wird, wünscht der Käufer regelmäßig eine zügige Vermessung. Aber schon dann, wenn ein ganzes Baugebiet neu aufparzelliert wird, ist es nicht so eindeutig. Häufig wird dann nämlich die Fertigstellung der neuen Erschließungsanlagen (Straße und Kanal) abgewartet, bevor die Vermessung und Abmarkung in der Natur auch wirklich erfolgt. Teils wird es dem Notar übertragen, die Vermessung zu beantragen, insbesondere dann, wenn die Vermessung sofort durchgeführt werden soll. Dann erhält das Vermessungsamt direkt eine (be- 79 glaubigte) Abschrift mit einem entsprechenden Vermessungsantrag. Bei Straßengrundabtretungen ist typischerweise nichts zu veranlassen, weil der Baulastträger nach Fertigstellung der Straße von sich aus eine einheitliche Vermessung beantragt.

80 *Formulierungsbeispiel: Entwurf des Anschreibens für Antrag auf Vermessung*

Sehr geehrte Damen und Herren,

unter Vorlage einer (beglaubigten) Abschrift meiner o.g. Urkunde vom (…) reiche ich den Antrag des (…) *(Name, Beruf, Anschrift und Rufnummer des Antragstellers)*

vertreten durch (…)

(Vollmacht ergibt sich aus Ziffer (…) der Urkunde/liegt als gesonderte Erklärung bei)

auf Vermessung des Grundstücks der Gemarkung (…), Flst.Nr. (…) zum Vollzug ein.

Nähere Angaben zur Vermessung entnehmen Sie bitte Ziffer (…) der Urkunde sowie der als Anlage beigefügten Kartenbeilage. Ein Auszug aus dem Veränderungsnachweis soll nach Durchführung der Vermessung an mich gesandt werden. Eine vordringliche Erledigung des Antrags wird **nicht** gewünscht. Die Gebühren und Auslagen zahlt/zahlen (…).

Anlass der Vermessung (z.B. Kauf, Tausch): (…)

Beteiligte Eigentümer *(Name, Anschrift)* und ihre Beziehung zum Antrag (z.B. Käufer, Verkäufer, Tauschpartner, Angrenzer): (…)

Die rechtliche Teilung des Grundstücks wird bezweckt: (ja/nein)

Mit freundlichen Grüßen

(Notar)

Muster liegen in eigener EDV unter

____

11. Mitteilung an den Gutachterausschuss

81 **§ 193 BauGB: Aufgaben des Gutachterausschusses**

(1) Der Gutachterausschuss erstattet Gutachten über den Verkehrswert von bebauten und unbebauten Grundstücken sowie Rechten an Grundstücken, (...)

§ 195 BauGB: Kaufpreissammlung

(1) Zur Führung der Kaufpreissammlung ist jeder Vertrag, durch den sich jemand verpflichtet, Eigentum an einem Grundstück gegen Entgelt, auch im Wege des Tausches, zu übertragen oder ein Erbbaurecht erstmals oder erneut zu bestellen, von der beurkundenden Stelle in Abschrift dem Gutachterausschuss zu übersenden. Dies gilt auch für das Angebot und die Annahme eines Vertrags, wenn diese getrennt beurkundet werden, sowie entsprechend für die Einigung vor einer Enteignungsbehörde, den Enteignungsbeschluss, den Beschluss über die Vorwegnahme einer Entscheidung im Umlegungsverfahren, den Beschluss über die Aufstellung eines Umlegungsplans, den Beschluss über eine vereinfachte Umlegung und für den Zuschlag in einem Zwangsversteigerungsverfahren.

82 Die Gutachterausschüsse sind bei den Landkreisen und kreisfreien Städten eingerichtet. Sie stellen im Einzelfall den Verkehrswert des Grundstücks fest (etwa bei Wertstreitigkeiten zwischen Erben und Pflichtteilsberechtigten oder für Zwecke der Enteignung) und in zeitlichen Abständen die Bodenrichtwerte. Zu diesem Zweck führen sie eine Kaufpreissammlung, d.h., von jedem Kauf und Tausch muss eine einfache Kopie an den Gutachterausschuss geschickt werden. Antworten gibt es nicht; Eingangsbestätigungen ebenfalls nicht.

II. Vollzug, der an Einträge im Grundbuch anknüpft

1. Bestandsverzeichnis

a) Zustimmung des Wohnungseigentumsverwalters

Bei Aufteilung eines Hauses in Eigentumswohnungen kann der teilende Eigentümer in der Teilungserklärung festlegen, dass spätere Veräußerungen von Raumeinheiten genehmigt werden müssen, und zwar durch den Verwalter, wenn ein solcher bestellt ist, sonst durch die anderen Wohnungseigentümer. Das WEG lässt es auch zu, die Veräußerung an die Genehmigung einer Person zu binden, die gar nicht Eigentümer in der Gemeinschaft ist. Das kommt aber äußerst selten vor. 83

§ 12 WEG: Veräußerungsbeschränkung

(1) Als Inhalt des Sondereigentums kann vereinbart werden, dass ein Wohnungseigentümer zur Veräußerung seines Wohnungseigentums der Zustimmung anderer Wohnungseigentümer oder eines Dritten bedarf.

(2) Die Zustimmung darf nur aus einem wichtigen Grunde versagt werden. Durch Vereinbarung gemäß Absatz 1 kann dem Wohnungseigentümer darüber hinaus für bestimmte Fälle ein Anspruch auf Erteilung der Zustimmung eingeräumt werden.

(3) Ist eine Vereinbarung gemäß Absatz 1 getroffen, so ist eine Veräußerung des Wohnungseigentums und ein Vertrag, durch den sich der Wohnungseigentümer zu einer solchen Veräußerung verpflichtet, unwirksam, solange nicht die erforderliche Zustimmung erteilt ist. Einer rechtsgeschäftlichen Veräußerung steht eine Veräußerung im Wege der Zwangsvollstreckung oder durch den Insolvenzverwalter gleich.

(4) Die Wohnungseigentümer können beschließen, dass eine Veräußerungsbeschränkung gemäß Absatz 1 aufgehoben wird. Ist ein Beschluss gemäß Satz 1 gefasst, kann die Veräußerungsbeschränkung im Grundbuch gelöscht werden. § 7 Absatz 2 gilt entsprechend.

Die Beschränkung gilt nur bei der Veräußerung, nicht aber bei einer Belastung. Grundschulden sind immer genehmigungsfrei. Die Veräußerungszustimmung wird im Bestandsverzeichnis des Grundbuches vermerkt, etwa wie folgt: 84

Formulierungsbeispiel: Verwalterzustimmung im Grundbuch

Veräußerungsbeschränkung: Zustimmung durch Verwalter; Ausnahme: Erstveräußerung durch den teilenden Eigentümer, Veräußerung an Ehegatten, durch Insolvenzverwalter und durch Zwangsvollstreckung.

Wie ist das zu erkennen?

Beschreibung im Bestandsverzeichnis des Grundbuches: Die Genehmigungspflicht ist besonders zu vermerken. Weiter ein notarieller Hinweis in der Urkunde sowie bei der Kaufpreisfälligkeit.

Die Eigentümer sollen die Möglichkeit haben, über das Genehmigungserfordernis missliebige (querulatorische) Wohnungseigentümer zu verhindern sowie solche, die nicht das Geld haben, sich an den laufenden Kosten für das Gemeinschaftseigentum zu beteiligen. Insgesamt funktioniert diese Regelung jedoch nicht, weil vorab die Informationen über den Käufer fehlen. Detektivische Kenntnisse und Fähigkeiten hat auch der Verwalter nicht. Eher sind die Verwalter verärgert darüber, dass sie dauernd wegen der Genehmigung zum Notar gehen müssen. Deswegen kann nach dem novellierten Wohnungseigentumsgesetz (WEG) die Veräußerungszustimmung auch vereinfacht beseitigt werden. 85

Ein weiteres Problem ist die Verteilung der Verfahrenskosten zwischen den Beteiligten. Die Stellungnahmen aus der notariellen Literatur gehen zwar alle davon aus, dass es sich um Pflichtmaßnahmen des Verwalters handelt, sodass eigentlich die Eigentümergemeinschaft, jedenfalls nicht der Käufer, damit belastet werden sollte. 86

Formulierungsbeispiel: Entwurf des Anschreibens

Sehr geehrter (...)

mit meiner Urkunde (...) vom (...) wurde das Raumeigentum

Miteigentumsanteil zu (...) am Grundstück der Gemarkung (...) Flst.Nr. (...) verbunden mit dem Sondereigentum an den Räumen, die im Aufteilungsplan mit Nr. (...) gekennzeichnet sind,

veräußert von (...) an (...).

Die Urkunde bedarf zu ihrer Wirksamkeit der Zustimmung durch Sie als Verwalter gemäß § 12 WEG in notariell beglaubigter Form sowie ggf. des Nachweises Ihrer Vertretungsberechtigung und Ihrer Verwaltereigenschaft (§ 26 WEG).

Ich darf Sie daher bitten, den ferner beigefügten Entwurf einer Zustimmungserklärung vor einem Notar Ihrer Wahl zu unterzeichnen. Selbstverständlich steht Ihnen auch meine Kanzlei für eine kurzfristige Terminvereinbarung gerne zur Verfügung.

(Notar)

Muster liegen in eigener EDV unter

____

87 Die Genehmigung ist formbedürftig, weil sie dem Grundbuchamt gegenüber nachzuweisen ist. Die Genehmigung selbst ist ein Einzeiler.

88 Der Verwalter muss aber auch seine Verwaltereigenschaft nachweisen. Genehmigen andere Wohnungseigentümer, ergibt sich deren Eigentum aus den Grundbuchblättern der anderen Raumeinheiten. Es ist deswegen ein Protokoll der Eigentümerversammlung erforderlich, es sei denn, es wurde bereits ein solches zum derzeitigen Verwalter hinterlegt. Das kann beim Grundbuchamt erfragt werden. Typischerweise verwahren die Grundbuchämter bei größeren Wohnanlagen diejenigen Dokumente, die für die ganze Anlage bedeutsam sind, im Grundakt der ersten Eigentumswohnung oder notieren dort zumindest einen Querverweis.

89 **§ 26 WEG: Bestellung und Abberufung des Verwalters**

(1) Über die Bestellung und Abberufung des Verwalters beschließen die Wohnungseigentümer.

(2) Die Bestellung kann auf höchstens fünf Jahre vorgenommen werden, im Fall der ersten Bestellung nach der Begründung von Wohnungseigentum aber auf höchstens drei Jahre. Die wiederholte Bestellung ist zulässig; sie bedarf eines erneuten Beschlusses der Wohnungseigentümer, der frühestens ein Jahr vor Ablauf der Bestellungszeit gefasst werden kann.

(3) Der Verwalter kann jederzeit abberufen werden. Ein Vertrag mit dem Verwalter endet spätestens sechs Monate nach dessen Abberufung.

(4) Soweit die Verwaltereigenschaft durch eine öffentlich beglaubigte Urkunde nachgewiesen werden muss, genügt die Vorlage einer Niederschrift über den Bestellungsbeschluss, bei der die Unterschriften der in § 24 Absatz 6 bezeichneten Personen öffentlich beglaubigt sind.

90 Dieses Protokoll muss vom Sitzungsleiter (also häufig dem Verwalter selbst) und einem anderen Wohnungseigentümer unterschrieben sein, wobei beide Unterschriften ihrerseits beglaubigt sein müssen. Hat die Eigentümergemeinschaft einen Verwaltungsbeirat, muss die Unterschrift der Wohnungseigentümer vom Vorsitzenden des Verwaltungsbeirats oder seinem Stellvertreter geleistet werden. Ein besonderer Nachweis des Vorsitzes im Verwaltungsbeirat muss nicht geführt werden; hier genügt das Wort der Erklärenden.

91 Die **Verwalterbestellung** kann nach dem Gesetz immer nur für einen bestimmten Zeitraum erfolgen (Erstbestellung drei Jahre; alsdann max. fünf Jahre – dies sind aber Höchstfristen, d.h. im Bestellungsbeschluss können kürzere Fristen der Verwalterbestellung vorgegeben sein). Deswegen muss bei einem abgelaufenen Nachweis ein neues Protokoll eingereicht werden. Es genügt, wenn der Verwalter bei Unterzeichnung der Genehmigung beim Notar

nachgewiesenermaßen Verwalter war, auch wenn seine Bestellung während des nachfolgenden Grundbuchvollzugs abgelaufen ist. Die abstrakte Möglichkeit, dass ein Verwalter aus wichtigem Grund zwischenzeitlich gegebenenfalls abberufen und durch einen neuen Verwalter ersetzt worden sein könnte, ist im Grundbuchverfahren unbeachtlich.

Der **Verwalternachweis** muss zusammen mit der Genehmigung vorgelegt werden. Wenn der früher eingereichte Verwalternachweis in zeitlicher Hinsicht noch „wirkt", ist jedoch eine Bezugnahme auf den anderweitig bereits eingereichten Verwalternachweis beim Grundbuchamt möglich. 92

Formulierungsbeispiel: Verwalterzustimmung 93

Der Unterzeichner hat als Verwalter gemäß § 12 WEG Kenntnis von den Bestimmungen des

Vertrages zu Urkunde UVZ-Nr. (...)

des Notars (...) vom (...)

und genehmigt diesen vorbehaltlos.

Die Verwaltereigenschaft

- ergibt sich aus der Teilungserklärung zur Wohnanlage, in welcher sich der Vertragsgegenstand befindet.
- ergibt sich aus dem öffentlich beglaubigten Verwalternachweis, der bei den Grundakten zu Blatt verwahrt wird.
- ergibt sich aus der Niederschrift über die Verwalterbestellung samt Beglaubigung der Unterschriften gemäß § 26 Abs. 4 WEG, welche nachgereicht wird.
- ist amtsbekannt.
- Hausgeldrückstände gegenüber dem Veräußerer bestehen nicht/bestehen im Umfang von (...) EUR.

Muster liegen in eigener EDV unter

______

Praxistipp: 94

Gegebenenfalls wird der Verwalter auch dann vom Verkauf informiert, wenn keine Genehmigung erforderlich ist. Dann geht es nur darum, den Käufer beim Verwalter anzumelden, um den Abbuchungsauftrag für die monatlichen Hausgeldvorschüsse umzustellen. Dies kann dem Verteiler entnommen werden.

In jedem Fall legen Sie besonderes Augenmerk auf die Anweisung, welche Unterlagen an den Verwalter geschickt werden sollen. Auch wenn dem Verwalter vielleicht in Ihrem Notariat standardmäßig der Kaufvertrag in einfacher Kopie übermittelt wird, achten Sie auf gegenteilige Anweisungen im Einzelfall. Vielleicht möchten die Beteiligten nämlich den Kaufpreis gegenüber dem Verwalter nicht offenlegen. Der Verwalter genehmigt zwar die Veräußerung, aber nach den gesetzlichen Vorgaben nicht wegen des Vertragsinhalts, sondern ausschließlich wegen der Person des Käufers. Deswegen ist die Übermittlung des Kaufvertrages rechtlich entbehrlich. Der Verwalter hat auch keine eigene Berechtigung, Kopien der Urkunden zu bekommen. 95

b) Eigentümerzustimmung bei Veräußerung des Erbbaurechts

§ 5 ErbbauRG: Zustimmung des Grundstückseigentümers 96

(1) Als Inhalt des Erbbaurechts kann auch vereinbart werden, dass der Erbbauberechtigte zur Veräußerung des Erbbaurechts der Zustimmung des Grundstückseigentümers bedarf.

(2) Als Inhalt des Erbbaurechts kann ferner vereinbart werden, dass der Erbbauberechtigte zur Belastung des Erbbaurechts mit einer Hypothek, Grund- oder Rentenschuld oder einer Reallast

der Zustimmung des Grundstückseigentümers bedarf. Ist eine solche Vereinbarung getroffen, so kann auch eine Änderung des Inhalts der Hypothek, Grund- oder Rentenschuld oder der Reallast, die eine weitere Belastung des Erbbaurechts enthält, nicht ohne die Zustimmung des Grundstückseigentümers erfolgen.

97 *Wie ist das zu erkennen?*

Im Beschrieb des Erbbaurechts im Grundbuch; in den notariellen Hinweisen der Urkunde.

Muster liegen in eigener EDV unter

____

98 Nach § 5 Abs. 1, 2, ggf. in Verbindung mit § 8 ErbbauRG, bedarf sowohl der Verkauf des Grundstücks wie auch die Bestellung einer Grundschuld wie schließlich der Zuschlag nach einer erfolgten Versteigerung der Eigentümerzustimmung, wenn dies vereinbart ist. Eine solche Vereinbarung ist beim Erbbaurecht aber nahezu immer getroffen.

Die vom Eigentümer verlangte Erklärung erschöpft sich bei Verkäufen in der einfachen Zustimmung. Der Eigentümer selbst ist aus dem Grundbuch ersichtlich; Nachweise sind insoweit nicht erforderlich.

Praxistipp:

Anders als beim Wohnungseigentums-Verwalter führt bei der Veräußerung des Erbbaurechts fast kein Weg daran vorbei, dass dem Eigentümer der gesamte Vertrag, möglicherweise sogar in Ausfertigung, übermittelt wird. Im Rahmen des Erwerbs eines Erbbaurechts übernimmt der Käufer regelmäßig Verpflichtungen gegenüber dem Eigentümer, etwa mit der Vollstreckungsunterwerfung wegen des Erbbauzinses. Dies muss dem Grundstückseigentümer mitgeteilt werden. Außerdem besteht typischerweise für den Eigentümer auch ein dingliches Vorkaufsrecht, sodass nicht nur seine Zustimmung zum Verkauf und zur Beleihung mit einer Finanzierungsgrundschuld eingeholt werden muss, sondern in derselben Erklärung auch ein Verzicht auf die Ausübung des Vorkaufsrechts.

Eine Löschung des Vorkaufsrechts für den Grundstückseigentümer scheidet beim Erbbaurecht aus.

Trotzdem ist auch hier der Grundstückseigentümer nicht Vertragsbeteiligter i.S.d. § 51 BeurkG. Einen eigenen Anspruch darauf, Abschriften der Urkunde zu bekommen, hat er nicht.

c) Wohnungserbbaurecht

99 Beide Zustimmungserfordernisse können beim Wohnungserbbaurecht zusammentreffen. Wohnungserbbaurecht ist ein in Wohnungseigentum aufgeteiltes Erbbaurecht. Dieses ist am Grundbuchblatt erkennbar, welches als Wohnungserbbaugrundbuch bezeichnet wird, sowie an der Beschreibung im Bestandsverzeichnis. Ob beide Zustimmungspflichten bestehen, ist dann dem Bestandsverzeichnis zu entnehmen.

2. Belastungen in Abt. II

100 *Praxistipp:*

Zu den im Grundbuch in Abt. II und Abt. III eingetragenen Belastungen gibt es Erfahrungswerte, welche Belastungen eher übernommen und welche eher gelöscht werden. Erschließungsdienstbarkeiten etwa können nicht gelöscht werden, ohne das Haus der Nachbarn zum Schwarzbau werden zu lassen. Gleichwohl achten Sie aber unbedingt auf abweichende Einzelfallanweisungen, da gegebenenfalls sogar nutzungsausschöpfende Belastungen oder (vom Betrag her kleine, aber sehr alte) Grundpfandrechte vorläufig übernommen werden, wenn sich die Löschung als zu zeitraubend erweist.

Formulierungsbeispiel: Anschreiben an Berechtigten wegen Löschung 101

Flurstück (...) (Grundbuch für (...) Band (...) Blatt (...))

Sehr geehrte/r (...)

an dem vorgenannten Grundbesitz ist zu Ihren Gunsten in Abteilung II des Grundbuches ein Recht eingetragen.

Der Eigentümer hat sich im Rahmen der Abwicklung der diesamtlichen Urkunde UVZ-Nr. (...) vom (...) zur Lastenfreistellung verpflichtet. Sofern Sie mit der Löschung Ihres Rechtes einverstanden sind, darf ich Sie daher bitten, die in der Anlage beigefügte Löschungsbewilligung bei einem Notar Ihrer Wahl unterzeichnen zu lassen. Die entstehenden Kosten können mir per Rechnung aufgegeben werden.

Sollten Sie den Vollzug der Löschung von Gegenleistungen abhängig machen, übernehme ich bereits heute die Haftung dafür, dass die Löschung im Grundbuch erst vollzogen wird, wenn Sie mir den Eingang des geforderten Geldbetrages bestätigt haben.

Ich darf Sie bitten, mir diese Haftentlassung zu gegebener Zeit zu übermitteln.

Mit freundlichen Grüßen

(Unterschrift)

Formulierungsbeispiel: Entwurf der Löschungsbewilligung

Löschung

Von Seiten des Berechtigten wird die nachstehend aufgeführte Belastung wegen Verzichtes oder Gegenstandslosigkeit samt allen Nebeneinträgen an allen belasteten Grundstücken – bei Gesamtrechten auch an allen übrigen in den Mithaftvermerken genannten Grundbuchstellen – zur Löschung

bewilligt.

Die Kosten dieser Löschung trägt der Eigentümer.

Vollzugsmitteilung soll an Herrn Notar (...) erfolgen.

Belastung / Berechtigter: (...) zugunsten (...)

Grundbesitz: Grundbuch des Amtsgerichts (...) für (...) Band (...) Blatt (...)

Eigentümer: (...)

Muster liegen in eigener EDV unter

____

Wie ist das zu erkennen?

Das Vorhandensein der Löschungsunterlagen in grundbuchtauglicher Form ist typischerweise Voraussetzung der Kaufpreisfälligkeit. Flankierende Regelungen stehen unter der Passage Rechtsmängel, vielleicht auch bereits beim Grundbuchbeschrieb, wenn eine dort genannte Belastung als künftig zu löschen bezeichnet wird.

Praxistipp: 102

Achten Sie auch auf Einzelfallanweisungen zum Zeitpunkt der Löschung. Typischerweise wird zwar die Löschung erst mit Vollzug der Auflassung beantragt. Das gilt zwingend für Grundpfandrechte, zu denen Treuhandauflagen gestellt wurden. Dann muss zuvor die Zahlung erfolgt sein. Sonst kann auch die Löschung des Rechts vielleicht gleich nach der Beurkundung, d.h. zeitgleich mit Eintragung der Auflassungsvormerkung, vorgesehen sein.

a) Vormerkung

103 **§ 883 BGB: Voraussetzungen und Wirkung der Vormerkung**

(1) Zur Sicherung des Anspruchs auf Einräumung oder Aufhebung eines Rechts an einem Grundstück oder an einem das Grundstück belastenden Recht oder auf Änderung des Inhalts oder des Ranges eines solchen Rechts kann eine Vormerkung in das Grundbuch eingetragen werden. Die Eintragung einer Vormerkung ist auch zur Sicherung eines künftigen oder eines bedingten Anspruchs zulässig.

(2) Eine Verfügung, die nach der Eintragung der Vormerkung über das Grundstück oder das Recht getroffen wird, ist insoweit unwirksam, als sie den Anspruch vereiteln oder beeinträchtigen würden. Dies gilt auch, wenn die Verfügung im Wege der Zwangsvollstreckung oder der Arrestvollziehung oder durch den Insolvenzverwalter erfolgt.

(3) Der Rang des Rechts, auf dessen Einräumung der Anspruch gerichtet ist, bestimmt sich nach der Eintragung der Vormerkung.

§ 888 BGB: Anspruch des Vormerkungsberechtigten auf Zustimmung

(1) Soweit der Erwerb eines eingetragenen Rechts oder eines Rechts an einem solchen Recht gegenüber demjenigen, zu dessen Gunsten die Vormerkung besteht, unwirksam ist, kann dieser von dem Erwerber die Zustimmung zu der Eintragung oder der Löschung verlangen, die zur Verwirklichung des durch die Vormerkung gesicherten Anspruchs erforderlich ist.

(2) Das Gleiche gilt, wenn der Anspruch durch ein Veräußerungsverbot gesichert ist.

104 Die Vormerkung sichert einen grundstücksbezogenen Anspruch des Berechtigten, meistens auf Verschaffung des Eigentums (sog. **Auflassungsvormerkung**). Die Vormerkung wahrt den Rang und ermöglicht die Durchsetzung des Anspruchs auch gegen Dritte, die zwischenzeitlich ihrerseits Rechte am Grundstück erworben haben.

Aus Sicht des Dritten folgt daraus: Sein Erwerb ist immer nur so gut, wie die Vormerkung schlecht ist. Schlimmstenfalls kann also sein Erwerb scheitern, weil der Vormerkungsberechtigte ihn aus dem Grundbuch klagt.

105 Interessanterweise wird gleichwohl eine Vormerkung vom Käufer häufig übernommen. Das hängt damit zusammen, dass ein kollidierender Kaufvertrag schon gar nicht beurkundet wird, wenn die Vormerkung einen Erwerbsanspruch auf das gesamte Grundstück sichert. Eine Vormerkung hat insoweit eine präventiv-abschreckende Wirkung. Die Fälle, in denen ein zweiter Kauf trotz eingetragener Vormerkung überhaupt beurkundet wird, sind dann solche, in denen der Erwerbsanspruch der Vormerkung sich nur auf eine Teilfläche bezieht, häufig auf eine im Grundbuch noch nicht vollzogene Straßengrundabtretung. Dann wird im zweiten Kauf schon die anderweitig veräußerte Teilfläche berücksichtigt, beispielsweise durch einen geringeren Kaufpreis.

106 Im Einzelfall kann sich zwar etwas anderes aus der Formulierung des Kaufvertrages ergeben, dann müssten in jedem Fall entsprechende Anhaltspunkte im Kaufvertrag für eine Übernahme der Vormerkung in die eine Richtung bzw. für eine Löschung der Vormerkung in die andere Richtung gesucht werden.

b) Grunddienstbarkeit

107 **§ 1018 BGB: Gesetzlicher Inhalt der Grunddienstbarkeit**

Ein Grundstück kann zugunsten des jeweiligen Eigentümers eines anderen Grundstücks in der Weise belastet werden, dass dieser das Grundstück in einzelnen Beziehungen benutzen darf oder dass auf dem Grundstück gewisse Handlungen nicht vorgenommen werden dürfen oder dass die Ausübung eines Rechts ausgeschlossen ist, das sich aus dem Eigentum an dem belasteten Grundstück dem anderen Grundstück gegenüber ergibt (Grunddienstbarkeit).

108 Eine Grunddienstbarkeit ist eine Grundstücksbelastung zugunsten des jeweiligen Eigentümers eines anderen berechtigten, herrschenden Grundstücks. Wechselt das Eigentum am herrschenden Grundstück, wechselt damit automatisch auch die Berechtigung aus der

Grunddienstbarkeit. Die Grunddienstbarkeit kann nicht separat vom Grundstück übertragen werden.

Dabei kann die Grunddienstbarkeit sehr vielgestaltig sein, wie schon der Gesetzestext andeutet. Ein Nutzungsrecht wären beispielsweise Wegerechte, Geh- und Fahrtrechte und Leitungsrechte. Als Beispiel für ein Handlungsverbot ist ein Getränkeausschankverbot zu nennen, das an einem Gaststättengrundstück lastet. Eine Dienstbarkeit, mit der die Rechtsausübung ausgeschlossen wird, ist etwa eine Emmissionsduldungsdienstbarkeit, mit welcher Unterlassungsansprüche des dienenden gegen das herrschende Grundstück auf Beschränkung von Emissionen ausgeschlossen werden (z.B. auf Ausschluss der Abwehr von Geruchsemissionen beim Neubau von Schweinemastställen).

Beim Kauf werden Grunddienstbarkeiten in der Regel übernommen, und zwar deswegen, weil es sich häufig um Erschließungsdienstbarkeiten handelt, die auch künftig noch benötigt werden. Soll eine ältere Grunddienstbarkeit gelöscht werden, beachten Sie: Nach Teilungen des herrschenden Grundstücks verteilt sich die Berechtigung auf alle neuen Parzellen. Es kann also sein, dass neben dem im Grundbuch als berechtigt vermerkten Grundstück noch viele andere Eigentümer die Löschung bewilligen müssen, wenn sie aus dem ursprünglich berechtigten Grundstück Teilflächen erworben haben. Das lässt sich gegenwärtig nicht sicher aus dem Grundbuch entnehmen, weil die Teilung des herrschenden Grundstücks in der Vergangenheit nicht zwingend bei der Grunddienstbarkeit vermerkt werden musste. Erst mit der Umstellung des Grundbuchsystems auf das Datenbankgrundbuch soll eine Anpassung (und dann auch laufende Fortschreibung) vorgenommen werden. 109

c) Beschränkte persönliche Dienstbarkeit

§ 1090 BGB: Gesetzlicher Inhalt der beschränkten persönlichen Dienstbarkeit 110

> (1) Ein Grundstück kann in der Weise belastet werden, dass derjenige, zu dessen Gunsten die Belastung erfolgt, berechtigt ist, das Grundstück in einzelnen Beziehungen zu benutzen, oder dass ihm eine sonstige Befugnis zusteht, die den Inhalt einer Grunddienstbarkeit bilden kann (beschränkte persönliche Dienstbarkeit).
>
> (2) Die Vorschriften der §§ 1020 bis 1024, 1026 bis 1029, 1061 finden entsprechende Anwendung.

Vom Rechtsinhalt her kann die beschränkte persönliche Dienstbarkeit alle Inhalte einer Grunddienstbarkeit haben. Der rechtliche Unterschied besteht darin, dass die beschränkte persönliche Dienstbarkeit immer nur – und zwar unvererblich – zugunsten einer bestimmten Person begründet wird, die allerdings auch eine juristische Person sein kann (z.B. Leitungsrecht für den Gas- oder Stromversorger, Funkenflugduldung, sonstige Störungsduldungen für Deutsche Bahn AG). Ganze Versorgungsnetze werden in der modernen Praxis nicht mehr als Grunddienstbarkeiten, sondern als beschränkte persönliche Dienstbarkeit bestellt, weil sie dann bei Umstrukturierungen im Konzern übertragen werden können. 111

Ist eine natürliche Person berechtigt, entfällt die beschränkte persönliche Dienstbarkeit mit deren Tod kraft Gesetzes; eine Vererblichkeit des Rechts ist ausgeschlossen und kann auch nicht vereinbart werden. 112

Faktisch besteht ein Unterschied darin, dass beschränkte persönliche Dienstbarkeiten sehr viel häufiger als Grunddienstbarkeiten wirtschaftlich „wertausschöpfend" oder zumindest stark wertmindernd sind. Bei beschränkten persönlichen Dienstbarkeiten geht es vielfach um umfassende oder weitreichende Nutzungsrechte, wie beispielsweise Wohnungsrechte, auch als Teil eines im Grundbuch eingetragenen Leibgedings. Das ist für den Grundstücksverkauf hinderlich. Deswegen werden beschränkte persönliche Dienstbarkeiten im Rahmen des Kaufvertragsvollzuges häufig gelöscht. Hierzu sind dann die entsprechenden Löschungsunterlagen einzuholen. 113

Aufgrund der Unvererblichkeit genügt im Falle des Ablebens des Berechtigten die Vorlage einer Sterbeurkunde oder die Bezugnahme auf den Nachlassakt. Diese muss gegebenenfalls 114 bei den beteiligten Familienangehörigen angefordert werden. Lebt der Berechtigte noch, muss von ihm eine übliche Löschungsbewilligung verlangt werden.

> *Formulierungsbeispiel: Anfordern einer Sterbeurkunde*
>
> Sehr geehrter Herr (...),
>
> im Rahmen der Abwicklung der Kaufvertragsurkunde vom (...) *(Datum)* soll die Löschung des im Grundbuch noch eingetragenen Leibgedinges Ihrer Großmutter, Frau (...), geborene (...), vorgenommen werden.
>
> Dazu darf ich an die Vorlage einer Sterbeurkunde erinnern. Bitte lassen Sie mir diese aus Ihren Unterlagen zukommen oder fordern Sie eine neue Urkunde beim zuständigen Standesamt an.
>
> Da u.a. hiervon die Kaufpreisfälligkeit abhängt, ist die Angelegenheit dringlich.
>
> *(Unterschrift)*

Muster liegen in eigener EDV unter

____

115 **Zwei Sonderfälle** sind anzumerken: Auch ohne Löschungsbewilligung können die beschränkte persönliche Dienstbarkeit und Grunddienstbarkeit bei Teilflächenveräußerungen dann gelöscht werden, wenn sich aus einer Kartenbeilage zur ursprünglichen Dienstbarkeitsbestellung ergibt, dass die veräußerte Teilfläche vom Ausübungsbereich der Dienstbarkeit nicht betroffen ist. Dies wird meistens schon vor Beurkundung geklärt. Entscheidend ist, dass bei einer entsprechenden Aussage im Kaufvertrag eine weitere Vollzugshandlung dann nicht mehr erforderlich ist.

116 Gleichfalls beim Teilflächenverkauf kann eine Löschung mittels Unschädlichkeitszeugnis erfolgen. In diesem Zeugnis bescheinigt die nach Landesrecht zuständige Behörde (in Bayern das örtlich zuständige Amtsgericht), dass die lastenfreie Abschreibung der Teilfläche von der Belastung für den inneren Wert der im Übrigen fortbestehenden Belastung unbedeutende, eben unschädlich ist. Dieses Zeugnis ist für das Grundbuchamt bindend.

d) Nießbrauch

117 Der Nießbrauch ist das umfassendste Nutzungsrecht und berechtigt zur Inbesitznahme des Grundstücks. Er wird beim Grundstückskauf nahezu immer gelöscht, weil anderenfalls der Käufer zunächst keine wirtschaftlichen Vorteile realisieren kann.

§ 1030 Abs. 1 BGB: Gesetzlicher Inhalt des Nießbrauchs an Sachen

(1) Eine Sache kann in der Weise belastet werden, dass derjenige, zu dessen Gunsten die Belastung erfolgt, berechtigt ist, die Nutzungen der Sache zu ziehen (Nießbrauch).

(...)

§ 1036 Abs. 1 BGB: Besitzrecht; Ausübung des Nießbrauchs

(1) Der Nießbraucher ist zum Besitz der Sache berechtigt.

(...)

e) Reallast

118 Die Reallast ist – egal, welche Leistung abgesichert ist – ein Verwertungsrecht, das zur Versteigerung berechtigen würde.

§ 1107 BGB: Einzelleistungen

Auf die einzelnen Leistungen finden die für die Zinsen einer Hypothekenforderung geltenden Vorschriften entsprechende Anwendung.

Reallasten werden beim Kauf üblicherweise (mit Ausnahme beim Erbbaurechtskauf) gelöscht, sei es aufgrund vorgelegter Sterbeurkunde bei unvererblichen Rechten (wenn, wie regelmäßig, eine sog. **Löschungserleichterung** vereinbart ist), sei es aufgrund Löschungsbewilligung. Die Erbbauzinsreallast wird bei Veräußerung des Erbbaurechts nicht gelöscht, weil sonst der Eigentümer seine grundbuchliche Absicherung künftiger Erbbauzinsen verlöre. Dafür zahlt der Käufer aber auch weniger. 119

f) Vorkaufsrecht

§ 463 BGB: Voraussetzungen der Ausübung 120

Wer in Ansehung eines Gegenstandes zum Vorkauf berechtigt ist, kann das Vorkaufsrecht ausüben, sobald der Verpflichtete mit einem Dritten einen Kaufvertrag über den Gegenstand geschlossen hat.

§ 1098 Abs. 2 BGB: Wirkung des Vorkaufsrechts

(...)

(2) Dritten gegenüber hat das Vorkaufsrecht die Wirkung einer Vormerkung zur Sicherung des durch die Ausübung des Rechts entstehenden Anspruchs auf Übertragung des Eigentums.

Das Vorkaufsrecht ermöglicht dem Berechtigten, im Falle eines mit einem Dritten ausgehandelten Kaufvertrages seinerseits zu den ausgehandelten Bedingungen den Erwerb des Grundstücks zu verlangen. Aufgrund der Vormerkungswirkung wäre das im Grundbuch eingetragene Vorkaufsrecht „stärker“ (=rangbesser) als eine Vormerkung für den Drittkäufer. Der Vorkaufsberechtigte kann also den Drittkäufer seinerseits aus dem Grundbuch klagen. Zum Glück wird häufig die Ausübung des Vorkaufsrechts vorab zwischen Verkäufer und Vorkaufsberechtigten geklärt; entweder wird dann sofort an den Vorkaufsberechtigten verkauft – oder er erscheint zur Beurkundung und bewilligt die Löschung des Rechts. 121

Die Behandlung im Vollzug ist nämlich schwierig:

- **wegen der Person des Berechtigten**: das kann entweder eine benannte Person sein (ggf. deren Erben – das Vorkaufsrecht kann bei ausdrücklicher Festlegung vererblich sein) oder der jeweilige Eigentümer eines anderen Grundstücks.
- **wegen der vom Berechtigten verlangten Erklärung**: Das Vorkaufsrecht kann nämlich nicht nur für den ersten, sondern für alle Verkaufsfälle bestellt sein. Theoretisch kann das Vorkaufsrecht auch für die ersten 2, 3, 4 oder jede andere Zwischenzahl Verkaufsfälle bestellt werden – das kommt aber in der Praxis nicht vor. Dann kann der Vorkaufsberechtigte „zugreifen“, wenn A an B verkauft – oder später, wenn B an C verkauft – oder später, wenn C etc.

Beim Vorkaufsrecht für den **ersten Vorkaufsfall** gibt es nur die sinnvollen Alternativen: 122

- ausüben oder
- aus dem Grundbuch löschen.

Beim Vorkaufsrecht für **alle Vorkaufsfälle** gibt es hingegen drei Alternativen:

- ausüben oder
- jetzt nicht, aber bei nächstem Verkauf neu entscheiden oder
- die grundsätzliche Löschung des Rechts auch für die Zukunft.

Die Nichtausübung bedarf keiner besonderen Form. Sie könnte mündlich erklärt werden. Wegen der erforderlichen Aktenkundigkeit wird aber wohl Schriftform oder E-Mail erwartet. Die Löschung des Rechts verlangt eine Eintragung im Grundbuch; diese Erklärung (Bewilligung) muss notariell beglaubigt werden.

Deswegen stellen wir den Berechtigten eines Vorkaufsrechts für alle Verkaufsfälle vor die Alternative, entweder insgesamt („für alle Zukunft“) auf das Vorkaufsrecht zu verzichten oder sich auf die Nichtausübung gerade für den anstehenden Verkauf zu beschränken.

Und schließlich – weiteres Problem – ist der Berechtigte nicht verpflichtet, sich überhaupt zu äußern. Zwar knüpft das Gesetz an die Nichtäußerung binnen einer Frist von zwei Mona- 123 ten eine Negativwirkung – das Ausübungsrecht ist dann verfallen. Dieser Verfall erfüllt aber die Formvorschriften des § 29 GBO nicht. Beim Vorkaufsrecht für den ersten Verkaufsfall kann die Löschung aus dem Grundbuch nicht allein unter Hinweis auf den Fristablauf erfolgen.

124 Für den Fristbeginn ist weiter wichtig: Für den Beginn muss dem Vorkaufsberechtigten eine Ausfertigung des voll wirksamen Kaufvertrages übermittelt werden. Nach voller Wirksamkeit bedeutet: Alle Genehmigungen wegen des Grundstücksverkehrsgesetzes, vollmachtloser Vertretung etc. müssen eingegangen sein. Der Vorkaufsberechtigte kann zwar jederzeit zuvor von sich aus auf die Ausübung des Vorkaufsrechts verzichten. Äußert er sich aber nicht, bauen die Vollzugshandlungen zeitlich aufeinander auf.

Die Überwachung des (ergebnislosen) Fristablaufs ist Aufgabe des federführenden Sachbearbeiters oder des Notars.

125 *Praxistipp:*

Die Abwicklung des Verkaufs eines vorkaufsbelasteten Grundstücks ist eine von den beiden anspruchsvollen Vollzugstätigkeiten im kaufvertraglichen Bereich; die andere ist der Verkauf eines versteigerungsbefangenen Grundstücks.

Gerade die Tatsache, dass die Ausübungsfrist zu Lasten des Vorkaufsberechtigten erst dann zu laufen beginnt, wenn ihm der voll wirksame Kaufvertrag mitgeteilt wird, verlangt beim Vollzug hohe Aufmerksamkeit. Wenn der Vorkaufsberechtigte, wie häufig, eine Nichtausübungserklärung oder sogar Löschungsbewilligung für sein Recht einreicht, werden keine weiteren Fragen zum Fristbeginn etc. gestellt. Diese Willenserklärungen sind aus sich heraus wirksam. Reagiert der Vorkaufsberechtigte aber nicht und muss ihm deswegen der Kauf förmlich mitgeteilt werden, kann diese Mitteilung nicht zeitgleich mit der Einholung anderer Genehmigungen verschickt werden, sondern erst nach den Rückläufern zum Erstvollzug.

Diese **zeitliche und rechtstechnische Abhängigkeit** ist unbedingt zu beachten. Natürlich verzögert sich dann auch die Mitteilung der Kaufpreisfälligkeit.

126 *Formulierungsbeispiel: Anschreiben privates Vorkaufsrecht*

Sehr geehrte Damen und Herren,

am Flurstück (...) der Gemarkung (...) ist zu Ihren Gunsten ein Vorkaufsrecht eingetragen. Zu diesamtlicher Urkunde UVZ-Nr. (...) vom (...) wurde ein Kaufvertrag über dieses Grundstück geschlossen, der zwischenzeitlich im Übrigen rechtswirksam geworden ist. Die Beteiligten und den Inhalt des Vertrages entnehmen Sie bitte der beigefügten **Ausfertigung**, die ich Ihnen im Auftrag des Verkäufers übermittle. Die etwa erteilten **Genehmigungen** sind der Ausfertigung beigebunden.

Ich bitte Sie, zu prüfen, ob Sie von Ihrem Vorkaufsrecht Gebrauch machen werden. Die gesetzliche Ausübungsfrist beträgt zwei Monate ab Erhalt dieses Schreibens. Die Ausübung erfolgt durch formloses Schreiben an den Verkäufer und führt zum Zustandekommen eines Vertrages zwischen Ihnen und dem Verkäufer zu denselben Bedingungen, wie er sie mit dem Käufer der beiliegenden Urkunde vereinbart hat. Sollten Sie die Ausübung des Vorkaufsrechtes erwägen, bitte ich Sie um frühzeitige Klärung der Finanzierung des Kaufpreises. Ich bitte Sie ferner, mir eine Kopie der Ausübungserklärung zu übersenden und mit meinem Büro Kontakt aufzunehmen, damit das weitere Vorgehen hinsichtlich des Vollzuges des dadurch zustandekommenden Vertrages erläutert werden und die notwendige Ergänzungsvereinbarung (Erklärung der Auflassung etc.) vorbereitet werden kann.

Sofern Sie Ihr Vorkaufsrecht nicht ausüben, bitte ich um Unterzeichnung und Rücksendung der beigefügten **Verzichtserklärung** (Anlage 1) an mich.

Sofern das Vorkaufsrecht nur für den ersten Verkaufsfall bestellt wurde oder wenn sie auf dieses für alle Zukunft verzichten, ist ferner die Unterzeichnung der als Anlage 2 beigefügten **Löschungsbewilligung** vor einem Notar erforderlich. Für die Vereinbarung eines kurzfristigen Termins steht Ihnen mein Büro gerne zur Verfügung. Sofern die Beglaubigung Ihrer Unterschrift vor einem anderen Notar stattfindet, bitte ich dafür Sorge zu tragen, dass das Original nach Beglaubigung an mich zurückgesandt wird. Die anfallenden Kosten können mir per Rechnung aufgegeben werden; sie trägt der Verkäufer.

Für Rückfragen stehe ich gerne zur Verfügung.

Mit freundlichen Grüßen

(Notar)

Anlagen

Formulierungsbeispiel: Ausübungsverzicht

Im Grundbuch des Amtsgerichts (...) für (...) Blatt (...)

ist an Flst.Nr. (...)

ein Vorkaufsrecht zugunsten (...) eingetragen.

Soweit aufgrund des Vertrages vom (...) (UVZ-Nr. (...) des Notars (...) in (...)) ein Vorkaufsfall eingetreten ist, wird seitens des Berechtigten auf die Ausübung des vorgenannten Vorkaufsrechtes endgültig

verzichtet.

Das in der Urkunde enthaltene Angebot des Verkäufers auf Abschluss eines Erlassvertrages bezüglich der Ausübung in diesem Vorkaufsfall wird angenommen. Die Übersendung einer Vollzugsmitteilung ist nicht erforderlich. Eine etwaige Löschung des Vorkaufsrechtes wird zu getrennter Urkunde bewilligt.

(Ort, Datum)

(Unterschrift)

Formulierungsbeispiel: Vorkaufsrechtslöschung 127

Von Seiten des Berechtigten wird die nachstehend aufgeführte Belastung wegen Verzichtes oder Gegenstandslosigkeit samt allen Nebeneinträgen zur Löschung

bewilligt.

Die Kosten dieser Löschung trägt der Eigentümer.

Vollzugsmitteilung soll an Herrn Notar (...) in (...) erfolgen.

Belastung / Berechtigter:

Vorkaufsrecht zugunsten (...)

Grundbesitz:

Grundbuch des Amtsgerichts (...) für (...) Band (...) Blatt (...) Flst.Nr. (...)

Eigentümer:

(...)

(Ort, Datum)

(Unterschrift mit notarieller Beglaubigung und ggf. Feststellung der Vertretungsbefugnis)

Muster liegen in eigener EDV unter

____

128 *Praxistipp:*

Reicht der Vorkaufsberechtigte eine Löschungsbewilligung ein, gelangt diese spätestens mit Vollzug der Auflassung zur Durchführung beim Grundbuchamt. Die Ausübungsverzichtserklärung wird dem Grundbuchamt nicht mitgeteilt. Typischerweise wird das Original zur Urschrift genommen und den Beteiligten eine Abschrift hiervon zusammen mit der Kaufpreisfälligkeit ausgehändigt.

g) Exkurs: Mietervorkaufsrecht

129 **§ 577 BGB: Vorkaufsrecht des Mieters**

(1) Werden vermietete Wohnräume, an denen nach der Überlassung an den Mieter Wohnungseigentum begründet worden ist oder begründet werden soll, an einen Dritten verkauft wird, so ist der Mieter zum Vorkauf berechtigt. Dies gilt nicht, wenn der Vermieter die Wohnräume an einen Familienangehörigen oder an einen Angehörigen seines Haushalts verkauft. So weit sich nicht aus den nachfolgenden Absätzen etwas anderes ergibt, finden auf das Vorkaufsrecht die Vorschriften über den Vorkauf Anwendung.

130 Das Mietervorkaufsrecht ist Teil des Mieterschutzes bei der Sanierung von Altbauten, die im Wohnungseigentum aufgeteilt und sodann verkauft werden. Es besteht kraft Gesetzes und wird nicht im Grundbuch eingetragen. Wegen des Sachzusammenhangs mit dem allgemeinen Vorkaufsrecht möchte ich es aber an dieser Stelle besprechen.

131 Grundsätzlich gehen zwar Mietverhältnisse auf einen Grundstücks- oder Wohnungserwerber über. Es droht aber dennoch, dass vermehrt Eigenbedarfskündigungen ausgesprochen werden. Der Eigentümer des Gesamtgebäudes kann wegen Eigenbedarfs nur gegenüber einem Mieter kündigen, und selbst dann müsste er darlegen, warum es gerade diesen Mieter treffen soll. Ist das Gebäude hingegen in Eigentumswohnungen aufgeteilt, kann schlimmstenfalls jeder Käufer „seinen Mieter" mit einer Eigenbedarfskündigung konfrontieren. Deswegen soll der Mieter die Wohnung selbst erwerben können. Das Vorkaufsrecht besteht aber nur, wenn der Mieter schon eingezogen war, bevor die Aufteilung in Wohnungseigentum erfolgte.

In der weit überwiegenden Mehrzahl der Fälle lässt sich das bei der Beurkundung klären: Die Aufteilung in Wohnungseigentum ergibt sich aus dem im Grundbuch vermerkten Datum. Die Überlassung der Wohnung an den Mieter kann der Notar bei der Beurkundung erfragen.

Wie ist das zu erkennen?

Negativhinweis ist häufig die Erklärung, dass der Mietvertrag erst nach Begründung von Wohnungseigentum geschlossen wurde.

132 Das Mietervorkaufsrecht ist, anders als das gemeindliche Vorkaufsrecht nach BauGB, nicht mit einer Grundbuchsperre ausgestattet. Der Kaufvertrag könnte – so gesehen – auch ohne Anfrage beim Mieter vollzogen werden. Besteht nach der zeitlichen Abfolge (erst Mietereinzug, dann Wohnungseigentumsbegründung) ein Vorkaufsrecht, wird trotzdem besser eine Äußerung des Mieters eingeholt. Wird der Mieter nämlich übergangen, kann er Schadenersatzansprüche gegen den Verkäufer geltend machen.

Eine Registrierung des Mieters gibt es nicht. Er kann nur vom Verkäufer erfragt werden.

Das Vorkaufsrecht ist im Grundbuch nicht eingetragen, sodass die Erklärung des Mieters auch später nicht zum Grundbuchamt gelangt. Eine notarielle Beglaubigung der Unterschrift des Mieters unter die Verzichtserklärung ist deswegen nicht erforderlich. Es reicht zur Aktenkundigkeit die Schriftform.

Formulierungsbeispiel: Anschreiben an Mieter wegen Vorkaufsrechtsanfrage 133

Sehr geehrte/r (...),

nach Mitteilung des Hauseigentümers sind Sie Mieter im Objekt ((...), Wohnung Nr. (...)). Diese Wohnung wurde durch diesamtliche Urkunde UVZ-Nr. (...) veräußert; sämtliche Daten können Sie der beiliegenden Ausfertigung des zwischenzeitlich wirksam gewordenen Kaufvertrages entnehmen.

Nach Mitteilung des Verkäufers kommen Sie als Berechtigter des Mietervorkaufsrechts nach § 577 BGB in Betracht. Dieses Vorkaufsrecht steht dem Mieter (oder nach dessen Tod seinen Familienangehörigen, sofern sie in den Mietvertrag eintreten) dann zu, wenn die vermieteten Wohnräume nach Überlassung an ihn in Eigentumswohnungen umgewandelt worden sind und danach der erste Verkauf an einen Dritten (also nicht einen Familienangehörigen) erfolgt. Die Frist zur Ausübung des Vorkaufsrechts beträgt zwei Monate, beginnend mit dem Zugang dieser Mitteilung. Wenn Sie das Vorkaufsrecht ausüben, kommt ein Kaufvertrag gleichen Inhalts zwischen dem Verkäufer und Ihnen zustande; Sie sind dann auch (wie die bisherige Kaufpartei) zur Tragung der Notar- und Grundbuchkosten und der Grunderwerbsteuer verpflichtet. Sollten Sie sich mit diesem Gedanken tragen, empfiehlt es sich, frühzeitig die Finanzierung zu sichern.

Verzichten Sie auf die Ausübung des Vorkaufsrechtes in diesem Verkaufsfall oder äußern Sie sich während der erwähnten Zweimonatsfrist nicht, erlischt das Vorkaufsrecht insgesamt. Ihr Mietvertrag bleibt allerdings mit demselben Inhalt wie bisher bestehen; der gesetzliche Mieterschutz wird dadurch also nicht geschmälert. Ein Verzicht auf das Vorkaufsrecht ist erst nach Eintritt des Vorkaufsfalles, d.h. Wirksamwerden des ersten Drittverkaufes, möglich.

Aufgrund der mir im Kaufvertrag erteilten Vollzugsvollmacht teile ich Ihnen den Verkauf mit, unterrichte Sie über das gesetzliche Vorkaufsrecht und bitte Sie höflich um Mitteilung, ob Sie Ihr Vorkaufsrecht ausüben werden oder nicht. Zur Vereinfachung darf ich anregen, dass Sie die Rückäußerung an mich leiten und sich hierbei des beigefügten Formulars bedienen. Sollte die Ausübung des Vorkaufsrechtes von vorneherein ausscheiden, bitte ich Sie im Interesse aller Beteiligten um eine möglichst frühzeitige Rücksendung der Verzichtserklärung an mich. Kosten entstehen Ihnen hierdurch nicht.

Die Erklärung muss in jedem Fall von allen Mietern der Wohnung (bei Ehegatten, die beide Mieter sind, also von beiden) unterzeichnet werden. Eine notarielle Beglaubigung Ihrer Unterschriften ist nicht erforderlich.

Für Rückfragen stehen meine Mitarbeiter und ich Ihnen gerne zur Verfügung.

Mit freundlichen Grüßen

(Notar)

Formulierungsbeispiel: Rückantwort des Mieters

Kaufvertrag des Notars (...) in (...) UVZ-Nr. (...) vom (...)

Hier: Rückäußerung hinsichtlich des Vorkaufsrechtes als Mieter gemäß § 577 BGB.

Sehr geehrter Herr Notar,

zugleich für den Verkäufer und den Käufer teile ich/teilen wir Ihnen mit:

1. Der Erhalt einer Ausfertigung des oben genannten Vertrages samt Anschreiben, in welchem auch Erläuterungen zum Mietervorkaufsrecht enthalten sind, wird bestätigt. Der Zugang des Schreibens war am ...
2. Der/Die Unterzeichner ist/sind sämtliche Mieter der veräußerten Wohnung und waren dies bereits zum Zeitpunkt der Aufteilung in Wohnungseigentum. Uns ist bekannt, dass der Notar das positive Bestehen eines Mietervorkaufsrechtes nicht prüfen konnte, sondern die Angaben des Verkäufers zugrunde gelegt hat.

3. Hinsichtlich des Mietervorkaufsrechtes wird erklärt:
   - ☐ Eine Ausübung des Vorkaufsrechtes kommt nicht in Betracht; es wird Verzicht geleistet.
   - ☐ Das Vorkaufsrecht wird ausgeübt, sodass ein Kaufvertrag zu denselben Bedingungen zwischen Verkäufer und Mieter zustande kommt.

Muster liegen in eigener EDV unter

____

134 Der BGH hat in mehreren Entscheidungen der letzten Jahre die gesetzliche Regelung, die nur auf den Verkauf einer Eigentumswohnung zugeschnitten ist, auf den Verkauf einer wegvermessenen Grundstücksteilfläche ausgedehnt, wenn diese Teilfläche mit einem vermieteten Wohngebäude bebaut ist (z.B. Doppelhaushälfte/Reihenhaus).

3. Vermerke in Abt. II

a) Nacherbenzustimmung; Nacherbenvermerk

135 Ein in Abt. II eingetragener Nacherbenvermerk („*Nacherbfolge ist angeordnet*“) kennzeichnet, dass der Eigentümer (der seine Eigentumsposition rechtlich nur als Vorerbe innehat) unter Umständen im Abschluss von Verträgen über die Immobilie beschränkt ist. Der Vermerk soll einen gutgläubigen Erwerb durch einen Drittkäufer verhindern, der von den Einzelheiten der Erbfolge nichts weiß.

§ 2112 BGB: Verfügungsrecht des Vorerben

Der Vorerbe kann über die zur Erbschaft gehörenden Gegenstände verfügen, soweit sich nicht aus den Vorschriften der §§ 2113 bis 2115 ein anderes ergibt.

§ 2113 Abs. 1 BGB: Verfügungen über Grundstücke, Schiffe und Schiffsbauwerke; Schenkungen

(1) Die Verfügung des Vorerben über ein zur Erbschaft gehörendes Grundstück oder Recht an einem Grundstück oder über ein zur Erbschaft gehörendes eingetragenes Schiff oder Schiffsbauwerk ist im Falle des Eintritts der Nacherbfolge insoweit unwirksam, als sie das Recht des Nacherben vereiteln oder beeinträchtigen würde.

136 Zur vollen Wirksamkeit muss dann der Nacherbe zustimmen, wobei sich der Erklärungstext selbst in einer einfachen Zustimmung erschöpft.

Formulierungsbeispiel: Zustimmung eines Nacherben

Der Unterzeichner als im Grundbuch eingetragener Nacherbe stimmt der in Urkunde vom (...) UVZ-Nr. (...) des Notars (...) vom (...) enthaltenen Verfügung des Vorerben zu.

Soweit aufgrund dieser Verfügung ein der Vor- und Nacherbfolge unterliegender Nachlassgegenstand, der im Grundbuch gebucht ist, endgültig aus dem Nachlass ausscheidet, bestätigt der Nacherbe, dass der Nacherbschaftsvermerk bei Eigentumsumschreibung wegen Gegenstandslosigkeit zu löschen ist, da die Nacherbfolge insoweit nicht mehr eintreten kann.

Muster liegt in eigener EDV unter

____

137 Das Problem ist einmal die Klärung im Einzelfall, ob überhaupt eine Zustimmung des Nacherben erforderlich ist. Der Erblasser kann nämlich von diesen Verfügungsbeschränkungen befreien.

Alsdann problematisch ist die Feststellung des Nacherben, wenn sowohl im Grundbuch wie auch im Erbschein (des Vorerben) nicht die Person des Nacherben benannt ist, sondern nur die Tatsache, dass überhaupt Nacherbfolge angeordnet ist. Die Feststellung, wer eigentlich

Nacherbe ist, setzt also eine Durchsicht und gegebenenfalls Auslegung der zugrundeliegenden Verfügung von Todes wegen voraus. Dies sollte aber eine Aufgabe des Sachbearbeiters oder Notars sein. Es gibt vor Eintritt des Nacherbfalles (wichtigster Fall: vor dem Tod des Vorerben) kein amtliches Dokument des Nachlassgerichts dazu, wer Nacherbe wäre, wenn zum heutigen Termin der Nacherbfall eintreten würde. Es gibt zwar einen Erbschein zugunsten des Nacherben, den aber erst, wenn der Nacherbfall real eingetreten ist, nicht hypothetisch. Deswegen muss das Grundbuchamt aus eigener Berechtigung heraus die hypothetische Nacherbfolge prüfen, auch wenn es schwierig ist.

Zustimmungspflichtig sind aber immer nur die vorhandenen hypothetischen Nacherben, also diejenigen Personen, die Nacherben wären, wenn im Zeitpunkt des Grundbuchvollzugs die Nacherbfolge eintreten würde. Die Ersatznacherben, also diejenigen Personen, die als Nacherbe berufen sind, wenn die derzeit vorgesehenen Nacherben zwischenzeitlich auch noch versterben, müssen nicht zustimmen, und zwar selbst dann nicht, wenn sie die wirtschaftlich an sich Betroffenen sein sollten. **138**

Beispiel:

Erblasser E hat seine Witwe W zur nicht befreiten Vorerbin berufen, Sohn S als Nacherben, dessen Kinder (=Enkel des Erblassers) zu Ersatznacherben. Zum Verkauf durch W im Jahre 2017 muss nur S zustimmen. Dabei bleibt es selbst dann, wenn S im Jahre 2018 beim Autounfall verstirbt und deswegen „letztlich" die Enkel die Erbschaft antreten (und wegen des Verkaufs insoweit leer ausgehen).

b) Testamentsvollstreckervermerk

§ 2211 BGB: Verfügungsbeschränkung des Erben **139**

(1) Über einen der Verwaltung des Testamentsvollstreckers unterliegenden Nachlassgegenstand kann der Erbe nicht verfügen.

(2) Die Vorschriften zugunsten derjenigen, welche Rechte von einem Nichtberechtigten herleiten, finden entsprechende Anwendung.

Der Testamentsvollstreckervermerk („*Testamentsvollstreckung ist angeordnet*") kennzeichnet im Grundbuch, dass dem als Erben eingetragenen Eigentümer das Verfügungsrecht über das Grundstück entzogen und auf den Testamentsvollstrecker übergegangen ist. Die Person des Testamentsvollstreckers selbst wird im Grundbuch nicht genannt. Er weist sich durch ein Testamentsvollstreckerzeugnis aus (dies wird dann in beglaubigter Abschrift zur Urkunde genommen, § 12 BeurkG). Gegebenenfalls kann auch eine Bezugnahme auf den Nachlassakt genügen, insbesondere wenn eine notarielle Verfügung von Todes wegen die Testamentsvollstreckung enthält. **140**

Für den Vollzug ist der Testamentsvollstreckervermerk problemlos, weil schon der Verkauf selbst durch den Testamentsvollstrecker und nicht durch den Erben getätigt wird. Ist der Testamentsvollstrecker bei der Beurkundung nicht anwesend, ist dies kein Problem des Vermerks, sondern der vollmachtlosen Vertretung. **141**

Allenfalls kann es vorkommen, dass im Termin die Legitimation des Testamentsvollstreckers noch fehlt. Er müsste dann angehalten werden, sein Testamentsvollstreckerzeugnis nachzureichen. Dieser Nachweis wird gehandhabt wie der nachzureichende Betreuerausweis (siehe Rdn 30). Das Testamentsvollstreckerzeugnis muss aber dem Grundbuchamt jeweils in Ausfertigung vorgelegt werden. **142**

c) Insolvenzvermerk

Ein ebenfalls in Abt. II des Grundbuchs eingetragener Insolvenzvermerk kennzeichnet den Übergang der Verfügungsbefugnis vom eingetragenen Eigentümer auf den eingesetzten Insolvenzverwalter. In der praktischen Handhabung ähnelt der Vertragsvollzug dem Verkauf durch den Testamentsvollstrecker. Tatsächlich bestehen auch viele Ähnlichkeiten in der **143** rechtlichen Ausgestaltung, sodass beide – Testamentsvollstrecker und Insolvenzverwalter – auch als „**Partei kraft Amtes**" bezeichnet werden.

144 Die Vertragsbeurkundung wird nicht vom Eigentümer selbst, sondern vom Insolvenzverwalter vollzogen. Damit ergeben sich für den Vollzug keine größeren Probleme.

Es geht bestenfalls um dessen Abwesenheit (dann Fall der vollmachtlosen Vertretung) oder des Fehlens seiner Legitimationsurkunden (dann wie bei fehlendem Betreuerausweis, siehe Rdn 30). Selbst ein erbitterter Streit um die Kaufpreisverteilung zwischen Insolvenzverwalter und Gläubigerbank, der aufgrund der Insolvenz des Verkäufers an sich zu erwarten wäre, kommt kaum vor, weil der Insolvenzverwalter regelmäßig die Modalitäten mit den Banken zuvor ausgehandelt hat.

d) Zwangsversteigerungsvermerk

145 Der im Grundbuch ebenfalls in Abt. II eingetragene Zwangsversteigerungsvermerk („*Die Zwangsversteigerung ist angeordnet; AG (...), Az. (...)*") kennzeichnet eine laufende Versteigerung gegen den eingetragenen Eigentümer. Dieser Vermerk hat für den Urkundsvollzug erhebliche Brisanz und verlangt bei jedem Zurhandnehmen der Verfahrensakte volle Aufmerksamkeit. Häufig geht der Vollzug noch mit einer Anderkontoabwicklung einher. Der Verkauf aus der Versteigerung heraus kann aufgrund des besonderen Sicherungsinteresses eine Anderkontoabwicklung rechtfertigen.

Der versteigernde („betreibende") Gläubiger – in der Regel eine Bank – nimmt an der Beurkundung selbst nicht teil. In der Beurkundung tritt der Eigentümer auf. Das unterscheidet die Beurkundung mit Zwangsversteigerungsvermerk von derjenigen mit Insolvenzvermerk (auch wenn es beide Male darum geht, dass der Eigentümer kein Geld hat).

146 Der Eigentümer ist über das Fortbestehen oder die Löschung des Zwangsversteigerungsvermerks aber nicht „verfügungsberechtigt", die Bank auch nicht, jedenfalls nicht direkt gegenüber dem Grundbuchamt. Also müssen im Rahmen des Urkundsvollzuges von der Bank nicht nur Löschungsbewilligungen bezüglich der Grundschulden eingeholt werden, sondern auch Anträge auf Rücknahme der Versteigerung, wenngleich der Rücknahmeantrag inhaltlich unproblematisch ist. Regelmäßig fertigen die Banken ihn selbst. Er muss nicht notariell beglaubigt/gesiegelt sein. Adressat der Rücknahme ist allein das Versteigerungsrecht, und das Gesetz über die Zwangsversteigerung und die Zwangsverwaltung (ZVG) enthält keine dem § 29 GBO entsprechende Formvorschrift.

> *Hinweis:*
>
> Der Rücknahmeantrag wird, ebenso wie die Löschungsbewilligung natürlich nur gegen Treuhandauflage überreicht. Die Einhaltung dieser Treuhandauflage muss dann entsprechend der allgemeinen Vorgaben zum Endvollzug überwacht werden.

Der Zwangsversteigerungsvermerk im Grundbuch kennzeichnet nur die erste Anordnung des Versteigerungsverfahrens. Selbst dieser Vermerk lässt aber offen, wer eigentlich betreibender Gläubiger ist, wessen Rücknahmeantrag also zur Beendigung („Aufhebung") des Zwangsversteigerungsverfahrens erforderlich ist. Zwar habe ich es bei Beurkundungen aus der Versteigerung heraus noch nicht erlebt, dass der Verkäufer sich hier geirrt hätte. Eine Überprüfung schon dieser Aussage ist dennoch anzuraten.

147 Häufig hat der Eigentümer, gegen den versteigert wird, zugleich auch noch Schulden bei anderen Gläubigern. Sofern diese anderen Gläubiger einen Vollstreckungstitel besitzen (entweder aus Endurteil, Vollstreckungsbescheid oder gar eine vollstreckbare notarielle Urkunde), haben sie im bereits eingeleiteten Zwangsversteigerungsverfahren zwei Möglichkeiten:

148 Wenn zu ihren Gunsten ein Grundpfandrecht, auch eine Zwangshypothek, eingetragen ist, können sie sich passiv verhalten und lediglich als „Mitläufer" am Versteigerungsverfahren teilnehmen. Beendet der betreibende Gläubiger das Verfahren durch Rücknahme seines Versteige-

rungsantrags, ist auch für diese „Mitläufer" das Verfahren automatisch beendet. Sie haben dann keine Chance mehr, Erlös zu bekommen, weil die Versteigerung nicht weiterbetrieben wird.

Die anderen Gläubiger haben aber auch die Möglichkeit, sich formell am Versteigerungsverfahren zu beteiligen; das Gesetz spricht davon, dass sie dem Verfahren „beitreten" können. Ein solcher Beitritt bewirkt, dass für die beigetretenen weiteren Gläubiger eigenständige Versteigerungsverfahren zu laufen beginnen, die nur äußerlich in einen einheitlichen Versteigerungstermin münden. Dieser Beitritt wird im Grundbuch nicht vermerkt, weder durch einen weiteren Zwangsversteigerungsvermerk noch sonst wie. Der Beitritt bewirkt aber, dass die selbstständigen Versteigerungsverfahren der beigetretenen Gläubiger selbst dann weiterlaufen, wenn der erstbetreibende Gläubiger seinen eigenen Versteigerungsantrag zurücknimmt. Das Versteigerungsverfahren wird nur dann aufgehoben, wenn von allen betreibenden Gläubigern die entsprechenden Rücknahmeanträge vorhanden sind. Deswegen muss kontrolliert werden, ob nicht noch weitere Gläubiger beigetreten sind. **149**

Für den Beitritt ist es insbesondere auch nicht erforderlich, dass der Gläubiger ein dingliches Recht am Grundstück hat. Auch ein ungesicherter Gläubiger mit Vollstreckungstitel kann beitreten, also auf das Verfahren „aufspringen". **150**

Die Kontrolle ist vor allem deswegen erforderlich, weil gerade diese **ungesicherten Gläubiger** mit Vollstreckungstitel aufspringen, die aus dem Grundbuch nicht erkennbar sind und die deswegen auch nicht wegen einer Löschungsbewilligung angeschrieben würden. Nachrangige Gläubiger, zu deren Gunsten bereits ein Grundpfandrecht im Grundbuch eingetragen ist, stellen sich nämlich durch den Beitritt zum Versteigerungsverfahren nicht wesentlich besser. Entweder es kommt zum Zuschlag; dann bekommen sie Erlös, soweit das Gebot für sie ausreicht, und zwar auch ohne einen förmlichen Beitritt zum Verfahren. Kommt es nicht zum Zuschlag, weil der betreibende Gläubiger zuvor aufhört, könnten sie mit einem Beitritt zwar weiterversteigern. Allerdings sind dann die Vorlasten in der Regel so hoch, dass kein Erlös zu erwarten ist.

Für ungesicherte Gläubiger ist hingegen der Beitritt zur Versteigerung die einzige Möglichkeit, von einem etwa übrigbleibenden Erlös überhaupt etwas abzubekommen. Für diese Chance müssen sie „aufspringen", auch wenn es mit Kosten verbunden ist!

Deswegen ist es erforderlich, dass nach Eintragung der Auflassungsvormerkung für den Käufer eine Erkundigung an das Versteigerungsgericht gerichtet wird, welche Gläubiger eigentlich das Verfahren betreiben. Dann muss sichergestellt sein, dass von all diesen Gläubigern die erforderlichen Rücknahmeanträge zur Kaufpreisfälligkeit vorliegen. Bei dieser Gelegenheit kann dann auch geklärt werden, ob und in welchem Umfang öffentliche Lasten bei der Gemeinde offen sind. Ferner kann der Käufer als Vormerkungsberechtigter förmlich zum Versteigerungsverfahren angemeldet werden. Dann wird er von allen weiteren Verfahrenshandlungen und Terminen informiert und kann sich entsprechend darauf einstellen bzw. reagieren. **151**

Zwar können nach der Auskunft durch das Vollstreckungsgericht immer noch weitere Gläubiger dem Verfahren beitreten, die dann, weil das Vollstreckungsgericht ja auch keine prophetischen Kenntnisse hat, von der Auskunft nicht erfasst wären. Hiervor wiederum schützt den Käufer die eingetragene Vormerkung. Die setzt sich gegenüber nachfolgenden Beitritten durch. Deswegen genügt für praktische Zwecke auch **eine** Erkundigung beim Vollstreckungsgericht, die aber nach der Eintragung der Käufervormerkung liegen soll. Sollte das Zwangsversteigerungsverfahren im Zeitpunkt der Beurkundung schon weit fortgeschritten sein, sodass terminliche Kollisionen drohen, müssen von den betreibenden Gläubigern auch vorläufige (befristete) Verfahrenseinstellungen eingeholt werden. Diese müssen sofort verwendbar sein und dürfen an keine Zahlungsauflage gebunden sein. **152**

Ein **Hinweis** noch **zum Endvollzug**: Nach Zahlung des Kaufpreises und Erfüllung sämtlicher Treuhandlauflagen (wobei besonders beim Verkauf aus der Versteigerung heraus sehr sorgfältiges Augenmerk darauf zu richten ist, dass die Summe aller Treuhandauflagen auch erfüllbar ist), werden dann dem Grundbuchamt die Anträge auf Eigentumsumschreibung und Löschung der **153** dinglichen Rechte vorgelegt, dem Vollstreckungsgericht die Anträge auf Rücknahme der Versteigerung.

Die Löschung des Versteigerungsvermerks wird aufgrund amtlichen Ersuchens des Vollstreckungsgerichts an das Grundbuchamt vollzogen, nicht aufgrund eines Antrags der Vertragsbeteiligten. Da der Notar zur Löschung des Vermerks weder für sich noch für die Beteiligten Antragsteller ist, übermittelt ihm das Grundbuchamt keine Vollzugsmitteilung hierzu. Dann empfiehlt es sich, einige Zeit nach Löschung der dinglichen Rechte eine vollständige Grundbucheinsicht zu machen, um einerseits sich selbst zu vergewissern und andererseits dem Käufer auch die vertragsgerechte lastenfreie Umschreibung förmlich mitteilen zu können.

154 Zum **Vollzugszeitraum** noch einen Hinweis: Das Zwangsversteigerungsverfahren wird durch einen förmlichen und rechtsmittelfähigen Beschluss aufgehoben. Man fragt sich zwar, wer jemals dagegen Rechtsmittel einlegen sollte. Die vormals betreibenden Gläubiger sind nicht nachteilig betroffen, weil sie selbst ja die Aufhebung bewilligt haben. Soll der Eigentümer etwa darauf bestehen weiterzumachen? Ungeachtet dessen wird die Aufhebung aber erst nach Ablauf der Rechtsmittelfrist von einem Monat wirksam (zzgl. Bearbeitungszeit, Postlaufzeit für Zustellungen etc.). Der Versteigerungsvermerk ist also nicht etwa eine Woche nach Eingang der Aufhebungserklärung beim Versteigerungsgericht gelöscht, sondern erst ca. zwei Monate später!

155 *Formulierungsbeispiel: Entwurf des Anschreibens an die Bank*

Eigentümer/Darlehensnehmer: (...)

Sehr geehrte Damen und Herren,

im Grundbuch des Amtsgerichtes (...) für (...) ist (ggf. aufgrund Abtretung) zu Ihren Gunsten ein Grundpfandrecht über (...) EUR eingetragen.

Abteilung II des Grundbuches enthält einen Vermerk über die Einleitung eines Zwangsversteigerungsverfahrens.

Über diesen Grundbesitz wurde der in der Anlage beigefügte Kaufvertrag geschlossen.

Das Vollstreckungsgericht hat mir mitgeteilt, dass Sie betreibender bzw. beigetretener Gläubiger sind. Es ist beabsichtigt, Ihre Forderungen aus dem Kaufpreis zu befriedigen.

Voraussetzung der Fälligkeit des Kaufpreises ist u.a., dass die Lastenfreistellung gesichert ist. Aus diesem Grund bitte ich Sie

a) um grundbuchmäßige (d.h. gesiegelte oder notariell beglaubigte) Unterzeichnung der beigefügten Löschungsunterlagen und Rücksendung im Original, gegebenenfalls samt Grundpfandrechtsbrief,
b) um Übersendung einer gegenüber dem Vollstreckungsgericht unwiderruflichen und an dieses adressierten Rücknahmeerklärung (§ 29 ZVG), welche auch die Bestätigung enthält, dass Sie als Beschlagnahmebegünstigter der im Kaufvertrag liegenden Verfügung zustimmen, zu meinen Händen – Unterschriftsbeglaubigung ist insoweit nicht erforderlich –,
c) um Aufgabe Ihrer Forderung aus dem zugrundeliegenden Schuldverhältnis, die ich zum Stichtag 01. (...) unter gleichzeitiger Aufgabe der Stückzinsen bei späterer Rückzahlung aufzugeben bitte.

Die Löschungsunterlagen werden an das Grundbuchamt und die Rücknahmeerklärung an das Vollstreckungsgericht erst dann weitergeleitet werden, wenn Sie mir bestätigt haben, dass die geforderten Geldbeträge bei Ihnen eingegangen sind.

Sollte aufgrund der Lastenfreistellungsauflagen weiterer Gläubiger nicht gewährleistet sein, dass sämtliche Forderungen aus dem Kaufpreis erfüllt werden können, werde ich Sie unterrichten, um eine unmittelbare Abstimmung der Ablösebeträge unter den konkurrierenden Gläubigern zu ermöglichen.

Mit freundlichen Grüßen

(Unterschrift)

Formulierungsbeispiel: Entwurfstext der angeforderten Genehmigung 156

Zwangsversteigerungsverfahren Az. (...)

Sehr geehrte Damen und Herren,

im Grundbuch des Amtsgerichts (...) für (...) Band (...) Blatt (...) ist in Abt. II ein Zwangsversteigerungsvermerk zu oben genanntem Aktenzeichen eingetragen.

Über dieses vollstreckungsbefangene Grundstück samt wesentlicher Bestandteile wurde der in beglaubigter Abschrift beigefügte Kaufvertrag geschlossen.

Es ist beabsichtigt, den betreibenden und etwaige später beigetretene Gläubiger aus dem Kaufpreis zu befriedigen. Voraussetzung der Fälligkeit des Kaufpreises ist u.a. die Eintragung der Auflassungsvormerkung am Vertragsobjekt sowie die Sicherung der Lastenfreistellung, um zu gewährleisten, dass nach Erfüllung der Zahlungsauflagen die eingetragenen Grundpfandrechte gelöscht und die Zwangsversteigerung aufgehoben werden.

Die Eintragung der Eigentumsverschaffungsvormerkung zugunsten des Käufers wurde mit heutiger Post beim Grundbuchamt beantragt. Vorsorglich melde ich in Erfüllung meines Vollzugsauftrags namens des Erwerbers diese Eintragung der Eigentumsverschaffungsvormerkung an, sodass der künftige Vormerkungsberechtigte gemäß § 9 Nr. 2 ZVG zum Beteiligten des Verfahrens wird. Etwaige Zustellungen, etwa über Terminbestimmungen (§ 41 ZVG), bitte ich zu meinen Händen vorzunehmen.

Zur Vorbereitung der Lastenfreistellung bitte ich Sie um Amtshilfegewährung durch Übermittlung folgender Informationen:

- Welcher Gläubiger betreibt das Zwangsversteigerungsverfahren (möglichst unter Angabe der Anschrift und eines Ansprechpartners bzw. Aktenzeichen)?
- Wie hoch belaufen sich die angemeldeten Forderungen?
- Welche Gläubiger sind dem Zwangsversteigerungsverfahren zwischenzeitlich beigetreten?
  Auch hier ist die Angabe einer Anschrift, eines Ansprechpartners oder Aktenzeichens sowie der Höhe der angemeldeten Forderung sachdienlich.
- Welche öffentlichen Lasten (§ 10 Abs. 1 Nr. 3 ZVG) sind nach dem Stand der Versteigerungsakten zum Verfahren angemeldet worden (§§ 37 Nr. 4, 42 ZVG)?

Ich werde die mir mitgeteilten betreibenden oder beigetretenen Gläubiger ersuchen, mir zu treuen Händen unwiderrufliche Rücknahmeerklärungen sowie Löschungs- oder Freigabebewilligungen und etwaige Grundschuldbriefe zu übersenden mit der Maßgabe, dass von diesen Unterlagen nur gegen Ablösung der mitzuteilenden Forderungen Gebrauch gemacht werden darf.

Nach Erfüllung dieser Auflagen werde ich die Rücknahmeerklärungen gemäß § 29 ZVG an Sie weiterleiten mit der Bitte, unverzüglich das Verfahren aufzuheben und das Grundbuchamt um Löschung des Zwangsversteigerungsvermerks zu ersuchen.

Sollte bereits ein Versteigerungstermin anberaumt sein, bitte ich Sie um dessen Mitteilung, damit ich die betreibenden Gläubiger vorab zur Beantragung der einstweiligen Einstellung des Verfahrens gemäß § 30 ZVG veranlassen kann.

Ich bedanke mich für Ihre Unterstützung.

Mit freundlichen Grüßen

(Notar)

Anlage: Beglaubigte Abschrift des Kaufvertrages

Muster zum ZV-Vermerk liegen in eigener EDV unter

____

e) Umlegungsvermerk/Sanierungsvermerk

157 **Umlegungs- und Sanierungsvermerk** kennzeichnen öffentlich-rechtliche Beschränkungen. Verkäufe sind nur mit Zustimmung der Gemeinde bzw. der Umlegungsstelle zulässig. Die Behörde soll eine Kontroll- und Eingriffsmöglichkeit haben, wenn durch die Eigentumsänderung oder Belastung mit einem dinglichen Recht die Ziele von Umlegung/Sanierung vereitelt würden. Diese Genehmigung muss zum Vollzug der Auflassung eingeholt werden, die Vormerkung kann zuvor ohne sie eingetragen werden. Die Genehmigungspflicht bezieht sich auch auf Finanzierungsgrundschulden. Die Genehmigung des Verkaufs deckt nicht per se beliebige Grundschulden ab. An den Flurbereinigungsvermerk knüpft keine Genehmigungspflicht an. Der Erwerber ist lediglich bei der Flurbereinigungsbehörde anzumelden, wenn sich der Erwerb auf das Einlagegrundstück bezieht.

Eine Löschung des Vermerks im Rahmen des Verkaufs ist nicht möglich. Die Löschung erfolgt mit Beendigung der Umlegung oder Sanierung auf Ersuchen der Behörde an das Grundbuchamt.

158 **§ 51 Abs. 1 BauGB: Verfügungs- und Veränderungssperre**

(1) Von der Bekanntmachung des Umlegungsbeschlusses bis zur Bekanntmachung nach § 71 dürfen im Umlegungsgebiet nur mit schriftlicher Genehmigung der Umlegungsstelle

1. ein Grundstück geteilt oder Verfügungen über ein Grundstück und über Rechte an einem Grundstück getroffen oder Vereinbarungen abgeschlossen werden, durch die einem anderen ein Recht zum Erwerb, zur Nutzung oder Bebauung eines Grundstücks oder Grundstücksteils eingeräumt wird, oder Baulasten neu begründet, geändert oder aufgehoben werden;
2. erhebliche Veränderungen der Erdoberfläche oder wesentlich wertsteigernde sonstige Veränderungen der Grundstücke vorgenommen werden;
3. nicht genehmigungs-, zustimmungs- oder anzeigepflichtige, aber wertsteigernde bauliche Anlagen errichtet oder wertsteigernde Änderungen solcher Anlagen vorgenommen werden;
4. genehmigungs-, zustimmungs- oder anzeigepflichtige bauliche Anlagen errichtet oder geändert werden.

Einer Genehmigung nach Satz 1 bedarf es im förmlich festgelegten Sanierungsgebiet nur, wenn und soweit eine Genehmigungspflicht nach § 144 nicht besteht.

159 *Formulierungsbeispiel: Entwurfstext der angeforderten Genehmigung*

Genehmigung

Die unterzeichnete Sanierungsbehörde genehmigt hiermit das zu Urkunde UVZ-Nr. (...) des Notars (...) vom (...) beurkundete Rechtsgeschäft gemäß §§ 144, 145 BauGB.

(Datum)

(Unterschrift und Siegel)

Muster liegen in eigener EDV unter

____

160 *Praxistipp:*

Vorstehendes bezieht sich für die Umlegung auf die Veräußerung und Auflassung des Einlagegrundstücks, also auf Rechtsänderungen am Altbestand von Immobilien, die eingetragen werden sollen, bevor die Umlegung im Grundbuch vollzogen ist. Bei der Umlegung gibt es aber eine Phase, in welcher der Umlegungsplan mit den neuen Grundstücken (Zuteilungsgrundstücke) bereits bekannt gegeben wurde, er aber noch nicht bestandskräftig ist und auch nicht im Grundbuch vollzogen werden kann. In dieser Phase sind Verträge zulässig, die eine Rechtsänderung am Zuteilungsgrundstück vorsehen. Die Beurkundung ist problemlos, die Auflassung kann auf der Grundlage der neuen Katasternummern der Zuteilungsgrundstücke erklärt werden. Eine Genehmigung ist für einen solchen Vertrag nicht erforderlich! Ein Grundbuchvollzug kann aber erst dann beantragt werden, wenn der Umlegungsplan seinerseits als bestandskräftig dem Grundbuchamt zum Vollzug eingereicht wurde. Das ist beim Endvollzug zu berücksichtigen.

f) Anmeldevermerk (§ 30b VermG)

Der Anmeldevermerk kennzeichnet, dass das Grundstück noch restitutionsbefangen ist, d.h. gegebenenfalls an einen Alteigentümer zwecks Rückgängigmachung einer Enteignung zurück zu übertragen ist. Daran knüpft sich eine Genehmigung nach § 2 GVO. Der Anmeldevermerk betrifft nur **Liegenschaften in den neuen Bundesländern**. Das allgemeine Genehmigungserfordernis nach GVO ist entfallen. **161**

Das vorstehende Muster zur Sanierungsgenehmigung (siehe Rdn 159) kann entsprechend umformuliert werden. Die Entscheidung der zuständigen Behörde besteht im einfachen Ja/Nein. Der Vermerk wird nicht im Rahmen des Vertragsvollzuges gelöscht, sondern nach Abschluss des Verfahrens auf Ersuchen der Behörde.

4. Belastungen in Abt. III: Grundpfandrechte

a) Grundschuld

Die Grundschuld ist nach § 1147 BGB die im Grundbuch eingetragene Berechtigung, zu Kreditsicherungszwecken das Grundstück zur Versteigerung zu bringen, um aus dem Versteigerungserlös befriedigt zu werden. **162**

> **§ 1147 BGB: Befriedigung durch Zwangsvollstreckung**
>
> Die Befriedigung des Gläubigers aus dem Grundstück und den Gegenständen, auf die sich die Hypothek erstreckt, erfolgt im Wege der Zwangsvollstreckung.

Der Zusammenhang zwischen aufgenommenem Kredit und Kreditsicherheit „Grundschuld" ist rechtlich kompliziert, soll an dieser Stelle aber auch keine Rolle spielen. Nur so viel: Die Rückzahlung und Tilgung des Darlehens wirken sich nicht unmittelbar auf die im Grundbuch eingetragene Grundschuld aus. Aus der Grundschuld als solcher kann also nicht auf den Bestand von Krediten zurückgeschlossen werden. Allenfalls sind vage Annahmen möglich: Wenn eine hohe Grundschuld erst kürzlich eingetragen wurde, spricht manches dafür, dass noch erheblicher Kredit besteht. Wenn die (einzige) Grundschuld mit niedrigem Nominalbetrag in den 60er Jahren eingetragen wurde, besteht eine Wahrscheinlichkeit dafür, dass alle Kredite zurückgezahlt sind. **163**

In aller Regel werden beim Kauf die alten Grundschulden gelöscht. Die Bank wird um Erteilung der Löschungsbewilligung gebeten sowie um Mitteilung der Zahlungsauflagen (= Restschulden). Der Notar überprüft nicht, ob die Ablösebeträge richtig berechnet sind und der Bank auch tatsächlich zustehen. **164**

Die Anforderung der Ablösebeträge kann auch andere Gründe haben. Ich habe einmal erlebt, dass eine Bank bei jedem Restkredit immer den gesamten Kaufpreis über eine Auflage abschöpfte. Erst Jahre später fiel mir anlässlich einer Nachfrage bei der Bank zu einer noch ausstehenden Haftentlassung auf, dass als Zielkonto der Auflage immer ein sog. CpD-Konto (‚Conto pro Diverse'), auch „Scharnierkonto" genannt, vorgegeben wurde. Dieses Konto wurde sodann täglich auf Gutschriften überprüft, deren näherer Verwendungszweck ermittelt und die Gutschrift entsprechend intern weiterüberwiesen wurde. Das CpD-Konto hatte also gerade nicht den Zweck, den gesamten Kaufpreis in Anspruch zu nehmen. Absicht war vielmehr, dass die Bank taggenau vom Zahlungseingang erfuhr und sie zügig auf den Zahlungseingang reagieren konnte. **165**

Formulierungsbeispiel: Anschreiben zur Einholung einer Löschungsbewilligung **166**

Darlehensnehmer / Eigentümer: (...)

Sehr geehrte/r (...)

an dem Grundbesitz des vorgenannten Eigentümers lastet in Abteilung III des Grundbuches ein Grundpfandrecht (...) Brief über (...) EUR, dessen Gläubiger Sie (ggf. aufgrund Abtretung) sind. Der Eigentümer hat sich im Rahmen der Abwicklung der diesamtlichen Urkunde UVZ-Nr. (...) vom (...) zur Lastenfreistellung verpflichtet.

Ich darf Sie daher bitten, die in der Anlage beigefügte Löschungsbewilligung von einem Bevollmächtigten Ihrer Bank bei mir unterzeichnen zu lassen.

Der Eingang der Löschungsunterlagen (ggf. samt Grundpfandrechtsbrief) ist Voraussetzung der Kaufpreisfälligkeit und daher eilbedürftig. Sollten Sie die Verwendung der Löschungsunterlagen von einer (teilweisen) Rückzahlung des Darlehens abhängig machen, übernehme ich bereits heute die Haftung dafür, dass die Löschung im Grundbuch erst vollzogen wird, wenn Sie mir den Eingang des geforderten Geldbetrages bestätigt haben. Ich darf Sie bitten, mir diese Haftentlassung zu gegebener Zeit zu übermitteln.

Mit freundlichen Grüßen

(Notar)

Anlage (Löschungsentwurf)

167 *Formulierungsbeispiel: Löschungsbewilligung*

Von Seiten des Berechtigten wird die nachstehend aufgeführte Belastung samt allen Nebeneinträgen an allen belasteten Grundstücken zur Löschung

bewilligt.

Die Kosten dieser Löschung trägt der Eigentümer.

Vollzugsmitteilung soll an Herrn Notar (...) erfolgen.

Belastung:

Grundpfandrecht zu (...) EUR zugunsten (...)

Grundbesitz:

Grundbuch des Amtsgerichts (...) für (...) Band (...) Blatt (...)

Eigentümer:

(...)

(Ort, Datum)

(Unterschrift mit notarieller Beglaubigung und Feststellung der Vertretungsbefugnis)

Muster liegen in eigener EDV unter

____

168 **Exkurs Sperrvermerk:**

Bei Grundschulden zugunsten von Versicherungen, Bausparkassen und Hypothekenbanken ist der Eintragungsvermerk der Grundschuld häufig noch um einen Zusatz ergänzt wie „*Verfügungen über das Recht sind nur mit Zustimmung des Treuhänders gemäß § 129 VAG zulässig*“.

Dieser sog. **Sperrvermerk/Treuhändersperrvermerk** kennzeichnet nach außen hin, dass die Grundschuld versicherungsintern einem Sondervermögen zugeordnet ist, welches im Fall einer Insolvenz der Versicherung nicht den allgemeinen Insolvenzgläubigern zugutekommt, sondern als besondere Haftungsfonds nur einer privilegierten Gruppe von Gläubigern, nämlich den Versicherungsnehmern (bei einer Hypothekenbank den Anlegern, die in mündelsichere Papiere investiert haben). Der Treuhänder ist ein Mitarbeiter der Versicherung, der aber intern unabhängig arbeitet und sicherstellen soll, dass dieses Sondervermögen nicht im normalen Geschäftsgang verloren geht. Er vertritt intern die Belange dieser privilegierten Vertragspartner. Der Sperrvermerk zieht innerhalb des Vermögens der Versicherung eine „chinesische Wand“ mit einem zusätzlichen Vier-Augen-Prinzip ein.

Für die Vertragsabwicklung muss dann die Löschungsbewilligung nicht nur von vertretungsberechtigten Mitarbeitern der Versicherung unterschrieben werden, sondern zusätzlich auch von diesem Treuhänder (ebenfalls mit Unterschriftsbeglaubigung). Außerdem muss er seine Eigenschaft als Treuhänder nachweisen. Weil das aber tägliche Routine des Treuhänders ist, werden diese Vorgaben von ihm schon automatisch eingehalten. Allenfalls könnte man im Anschreiben noch zusätzlich darauf hinweisen:

> *Formulierungsbeispiel: Ergänzung des Treuhänderanschreibens*
>
> Ferner ist zur Löschung die Zustimmung des Treuhänders nebst Nachweis seiner Treuhänderstellung einzureichen.

Denkbar sind in der Handhabung der Grundschuld auch zwei weitere Varianten: **169**

- Die Grundschuld kann als dingliches Recht bestehen bleiben, weil der Käufer sie als eigene Kreditsicherheit verwenden will. Die Schulden des Verkäufers sind oder werden glattgestellt.
- Der Käufer übernimmt sowohl bestehende Kredite des Verkäufers (im Wege der Schuldübernahme), wie auch die Grundschulden als Kreditsicherheit. (Diese Vereinbarung könnte im Umfeld steigender Kreditzinsen (seit 2023) wieder vermehrt auftreten, weil es dem Käufer erlaubt, vorläufig die günstigeren Zinsen aus dem Zeitraum von ca. 2012–2022 zu übernehmen).

> *Wie ist das zu erkennen?*
>
> Was seitens der Vertragsparteien gewünscht wird, ist bei der Beurkundung zu klären. Der Urkunde lassen sich aber Hinweise entnehmen in den Passagen zu:
>
> - Löschungsantrag,
> - Kaufpreiszahlung,
> - Rechtsmängelgewährleistung.

Bei Übernahme einer Grundschuld enthält der Vertrag (dann in der Regel eine Überlassung) **170**
auch ein persönliches Schuldanerkenntnis des Erwerbers mit Vollstreckungsunterwerfung. Während die Grundschuld sich automatisch gegen den Erwerber als neuen Eigentümer richtet, geht ein Schuldanerkenntnis aus der Grundschuldurkunde nicht auf den Erwerber über. Also muss es neu begründet werden. Zugleich soll das Schuldanerkenntnis des Veräußerers regelmäßig beseitigt werden; dies geschieht durch eine Verzichtserklärung der Gläubigerbank (und gegebenenfalls – aber selten – eine Einschränkung der Vollstreckungsklausel). Stattdessen bekommt die Bank eine vollstreckbare Ausfertigung der Überlassungsurkunde (wegen der persönlichen Haftung), das idealerweise aber erst nach Eingang der Verzichtserklärung, weil sonst die Gefahr besteht, dass die Bank sowohl gegen den Erwerber wie auch gegen den Veräußerer vollstrecken kann.

> *Formulierungsbeispiel: Entwurf der Nichtvalutierungserklärung* **171**
>
> Grundbuch von (...) Band (...) Blatt (...)
>
> Darlehensnehmer/Eigentümer: (...)
>
> hier: Übernahme eines Grundpfandrechtes zur Neuvalutierung
>
> Sehr geehrte Damen und Herren,
>
> an dem vorgenannten Grundbesitz lastet zu Ihren Gunsten ein Grundpfandrecht über (...) EUR.
>
> Dieser Grundbesitz wurde mit diesamtlicher Urkunde UVZ-Nr. (...) vom (...) an (...) veräußert, der die zu Ihren Gunsten eingetragene Grundschuld ohne zugrundeliegende Verbindlichkeiten zur Neuvalutierung übernimmt. Abschrift der Urkunde füge ich bei. Soweit hierin eine Vollstreckungsunterwerfung der Käufer in persönlicher Hinsicht enthalten ist, bin ich befugt, nach Eingang der Neuvalutierungserklärung Ihnen eine vollstreckbare Ausfertigung der Urkunde zu erteilen.

Zur Regelung der Grundschuldübernahme, welche u.a. Voraussetzung der Fälligkeit ist, erlaube ich mir, den Entwurf einer Bestätigung beizufügen, um deren Unterzeichnung und Rücksendung ich höflich bitte. Eine Beglaubigung oder die Beifügung des Siegels sind nicht erforderlich.

Sollten Sie diese Bestätigung nur unter Auflagen erteilen können – etwa der Rückführung bisheriger Verbindlichkeiten des Verkäufers – bitte ich um deren Aufgabe in einem Begleitschreiben sowie um das Ankreuzen des entsprechenden Kästchens im Text der Bestätigung.

Ich versichere Ihnen in diesem Fall, dass ich von dieser Bestätigung erst Gebrauch mache, wenn Sie mir mitgeteilt haben, dass der mir aufzugebende Geldbetrag bezahlt wurde.

Mit freundlichen Grüßen

(Notar)

Anlagen: Vertrag und Zustimmungsentwurf

172 *Formulierungsbeispiel: Nichtvalutierungserklärung*

Grundbuch von (...) Band (...) Blatt (...)

Grundschuld (...) Brief über (...) EUR für die (...)

Kaufvertrag vom (...) UVZ-Nr. (...)

Bestätigung

Der Gläubiger des oben genannten Grundpfandrechts bestätigt hiermit, dass

- das zu übernehmende Grundpfandrecht künftig nicht mehr für Verbindlichkeiten der bisherigen Schuldner haftet,
- alle bisher persönlich Haftenden aus der persönlichen Haftung entlassen worden sind,
- der im genannten Kaufvertrag enthaltenen Änderung der Zweckerklärung für die Zukunft zugestimmt wird.

☐ Von dieser Erklärung kann bedingungsfrei Gebrauch gemacht werden.

☐ Diese Erklärung tritt erst nach der Erfüllung von Auflagen, die in einem Begleitschreiben enthalten sind, in Kraft.

(Zutreffendes bitte ankreuzen).

(Ort, Datum)

(rechtsverbindliche Unterschrift des Gläubigers)

Muster liegen in eigener EDV unter

____

173 *Formulierungsbeispiel: Entwurf der Schuldübernahmegenehmigung*

Darlehensnehmer/Veräußerer: (...)

Sehr geehrte Damen und Herren,

anliegend erhalten Sie eine Abschrift meiner Urkunde vom (...), UVZ-Nr. (...) In dieser Urkunde haben die Erwerber die bei Ihnen bestehenden Verbindlichkeiten in schuldbefreiender Weise übernommen.

Gemäß § 415 BGB (nicht jedoch gemäß § 416 BGB) teile ich Ihnen diese Schuldübernahme mit und bitte Sie um Erteilung der Genehmigung gemäß § 415 Abs. 1 BGB zu meinen Händen. Soweit zur Sicherheit für die übernommenen Verbindlichkeiten zu Ihren Gunsten Grundpfandrechte bestellt sind, bitte ich um Entlassung des bisherigen Schuldners aus der persönlichen Haftung sowie um entsprechende Anpassung der Zweckerklärungen dahingehend, dass diese Grundpfandrechte künftig nur noch für die Verbindlichkeiten der Schuldübernehmer haften.

Bei etwaigen Rückfragen bitte ich Sie, sich direkt an Veräußerer bzw. Erwerber zu wenden. Entwurf einer Bestätigung füge ich bei. Die Angelegenheit ist eilbedürftig.

Mit freundlichen Grüßen

(Notar)

Formulierungsbeispiel: Schuldübernahmegenehmigung 174

Sehr geehrter Herr Notar,

hierdurch dürfen wir Ihnen bestätigen, dass die in Ihrer Urkunde UVZ-Nr. (...) vom (...) erklärte befreiende Schuldübernahme zu dem in der Urkunde genannten Stichtag gemäß § 415 BGB durch uns als Gläubiger

genehmigt

wurde. Soweit ein Grundpfandrecht bestellt wurde, entlassen wir die bisherigen Darlehensnehmer und Mithaftenden aus etwa erklärten abstrakten Schuldanerkenntnissen mit Vollstreckungsunterwerfungen; das Grundpfandrecht haftet ab dem Stichtag nicht mehr für Verbindlichkeiten der bisherigen Darlehensnehmer. Diese Erklärungen geben wir zugleich mit Wirkung gegenüber bisherigem und künftigem Darlehensnehmer ab.

Der voraussichtliche Saldenstand zum Stichtag beträgt: (...) EUR

Mit freundlichen Grüßen

(Unterschrift)

Muster liegen in eigener EDV unter
____

b) Zwangshypothek

Zwangshypotheken sind ebenfalls Verwertungsrechte. Sie werden nie übernommen. Die Anschreiben an die Gläubiger und Entwürfe der Löschungsbewilligungen sind parallel zur Grundschuld (siehe Rdn 166) zu verfassen. Gelegentlich erteilt der Gläubiger der Zwangshypothek keine Löschungsbewilligung, sondern eine löschungsfähige Quittung (vor allem das Finanzamt handhabt es so). Diese beweist, wer die Forderung beglichen hat und auf wen deswegen die Hypothek zur Absicherung etwaiger Regressforderungen übergegangen ist. War Zahlender (nach Aussage der löschungsfähigen Quittung) der Verkäufer, gibt es keine Probleme. Benennt die Quittung jedoch [illegible] andere Person als Zahlenden: Achtung, Rücksprache mit Notar und/oder Sachbearbeiter! Die Quittung reicht dann zur Löschung der Zwangshypothek nicht. 175

Die (notariell beglaubigte) Löschungsbewilligung des Zahlenden ist zusätzlich erforderlich.

III. Rang

Grundstücke sind häufig mehrfach belastet. Diese Belastungen können teils konfliktfrei nebeneinander existieren (etwa: Wegerecht rechts am Haus vorbei; Leitungsrecht links am Haus vorbei), sie können einander aber auch „den Rang streitig machen“, wenn nicht alle Belastungen zugleich erfüllt werden können (etwa: um einen Versteigerungserlös von 300.000 EUR streiten sich zwei Banken mit Grundschulden zu je 200.000 EUR). Dieser Konflikt zwischen konkurrierenden Belastungen wird aufgelöst durch den „Rang“. 176

Es gilt: Erst wird die vorrangige Belastung voll erfüllt, bevor die nachrangige Belastung zum Zuge kommt. Damit hat der Rang zunächst einmal eine wirtschaftliche Bedeutung. Bekannt ist die banktechnische Bezeichnung eines Grundpfandrechts als „erstrangig“, wenn es sich in einem bestimmten Wertanteil (60 %, 80 %) des Grundstückswertes hält. Dann kann die Bank eine volle Befriedigung der Kredite im Fall einer Grundstücksversteigerung erwarten.

177 **§ 879 BGB: Rangverhältnis mehrerer Rechte**

(1) Das Rangverhältnis unter mehreren Rechten, mit denen ein Grundstück belastet ist, bestimmt sich, wenn die Rechte in derselben Abteilung des Grundbuchs eingetragen sind, nach der Reihenfolge der Eintragungen. Sind die Rechte in verschiedenen Abteilungen eingetragen, so hat das unter Angabe eines früheren Tageseingetragene Recht den Vorrang; Rechte, die unter Angabe desselben Tages eingetragen sind, haben gleichen Rang.

(2) Die Eintragung ist für das Rangverhältnis auch dann maßgebend, wenn die nach § 873 zum Erwerb des Rechts erforderliche Einigung erst nach der Eintragung zustande gekommen ist.

(3) Eine abweichende Bestimmung des Rangverhältnisses bedarf der Eintragung in das Grundbuch.

178 Der Rang bestimmt sich

- vorrangig nach einem ausdrücklichen Vermerk;
- für Rechte innerhalb derselben Abt. nach der Reihenfolge (d.h. dem Ort im Grundbuch – deswegen Locusprinzip); das weiter oben stehende Recht hat Vorrang;
- für Rechte in verschiedenen Abteilungen nach dem Datum der Eintragung. Erkennbar ist dabei aber nur der Tag. Eintragungen werden nicht minutengenau gekennzeichnet. Taggleiche Eintragungen haben gleichen Rang.

179 Der Rang bestimmt schließlich den **Fortbestand** von Rechten in/nach einer Zwangsversteigerung. Das Recht (die Grundschuld), aus dem die Versteigerung betrieben wird, erlischt. Dieses Recht wird in Geld umgesetzt. Ebenso erlöschen alle gleichrangigen und alle nachrangigen Rechte. Vorrangige Rechte bleiben aber bestehen und werden vom Ersteher für die Zukunft übernommen.

Der Inhaber einer nachrangigen Grundschuld könnte vor diesem Hintergrund etwa folgende Überlegung anstellen: Der Vorrang anderer Grundpfandrechte wirkt sich bei der **Erlösverteilung** aus. Der nachrangige Gläubiger bekommt Erlös erst, wenn der vorrangige vollständig befriedigt ist. In diesem Konflikt geht es allein um den Wert des Grundstücks. Bleiben vorrangige Grundschulden bestehen, bietet der Erwerber einfach weniger, weil er die potenzielle Zahlungspflicht aus der übernommenen Grundschuld bei seinem Gebot berücksichtigt.

Die **Vormerkung** nach § 888 BGB, gleichfalls das **Vorkaufsrecht** nach den §§ 1098 Abs. 2, 888 BGB gibt ein Beseitigungsrecht gegen das nachrangige Grundpfandrecht, wenn der Anspruch aktuell wird. Hier kann die Bank verpflichtet sein, das Grundpfandrecht vor Beendigung des Kreditengagements zu löschen. In aller Regel ist deswegen die vorrangige Auflassungsvormerkung beleihungshindernd, wenn sie sich nicht auf unbedeutende Teilflächen bezieht (z.B. beim Grunderwerb für den Straßenbau), sondern das gesamte Grundstück erfasst.

Der Vorrang eines **Nutzungsrechts** (Dienstbarkeit oder Nießbrauch) gewährt dessen Inhaber kein Beseitigungsrecht gegen eine nachrangige Grundschuld. Der Vorrang von Nutzungsrechten wirkt sich aber dahin aus, dass diese vom Interessenten in der Versteigerung übernommen werden müssen. Er wird sie deswegen bei seinen Geboten berücksichtigen. In der Praxis werden Erschließungsdienstbarkeiten problemlos hingenommen; voll umfassende Nutzungsrechte (Nießbrauch, Leibgeding) sind beleihungshindernd.

Das **Erbbaurecht** steht insoweit den Nutzungsrechten gleich.

180 Der Rang kann aber nachträglich geändert werden, um neuen Bedürfnissen gerecht zu werden. Dies geschieht durch den **Rangrücktritt**.

Wichtige Fälle für Rangrücktritte sind dabei

- Grundschuld vor Leibgeding,
- Bestellung eines Erbbaurechts, das gesetzlich zwingend erstrangig sein muss,
- Bestellung einer weiteren Erschließungsdienstbarkeit vor eingetragenen Grundschulden.

Formulierungsbeispiel: Rangrücktritt durch Sparkasse 181

Grundbuch für (...) Band (...) Blatt (...)

Eigentümer: (...)

Sehr geehrte Damen und Herren,

in der **Anlage** übersende ich Ihnen den Entwurf einer **Rangrücktrittserklärung** mit der Bitte, diesen zu überprüfen und für den Fall Ihres Einverständnisses

- ihn (ggf. von Bevollmächtigten) in den nächsten Tagen bei mir unterzeichnen zu lassen bzw. einen Termin zur Beglaubigung der Unterschriften in Ihrem Hause zu vereinbaren. Die entstehenden Kosten werde ich dem Eigentümer in Rechnung stellen.
- um Beifügung des Dienstsiegels und Rückleitung an mich
- diesen von einem Bevollmächtigten Ihres Hauses, vor einem Notar Ihrer Wahl unterzeichnen zu lassen und mir die Erklärung nach Unterzeichnung, Beglaubigung und Vertretungsfeststellung wieder zuzuleiten. Die entstehenden Kosten bitte ich mir durch Rechnungstellung aufzugeben, sofern sie diese nicht unmittelbar dem Eigentümer belasten können.

Etwaige Treuhandauflagen bitte ich mir aufzugeben.

Mit freundlichen Grüßen

(Notar)

Anlage

Rangrücktritt

zu Grundbuch des AG (...) für (...) Band (...) Blatt (...)

1. Vortretendes Recht: (...) zugunsten (...)

2. Zurücktretendes Recht: (...) zugunsten (...)

Der Berechtigte des zu 2. genannten Rechtes tritt hinter das zu 1. genannte Recht – jeweils samt Nebenrechten im weitesten Sinne, wie im Grundbuch vermerkt – zurück und

bewilligt

den Vollzug im Grundbuch. Kosten des grundbuchamtlichen Vollzuges werden nicht übernommen. Auf Vollzugsnachricht wird nicht verzichtet.

(Ort, Datum)

Muster liegen in eigener EDV unter

____

Der Rang ist immer eine Aussage zum Verhältnis von zwei Rechten an einem Grundstück. 182
Er ist, auch wenn das Lokusprinzip innerhalb derselben Abteilung das nahelegt, nicht absolut. Bei Mehrfachbelastungen kann bei späteren Rangänderungen das Ergebnis eintreten, dass Recht A Rang hat vor B, B vor C, aber C vor A!

Das ist rechtlich möglich, aber in der Regel nicht gewünscht, weil verwirrend und wenig planbar für eine Versteigerung. Deswegen muss bei Rangänderungen auf die Zwischenrechte geachtet werden (im Beispiel: B, wenn Recht A nachträglich hinter C tritt). Diese müssen in der Regel ebenfalls den Rangrücktritt mitmachen.

IV. Freigabe

1. Freigabe aufgrund Freigabebewilligung

183 Eine Grundstücksbelastung kann nicht nur an einem Grundstück bestehen, sondern als einheitliche Belastung auch an mehreren Grundstücken. Beispielsweise kann ein einheitliches Erbbaurecht auf mehrere Grundstücke erstreckt werden. Der Hauptfall ist jedoch die Gesamtgrundschuld. Eine solche wird eingetragen, wenn ein einzelnes Grundstück als Kreditsicherheit nicht werthaltig genug ist.

Eine Gesamtbelastung kann aber auch nachträglich entstehen, nämlich beispielsweise nach Herausvermessung einer Teilfläche oder – wichtigster Fall – infolge Aufteilung eines Grundstücks in Wohnungseigentum. Die sog. **Globalgrundschuld** des Bauträgers ist dann eine Gesamtgrundschuld.

In diesen Fällen stellt sich die Frage, ob die Belastung insgesamt, d.h., an allen belasteten Grundstücken gelöscht werden soll oder ob nur einzelne Grundstücke von der Belastung freigegeben werden, die Belastung an den übrigen Grundstücken aber bestehen bleibt.

184 *Hinweis:*

Letztlich muss dies aus den Vorgaben der Urkunde ermittelt werden.

Spricht die Urkunde von Freigabe oder Löschung (auch an anderen Pfandobjekten)?

185 Vom **Wortlaut** unterscheidet sich die Freigabe nicht wesentlich von der Löschungsbewilligung; rechtstechnisch wird aber eine Freigabe bewilligt und nicht eine Löschung. Gerade deswegen muss auf die angeforderte und entworfene Erklärung geachtet werden, sonst verliert die Bank womöglich eine noch benötigte Kreditsicherheit. Außerdem ergeben sich Unterschiede in der kostenrechtlichen Bewertung und in den Formalien: Der Eigentümer muss nur der Löschung, nicht aber der Freigabe einzelner Grundstücke zustimmen.

Zum Problem wird die **Umkehrung**: Der Vertrag sieht nur eine Freigabe vor, die Bank erteilt aber eine Löschungsbewilligung. Dann fehlt womöglich zum Vollzug die erforderliche Eigentümerzustimmung.

186 *Formulierungsbeispiel: Pfandfreigabe Eigentumswohnung*

Grundbuch von (...) Band (...) Blatt (...) Flst.Nr. (...)

Darlehensnummer (soweit bekannt): (...)

Darlehensnehmer/Eigentümer (...)

Sehr geehrte Damen und Herren,

an Flst.Nr. (...) der Gemarkung (...) lastet zu Ihren Gunsten ein (Gesamt-)Grundpfandrecht (...) Brief zu (...) EUR.

Im Rahmen der Abwicklung der diesamtlichen Urkunde UVZ-Nr. (...) vom (...) soll die Eigentumseinheit (...) (Grundbuchblatt (...)) hiervon freigestellt werden.

Aus diesem Grund übersende ich anbei den Entwurf einer Freigabeerklärung mit der Bitte, diesen von einem Bevollmächtigten Ihres Hauses bei mir unterzeichnen zu lassen. Kosten entstehen Ihnen hierdurch nicht.

Für den Fall, dass Sie die Freigabe nur gegen teilweise Rückzahlung des abgesicherten Darlehens erklären können, werde ich von der Freigabeerklärung erst Gebrauch machen, wenn Sie mir bestätigt haben, dass der mir aufzugebende Geldbetrag bezahlt wurde.

Mit freundlichen Grüßen

(Notar)

Anlage: Freigabeentwurf

Freigabe

Von Seiten des Berechtigten wird hiermit die lastenfreie Abschreibung des nachstehend näher bezeichneten Grundbesitzes hinsichtlich des zu seinen Gunsten eingetragenen Rechts

bewilligt und beantragt.

Die Kosten dieser Freigabe trägt der Eigentümer.

Eigentümer: (...)

Belastung und Berechtigter: Grundpfandrecht zu (...) EUR zugunsten der (...).

Freigegebener Besitz: Miteigentumsanteil zu (...) am Grundstück Flst.Nr. (...) der Gemarkung (...), verbunden mit dem Sonder-/Teileigentum an (...) (*alternativ:* wie es mit Urkunde UVZ-Nr. (...) des Notars (...) in (...) begründet wurde. Das Ausgangsgrundstück ist derzeit) vorgetragen im Grundbuch des Amtsgerichts (...) für (...) Band (...) Blatt (...).

(Ort, Datum)

(Unterschrift samt notarieller Beglaubigung und Feststellung der Vertretungsbefugnis)

Muster liegen in eigener EDV unter

____

2. Freigabe aufgrund Grundbuchberichtigung

§ 1026 BGB: Teilung des dienenden Grundstücks 187

Wird das belastete Grundstück geteilt, so werden, wenn die Ausübung der Grunddienstbarkeit auf einen bestimmten Teil des belasteten Grundstücks beschränkt ist, die Teile welche außerhalb des Bereichs der Ausübung liegen, von der Dienstbarkeit befreit.

Bei **Grunddienstbarkeiten** und **beschränkten persönlichen Dienstbarkeiten** kann nach Teil- 188
flächenverkäufen eine Freigabe auch ohne Freigabebewilligung des Betroffenen in Betracht kommen, und zwar dann, wenn der Dienstbarkeitsberechtigte für seine Zwecke gar nicht das gesamte Grundstück benötigt und dies durch vorhandene Karten dem Grundbuchamt dokumentiert werden kann. Dies ist bei Leitungsrechten sowie Wegerechten der Fall; bei Duldungsdienstbarkeiten nicht. Nach § 1026 BGB erlischt nämlich bei einer Teilung des dienenden Grundstücks die Dienstbarkeit kraft Gesetzes – also ohne Bewilligung des Betroffenen – an den Grundstücksteilen, auf die sich die Ausübung der Dienstbarkeit nicht bezieht. Diesen Erlöschenstatbestand kann das Grundbuchamt aus eigener Anschauung berücksichtigen, wenn ihm die zugrunde liegenden Tatsachen in grundbuchtauglicher Form mitgeteilt wurden. Praktisch geht es um Kartenbeilagen zur ursprünglichen Bewilligung der Dienstbarkeit, aus denen sich der Verlauf der Leitungsstrasse oder des Weges ergibt. Diese Planfestlegung kann das Grundbuchamt selbstständig mit der Kartenbeilage des Fortführungsnachweises abgleichen.

Erforderlich ist aber, dass bei der Dienstbarkeitsbestellung der Ausübungsbereich **deutlich festgelegt** ist. Haben die Beteiligten die Dienstbarkeit etwa bestellt mit der Abrede, den Trassenverlauf erst künftig noch festzulegen, scheitert das Verfahren. Dann müsste eine Freigabe eingeholt werden.

V. Käufervormerkung

In aller Regel wird zugunsten des Grundstückskäufers eine Vormerkung im Grundbuch ein- 189
getragen, um deren oben geschilderte Wirkungen für die Käufer zu erzielen (siehe Rdn 104). Nichtsdestotrotz sollte immer ein Blick auf den Vollzugsbogen und einer in die Passage des Vertrages gehen, ob nicht eine abweichende Individualregelung festgelegt wurde, etwa wegen des vollständigen Verzichts (z.B. beim hoheitlichen Verkäufer, der nicht insolvent werden kann) oder bei einem vorläufigen Verzicht bis zu einer Anderkontoeinzahlung.

190 **Grundlage** der Eintragung der Vormerkung ist dabei nicht der wirksame Vertrag, sondern eine einseitige Verkäufererklärung („Bewilligung"). Daraus folgt, dass zur Eintragung der Vormerkung diese Bewilligung rechtswirksam sein muss. Auf Verkäuferseite muss

- insbesondere die vollmachtlose Vertretung genehmigt sein,
- eine Vollmacht in grundbuchtauglicher Form vorgelegt werden können,
- vor allem die betreuungsgerichtliche Genehmigung erteilt worden sein (inklusive Insichentgegennahme, vgl. Rdn 28).

Ist also die Urkunde aus Gründen, die in der Sphäre des Verkäufers liegen, noch nicht wirksam, kann die Vormerkung nicht parallel zum Erstvollzug beantragt werden. Sie müssen dann bei Eingang der Genehmigung etc. überprüfen, ob jetzt die Vormerkung eintragungsfähig ist.

191 Käuferseitige **Wirksamkeitsmängel** hindern hingegen die Eintragung der Vormerkung rechtlich nicht. Die Vormerkung kann also auch dann beantragt werden, wenn die Genehmigung des Vertreterhandelns durch den Käufer aussteht oder die Vollmacht des Käufers erst noch vorgelegt werden muss. Ebensowenig hindern Genehmigungen, die nur auf die Eigentumsveränderung bezogen sind, die Eintragung der Vormerkung nicht. Die Vormerkung kann also auch dann eingetragen werden, wenn Sanierungsgenehmigungen, Vorkaufsrechtszeugnis, Verwalterzustimmung beim Verkauf von Wohnungseigentum oder Eigentümerzustimmung beim Verkauf eines Erbbaurechts noch ausstehen.

192 *Achtung!*

Je nach Person der Beteiligten kann sich aus den Vollzugsanweisungen in der Urkunde durchaus etwas anderes ergeben. Ist die Vormerkung nämlich einmal im Grundbuch eingetragen, kommt es dann jedoch seitens des Käufers nicht zur Genehmigung und Durchführung des Vertrages, gestaltet sich die Löschung der Vormerkung als außerordentlich schwierig, teuer und vor allem zeitraubend. Deswegen wird im Einzelfall die Vormerkung bewilligt, der Vollzugsantrag aber aufgeschoben bis auch die Wirksamkeitsmängel auf Seiten des Käufers behoben sind. Eine solche Anweisung ist der Kaufvertragspassage über die Vormerkung zu entnehmen.

193 Unsere Formulierungsmuster lauten beispielsweise:

Formulierungsbeispiel: Variante 1

Zur Sicherung des Anspruchs des Käufers auf Übertragung des Eigentums an dem Vertragsobjekt bewilligt der Verkäufer und **beantragt** der Käufer zu dessen Gunsten eine

Vormerkung

gemäß § 883 BGB an dem in § 1 bezeichneten Grundbesitz ohne weitere Voraussetzungen an nächstoffener Rangstelle in das Grundbuch einzutragen. Der Käufer bewilligt und beantragt, die Vormerkung bei der Eigentumsumschreibung wieder zu löschen, vorausgesetzt, dass nachrangig keine Eintragungen bestehen bleiben, denen er nicht zugestimmt hat.

Formulierungsbeispiel: Variante 2

Zur Sicherung des Anspruchs des Käufers auf Übertragung des Eigentums an dem Vertragsobjekt bewilligt der Verkäufer zugunsten des Käufers eine

Vormerkung

gemäß § 883 BGB an dem in § 1 bezeichneten Grundbesitz ohne weitere Voraussetzungen an nächstoffener Rangstelle in das Grundbuch einzutragen.

Die Eintragung dieser Vormerkung wird heute vom Käufer jedoch nicht beantragt.

Formulierungsbeispiel: Variante 3

Auf die Eintragung einer Auflassungsvormerkung wird verzichtet.

B. Zweitvollzug: Mitteilung der Kaufpreisfälligkeit

Die Rechtsprechung verlangt vom Notar bei der **Mitteilung der Kaufpreisfälligkeit** die genaueste Einhaltung der im Kaufvertrag niedergelegten **Fälligkeitsvoraussetzungen**. Während bei einem fehlerhaften Erstvollzug in aller Regel nur Verzögerungsschäden eintreten können, würde eine zu frühe Mitteilung der Kaufpreisfälligkeit gegebenenfalls zu einem Totalverlust führen. Andererseits sind die Fälligkeitsvoraussetzungen auch immer detailliert in die Urkunde aufgenommen. Dabei baut die Mitteilung der Kaufpreisfälligkeit auf dem Erstvollzug auf, weil die Fälligkeit sehr häufig vom Eingang der im Erstvollzug angeforderten Erklärungen oder Handlungen abhängig gemacht wird (Eintragung der Käufervormerkung; Eingang der Löschungsbewilligung etc.). 194

Die Auflassungsvormerkung für den Käufer sollte nach ihrer Eintragung nochmals auf ihren Rang **überprüft** werden, um Zwischeneintragungen zwischen Beurkundung und Eintragung der Auflassungsvormerkung auszuschließen. 195

Hinsichtlich der Löschungs- und Freigabeunterlagen sind für die Mitteilung der Kaufpreisfälligkeit die Zahlungsauflagen ganz wesentlich, weil sie sich im Rahmen des Kaufpreises halten müssen. Bei nahezu kaufpreisausschöpfenden Treuhandauflagen muss insbesondere sichergestellt werden, dass auch durch angeforderte zusätzliche Tageszinsen der Gesamtkaufpreis nicht überschritten wird. Außerdem dürfen etwaige gestellte Treuhandaufträge noch nicht abgelaufen sein. Die Befristung muss vielmehr so bemessen sein, dass unter normalen Umständen die Kaufpreiszahlung gemäß den vertraglichen Festlegungen noch innerhalb der Frist erfolgen kann.

Auch muss die **Verwaltereigenschaft** eines Wohnungseigentumsverwalters ordnungsgemäß nachgewiesen sein. 196

Praxistipp:

Die Fälligkeitsvoraussetzungen einfach auf einer Kopie der Urkunde abhaken, um den Überblick zu behalten. Außerdem die Unterlagen für die Fälligkeit leicht erkennbar im Akt aufbewahren (z.B. in einer gesonderten (farbigen) Plastikhülle).

Formulierungsbeispiel: Fälligkeitsvoraussetzungen im Kaufvertrag 197

Der Kaufpreis beträgt (...) EUR

– in Worten: (...) EUR –.

Fälligkeit

Der Kaufpreis ist fällig (Kontogutschrift) innerhalb von zwei Wochen nach dem Zugang einer schriftlichen Mitteilung des Notars, in welcher dieser dem Käufer bestätigt, dass

- die Auflassungsvormerkung im Rang nach den oben genannten Belastungen und etwaigen Finanzierungsbelastungen des Käufers im Grundbuch eingetragen ist,
- dem Notar für alle nach dem Inhalt dieses Vertrages zu beseitigenden Belastungen Lastenfreistellungsunterlagen in grundbuchmäßiger Form bedingungslos oder nur unter solchen Zahlungsauflagen vorliegen, die aus dem Kaufpreis erfüllbar sind. Zur Einholung und Entgegennahme der Lastenfreistellungsunterlagen wird der Notar seitens aller Vertragsteile und der Finanzierungsinstitute des Käufers bevollmächtigt.

Soweit eingetragene Gläubiger für die Lastenfreistellung Ablösebeträge verlangen, oder erforderliche Genehmigungen mit den Verkäufer treffenden Zahlungsauflagen versehen sind, kann letzterer vom Käufer nur Erfüllung dieser Zahlungsauflagen in Anrechnung auf den Kaufpreis verlangen, ohne dass die Empfänger insoweit ein eigenes Forderungsrecht erwerben. Zur Überprüfung der geforderten Beträge hinsichtlich Grund und Höhe sind Notar und Käufer weder berechtigt noch verpflichtet.

Soweit der Kaufpreis nicht zur Lastenfreistellung benötigt wird, ist er ausschließlich durch Überweisung auf das Konto des Verkäufers bei der (...), IBAN (...) zu bezahlen.

198 Weitere **Fälligkeitsvoraussetzungen** sind z.B. formuliert als:

- die Genehmigung des Verwalters einschließlich Nachweis seiner Verwaltereigenschaft jeweils in grundbuchtauglicher Form vorliegen (vgl. Rdn 83);
- die Zustimmung des Grundstückseigentümers zur Veräußerung des Erbbaurechts und dessen Verzicht über die Ausübung des Vorkaufsrechtes in diesem Verkaufsfall vorliegt (vgl. Rdn 96);
- die Genehmigung der Umlegungsstelle vorliegt (vgl. Rdn 157);
- hinsichtlich des Mietervorkaufsrechtes nach § 577 BGB entweder dem Notar eine schriftliche Verzichtserklärung aller vom Verkäufer benannten Mieter vorliegt oder ihm innerhalb von zwei Monaten und einer Woche nach Zugang seiner Vorkaufsrechtsanfrage keine Ausübung bekannt wird; der Verkäufer verpflichtet sich, den Notar von bei ihm eingehenden Vorkaufsrechtsausübungserklärungen unverzüglich zu unterrichten (vgl. Rdn 129);
- dem Notar die zur Aufhebung des Zwangsversteigerungsverfahrens notwendigen Antragszurücknahmen der Gläubiger, deren Beschlagnahme dem Käufer gegenüber wirksam ist, vorliegen (vgl. Rdn 145);
- dem Notar hinsichtlich der gesetzlichen Vorkaufsrechte nach dem BauGB eine Erklärung der zuständigen Gebietskörperschaft in grundbuchmäßiger Form vorliegt, wonach solche Vorkaufsrechte nicht bestehen oder zum gegenwärtigen Kauf nicht ausgeübt werden;
- bezüglich der Grundschuld Abt. III lfd. Nr. (...) über (...) EUR dem Notar eine schriftliche Bestätigung der Grundschuldgläubigerin vorliegt, dass diese Grundschuld vom Zeitpunkt der Kaufpreiszahlung an nur mehr Verbindlichkeiten sichert, die der Käufer gegenüber der Grundschuldgläubigerin hat bzw. eingeht (vgl. Rdn 172);
- die vollständige Räumung des Anwesens ist erfolgt, sodass dieses besenrein übergeben werden kann; diese Fälligkeitsvoraussetzung prüft und bescheinigt der Notar nicht;

Je nach Ihrer Formulierung der Fälligkeitsmitteilung sind diese weiteren Ereignisse im Anschreiben zu erwähnen (vgl. die Leerstellen im Formulierungsbeispiel Rdn 200). Legen Sie sich dazu eine Liste passender Formulierungen an.

Sofern Ihr Käuferanschreiben auch einen Hinweis auf die Zahlungsfrist enthält, prüfen Sie die vertragliche Regelung auch auf etwaige Abweichungen vom Standard.

199 Letzteres Beispiel zum Besitz zeigt: Es müssen nicht immer alle Voraussetzungen der Fälligkeit **tatsächlich** vom Notar bestätigt werden. Insbesondere rein tatsächliche Voraussetzungen, die nicht dokumentarisch belegt werden (können), liegen außerhalb der Prüfungspflicht des Notars. Das sind z.B.

- Räumung,
- Erbringung von Bauarbeiten (so die Bautenstände nach MaBV beim Bauträgervertrag, aber auch Reparaturen beim Verkauf von Privat),
- Fragen zur Baugenehmigung.

200 *Formulierungsbeispiel: Fälligkeitsmitteilung am Käufer*

Kaufvertrag vom (...) UVZ-Nr. (...); Kauf von (...)

hier: Fälligkeitsmitteilung

Sehr geehrte Damen und Herren,

zum oben genannten Kaufvertrag darf ich Ihnen mitteilen, dass die in § (...) genannten Fälligkeitsvoraussetzungen, nämlich

- die Eintragung der Auflassungsvormerkung
- die Vorkaufsrechtsnegativerklärung
- die Lastenfreistellungsunterlagen
- (...)

vorliegen.

- Der Kaufpreis ist demnach binnen zehn Tagen ab Zugang dieses Schreibens zur Zahlung fällig (Kontogutschrift).

Für die Lastenfreistellung des Vertragsbesitzes wurden Ablösebeträge verlangt, und zwar durch (…). Nach den Bestimmungen des Kaufvertrages haben Sie bei Fälligkeit diese Beträge in Anrechnung auf den Kaufpreis unmittelbar an den Gläubiger zu bezahlen. Die genaue Höhe der Ablösebeträge sowie die für die Überweisung erforderlichen Daten bitte ich dem in Kopie beigefügten Schreiben zu entnehmen. Lediglich der Restbetrag ist bei Fälligkeit dem im Vertrag angegebenen Konto des Verkäufers gutzuschreiben.

Eine Abschrift dieses Schreibens erhält der Verkäufer sowie Ihr finanzierendes Kreditinstitut, sofern eine Grundschuld am Vertragsgegenstand bestellt wurde.

Für Rückfragen steht Ihnen der zuständige Sachbearbeiter gerne zur Verfügung.

Mit freundlichen Grüßen

(Notar)

Anlage

Formulierungsbeispiel: Fälligkeitsbestätigung an Verkäufer **201**

Kaufvertrag vom (...) UVZ-Nr. (...); Verkauf an (...)

Sehr geehrte Damen und Herren,

mit Schreiben vom heutigen Tage habe ich (...) mitgeteilt, dass die von notarieller Seite zu bestätigenden Fälligkeitsvoraussetzungen erfüllt sind.

Abschrift dieses Briefes füge ich zur Kenntnisnahme bei.

Die Umschreibung des Eigentums auf den Käufer werde ich erst vornehmen, wenn der Kaufpreis bezahlt ist.

Aus diesem Grunde darf ich Sie bitten, beigefügte Bestätigung unterzeichnet an mich zurückzusenden, sobald der an Sie zu zahlende Betrag Ihrem Konto gutgeschrieben wurde. Außerdem bitte ich um Kopie von Kontoauszügen oder anderen Bestätigungen Ihrer Bank, dass die Zahlung in voller Höhe durch Überweisung erfolgte.

Mit freundlichen Grüßen

(Notar)

Anlage

Formulierungsbeispiel: Zahlungsquittung **202**

Kaufvertrag vom (...) UVZ-Nr. (...)

Verkauf an (...).

Bestätigung

Hiermit bestätige ich den Erhalt des an mich zu zahlenden Betrages aus dem oben genannten Kaufvertrag, sodass das Eigentum auf den Käufer umgeschrieben werden kann. Ferner füge ich einen Nachweis zur Zahlung per Überweisung bei.

(Datum)

(Unterschrift des Verkäufers)

Muster liegen in eigener EDV unter

____

C. Endvollzug: Kaufpreisüberwachung und Eigentumsumschreibung

203 Es muss sichergestellt werden, dass der Verkäufer sein Eigentum am Objekt erst dann verliert, wenn er den Kaufpreis erhalten hat. Im normalen Alltag hat sich beim Kauf auf Rechnung der Eigentumsvorbehalt durchgesetzt. Der ist aber bei Grundstücken unzulässig. Der Eigentümer eines Grundstücks soll immer feststehen und darf nicht durch Bedingungen wechseln. Stattdessen haben sich verschiedene Lösungsmöglichkeiten herausgebildet.

I. Gesonderte Beurkundung der Auflassung nach erfolgter Kaufpreiszahlung

204 **Vorteil**: Besonders sicher, insbesondere bei Fehlverhalten des Grundbuchamtes. Die Auflassung wurde nicht erklärt; die gleichwohl im Grundbuch vorgenommene Eigentumsumschreibung macht das Grundbuch unrichtig.

Nachteil: zusätzliche Beurkundung, zusätzliche Kosten, deswegen von der Rechtsprechung sehr skeptisch gesehen und als Standard verdrängt.

II. Verfahren der Ausfertigungssperre

205 Die Beteiligten erlegen sich gemäß § 51 Abs. 2 BeurkG die Anweisung auf, bzw. erteilen dem Notar übereinstimmende Anweisung, zunächst nur teilweise Urkundsausfertigungen herauszugeben, nämlich solche ohne die Auflassung. Gelangt eine solche teilweise Abschrift zum Grundbuchamt, ist ihm die Auflassung entgegen § 20 GBO nicht gehörig nachgewiesen (obwohl jeder Grundbuchrechtspfleger weiß, was in der wegkopierten Passage stünde), sodass das Grundbuchamt die Auflassung nicht vollziehen darf.

Nachteil dabei: Trägt das Grundbuchamt versehentlich ein, hat der Käufer erworben. Die Auflassung ist materiell-rechtlich erklärt, der Verfahrensverstoß des Grundbuchbeamten führt nicht zu einer Unwirksamkeit der Eintragung. Allerdings sind diese Fehler des Grundbuchrechtspflegers selten und sie führen überhaupt nur dann zu einem Schaden beim Verkäufer, wenn der Käufer zusätzlich zum Fehler des Grundbuchamtes nicht zahlt.

Zur Vereinfachung der Abläufe wird die Auflassung dann gelegentlich in eine Anlage zur Urkunde genommen, d.h. als gesondertes Blatt, welches im ersten Durchgang einfach nicht mitkopiert wird. Für den Endvollzug reicht dann beim Grundbuchamt die Vorlage allein dieses Blattes (als beglaubigte Abschrift), sofern sich ein Bezug zum Kauf unmittelbar aus ihm ergibt (etwa durch Anlage zur UVZ-Nr. (...) Notar (...) vom (...)).

III. Bewilligungssperre

206 Die dritte Methode arbeitet damit, die Auflassung materiellrechtlich zu erklären, aber daneben klarzustellen, dass für den Grundbuchvollzug erforderliche weitere Verfahrenserklärungen ausdrücklich nicht abgegeben sind. Diese „Nebenerklärungen“ (aus Sicht des BGB), die für das Verfahren aber „Haupterklärungen“ darstellen, weil sie erst eine Handlung des Grundbuchrechtspflegers auslösen, soll dann der Notar unter bestimmten Voraussetzungen in einer Eigenurkunde nachholen. Deswegen muss bei dieser Vorgehensweise das Antragschreiben gesiegelt werden, weil es besondere Wirkungen erzeugen soll, die sonst nicht erforderlich sind.

207 **Exkurs:**

Ein **Siegel** auf dem Vorlageschreiben an das GBA ist erforderlich:
- wenn im Schreiben der Vollzug der Auflassung bewilligt wird;
- bei Antragsrücknahmen;
- bei einem Vollzug abweichend von der Urkunde (vor allem nachgeschobener Teilvollzug; vorläufig abweichender Rang).

Auch dieses Verfahren hängt von einem ordnungsgemäßen Handeln des Grundbuchamtes ab. Der Vorteil gegenüber der Ausfertigungssperre besteht u.a. in einer leichteren bürotechnischen Handhabung, weil nicht bei einzelnen Kopien im ersten Arbeitsgang mühsam Passagen herauskopiert werden müssen. 208

> *Praxistipp:*
>
> Gerade bei der Vorlage zum Vollzug der Auflassung ist penible Genauigkeit angesagt. Fehler sind kaum mehr wiedergutzumachen. Andererseits ist die Vorlage zum Vollzug der Auflassung typischerweise gerade im Kaufvertrag eingehend geregelt. Achten Sie darauf, dass sämtliche Voraussetzungen auch tatsächlich eingetreten sind. Wenn Sie sich eine einfache Kopie des Vertrages für Vollzugsnotizen anfertigen, haken Sie die Voraussetzungen ab: Kaufpreisbestätigung des Käufers und sämtliche Haftentlassungen von Banken.

IV. Nachweis der Zahlung durch Überweisung (Geldwäscheprävention)

Das Notariat als Abwicklungsstelle des Kaufvertrages ist mit § 16a GwG verstärkt in die Geldwäschepräsentation einbezogen worden. U.a. dürfen Kaufpreise nur durch Überweisung getätigt werden; bei Werten bis 10.000 EUR ist diese Vorgabe kontrollfrei, bei Kaufpreisen darüber muss sich der Notar von der unbaren Zahlung überzeugen, i.d.R. durch Vorlage eines Kontoauszuges, aus dem sich die Abbuchung (beim Käufer) oder Einbuchung (beim Verkäufer) ergibt, sonst durch ausdrückliche Bankbestätigung. Eine Verkäuferquittung allein genügt nicht mehr. Vor Grundbuchvorlage muss deswegen dieser Zahlungsweg überprüft werden, sonst ist die Kopie des Kontoauszugs oder der Bankbestätigung zusätzlich anzufordern. Das größte Interesse am weiteren Vollzug liegt beim Käufer, deswegen vielleicht erst diesen kontaktieren. 209

D. Vorbereitung des Vollzugs: Hilfestellung durch den Vollzugsbogen

> *Zur Vertiefung:* 210
>
> *Kersten*, Büroorganisation, 2. Aufl., Rn 338.

Für die Umsetzung der Kaufvertragsurkunde im Vollzug wird in allen Notariaten mit Vollzugsbögen gearbeitet, auch wenn diese ggf. nur (oder parallel zu einer Papierform) digital geführt werden. Der Vollzugsbogen dient dabei verschiedenen Zwecken und richtet sich an alle – nicht nur einen – Mitarbeiter im Notariat.

- Er ist eine knapp gehaltene Arbeitsanweisung an die Ausfertigungskräfte, damit diese nicht (oder nicht immer wieder neu) die zu veranlassenden Maßnahmen aus Urkunde und Handakte erschließen müssen.
- Er dient den Sachbearbeitern als Überblick über alle typischerweise beim Ausfüllen anfallenden Maßnahmen. Der Vordruck des Vollzugsbogens ist also nicht allein als Arbeitserleichterung zu sehen, die das jeweils handschriftliche Ausfüllen erspart oder auf das Setzen eines Kreuzes reduziert, sondern auch als Erinnerung und Checkliste, ob alle für diese individuelle Urkunde erforderlichen Maßnahmen angekreuzt wurden.
- Er dient als Memo, um vom Regelfall abweichende Einzelanweisungen festzuhalten (abweichende Postadressen, vorläufige Postsperren, abweichende Vollzugsreihenfolge; paralleler Post- und Mailversand).
- Er ermöglicht Sachbearbeiter und Notar eine erste, zwar grobe, aber schnelle Kontrolle,
  - ob sämtliche angewiesene Maßnahmen im Notariat erledigt wurden: Deswegen ist die Erledigung zu vermerken;
  - ob der zu erwartende Rücklauf eingegangen ist oder angemahnt werden muss: Deswegen ist der Rücklauf zu vermerken!
- Er dient zur Verwaltung von Vor- und Nachvollzugsurkunden.
- Er dient zur Anordnung und Verwaltung der Wiedervorlage.

211 Für die Abarbeitung der Urkunde folgt daraus: Den Nebenakt erst aus der Hand geben, wenn alle zu erledigenden Maßnahmen abgearbeitet und auch als erledigt gekennzeichnet sind, nach Posteingang: Wenn beim Rücklauf zu einer Maßnahme die Erledigung vermerkt ist.

> *Praxistipp:*
>
> Eingehende Post vermerken. Wiedervorlagen vermerken.

212 Anhaltspunkte zum Ausfüllen des Vollzugsbogens sind dabei für mich einerseits die Urkunde selbst, zum anderen auch der Vollzugsbogen als solcher. Es fällt schwer, das Ausfüllen des Bogens für den Erstvollzug strukturiert zu beschreiben, weil der beurkundende Notar die Informationen auch (und sogar wesentlich) aus der Beurkundung selbst schöpft. Die Sachbearbeiter ihrerseits haben die Maßnahmen häufig schon bei der Urkundsvorbereitung im Kopf, wenn sie etwa sachgerechte Fälligkeitsvoraussetzungen vorschlagen. Auf beide Informationen kann ein anderer Mitarbeiter nicht zurückgreifen. Gleichwohl sei versucht, die Vorgehensweise beim Ausfüllen zu strukturieren.

Checkliste:

1. Blick an den Schluss der Urkunde, den Verteiler: Sind alle Adressaten von Urkundskopien auf dem Vollzugsbogen vermerkt? Verbergen sich hinter den Adressaten Genehmigungen, die einzuholen sind (etwa Adressat LRA als Genehmigungsbehörde – Genehmigung nach GrdStVG)? Sind Ausfertigungen (anstelle von beglaubigten Abschriften zu erteilen)? Sind auszugsweise Abschriften zu erteilen?
2. Blick auf die Beteiligten im Urkundseingang: Sind alle Identitäten gesichert? Sind alle Willenserklärungen wirksam? Nachgenehmigung? Vollmacht? Minderjährige? Betreuung? Insolvenzverwalter? Testamentsvollstrecker?
3. Blick zum Vertragsobjekt (Grundbuchstand):
   - zur Lage des Objekts (wegen Gerichtszuständigkeit, bei anderen Bundesländern auch deren Sonderrecht)?
   - zur Größe des Objekts (Grundstücksverkehrsgenehmigung),
   - noch ein Blick zum Vertragsobjekt: Teilflächenverkauf?
   - zum Bestandsverzeichnis: Eigentümerzustimmung? Verwaltergenehmigung?
   - zu den Belastungen: Vorkaufsrecht? Insolvenzvermerk? Nacherbenvermerk? Testamentsvollstreckervermerk? Sanierungsvermerk? Versteigerungsvermerk? Andere Belastungen in Abt. II und III zunächst einmal merken mit der Vermutung (jedenfalls beim Kaufvertrag, bei Überlassung und Scheidungsvereinbarungen definitiv anders): Belastungen in Abt. III werden gelöscht, in Abt. II werden Dienstbarkeiten und Vormerkung für Gemeinde übernommen, Wohnungsrecht, Nießbrauch, Rückauflassungsvormerkung gelöscht. Ein großes Aber dabei: Sind die Berechtigten von Belastungen in Abt. II womöglich verstorben?
4. Blick zur Rechtsmängelhaftung, vielleicht auch zu Löschungsbewilligungen, die gleich im Anschluss an den Grundbuchstand in die Urkunde formuliert wurden: Stimmt die Vermutung zu Löschung bzw. Übernahme der Belastungen? Oder enthält die Urkunde an anderer Stelle eine Vereinbarung zur Übernahme von Grundschulden?
5. Blick zur Regelung „Eintritt in den Mietvertrag“ des Mietvertrages bei Eigentumswohnung: Mietervorkaufsrecht?
6. Blick zur Vormerkung: Wird auf die Eintragung der Auflassungsvormerkung ausnahmsweise verzichtet? Wird die Vormerkung aufgeschoben? Ist dann die Reihenfolge vermerkt?
7. Vorletzter Blick auf die Regelung der Kaufpreisfälligkeit: Sind alle Maßnahmen, die nach der Vertragsformulierung eintreten oder dokumentarisch belegt sein müssen, auf den Vollzugsbogen als einzuleiten vermerkt? Oder gibt es Diskrepanzen?
8. Letzter Blick auf die Auflassung: Ist sie abhängig allein vom Nachweis der Kaufpreiszahlung oder auch von anderen Ereignissen (Schuldübernahmegenehmigung etc.)? Sind diese als zu veranlassen vermerkt?

E. Vollzug bei der Anderkontoabwicklung

Entgegen früherer Praxis und landläufiger Erwartung der Mandanten kommt eine Anderkontoabwicklung nur selten und jedenfalls nicht als Vertragsstandard vor. Gestattet ist eine Anderkontoabwicklung nur bei einem besonderen Sicherungsbedürfnis. Schon das schließt eine Verwendung des Anderkontos als Regelfall aus; vielmehr ist jede Anderkontoabwicklung gesondert zu rechtfertigen, auch wenn diese Rechtfertigung sich aus dem Gesamtzusammenhang erschließen lassen kann und nicht in der Urkunde selbst niederzulegen ist. Der übereinstimmende Wunsch aller Beteiligten rechtfertigt für sich eine Anderkontoabwicklung nicht. **213**

Die amtliche Buchführung erfolgt nun über XNP, die die Eingabe der Gutschrift bzw. der Überweisung vermerkt. **214**

Dabei ist zu beachten: Die Eingabe ist nicht mit dem Datum der Gutschrift nach Kontoauszug vorzunehmen, sondern mit dem Eingang des Kontoauszuges im Notariat. Diese erstaunliche Eigenheit erklärt sich daraus, dass anderenfalls rückdatierte Buchungen vorgenommen werden müssten. Rückdatierungen lässt aber das notarielle Berufsrecht an keiner Stelle zu, auch nicht bei vergessenen Einträgen in der Urkundenrolle. Hier ist zwar das Datum der Urkunde richtig einzutragen. Die Vergabe der Urkundsnummer erfolgt aber zum Datum der Eintragung in der Urkundenrolle. Die Diskrepanz ist dann entsprechend zu vermerken.

Wichtig für die sonstige Vertragsabwicklung ist vor allem, dass die reine Anderkontoabwicklung zunächst nur die Zahlungsströme modifiziert, indem anstelle einer Direktzahlung nun das notarielle Anderkonto zwischengeschaltet wird. Die Änderung der Zahlungsströme an sich verschafft aber keinem der Beteiligten eine zusätzliche Sicherheit. Deswegen geht die sinnvoll eingesetzte Anderkontoabwicklung immer mit anderen Abweichungen im Vertragsvollzug einher, die zusammen mit der Änderung der Zahlungsströme dann zur zusätzlichen Sicherung führen. **215**

Das bedeutet: Die Anderkontoabwicklung weicht immer auch an anderen Stellen von der sonstigen Routine des Vertragsvollzuges ab!

Diese Abweichungen können sein: **216**

- Sofortiger Besitzübergang nach Einzahlung auf dem Anderkonto (wobei dieser Punkt zugegeben den Vertragsvollzug im Notariat nicht ändert, weil der Besitzübergang nicht vom Notar veranlasst oder überwacht wird);
- Eintragung der Auflassungsvormerkung erst nach Einzahlung auf dem Anderkonto;
- Vollzug einer Löschung im Grundbuch nach Anderkontoeinzahlung aber vor Auflassung;
- Vollzug der Auflassung im Grundbuch nach Einzahlung auf dem Anderkonto, aber vor Auszahlung an Verkäufer und Treuhandgläubiger.

Einen Beispielsfall finden Sie in § 3 Rdn 5.

Welche Abweichungen von der üblichen Routine kommen, lässt sich für die Anderkontoabwicklung allgemein nicht sagen. Das hängt vom individuellen „Problem" ab, für welches die Anderkontoabwicklung zusätzliche Sicherheit bieten soll. **217**

> *Hinweis:*
>
> Entscheidend ist an dieser Stelle: Der Vertrag mit Anderkontoabwicklung weicht auch an anderen Punkten von der Routine ab und verlangt deswegen besondere Aufmerksamkeit.

F. Einreichung zum Grundbuchamt

Für die Grundbuchvorlage schreibt § 53 BeurkG vor, dass jede vollzugsfähige Urkunde unverzüglich eingereicht werden soll. „Unverzüglich" bedeutet dabei aber nicht „taggleich". Die Vorlage kann im allgemeinen Büroablauf vorbereitet werden, auch um eine sorgfältige fehlerfreie Bearbeitung sicherzustellen. Aber auch hier gilt der Vorrang von Einzelanwei- **218** sungen, etwa wenn ein Verkäufer schon von Vollstreckungsandrohungen gegen sich berichtet hat und eine Käufervormerkung wirklich sofort eingetragen werden muss.

219 Eine Verzögerung ist nur gestattet, wenn die Beteiligten gemeinsam etwas anderes anweisen. Von diesen Vorgaben wird in der Praxis regelmäßig jedenfalls beim Grundstückskauf (leicht) abgewichen. Erfahrungsgemäß sind (zum Beispiel) Löschungsbewilligungen mit Kaufpreiszahlung verwendbar, weil ab diesem Zeitpunkt die gestellte Treuhandauflage erfüllt ist. Gleichwohl werden Grundschuld-Löschungsbewilligungen nicht vorab isoliert eingereicht. Vielmehr werden sämtliche Löschungsbewilligungen im Regelfall zusammen mit dem Endvollzug der Auflassung eingereicht. Wegen der Grunderwerbsteuerzahlung liegt die Verzögerung darin ca. bei vier bis sechs Wochen. Entgegen § 53 BeurkG kann diese Praxis durchaus beibehalten werden. Es kann nämlich im Interesse des Verkäufers liegen, für den Fall des Scheiterns die eingetragenen Rechte beizubehalten, beispielsweise wenn eine neue Kreditaufnahme im Rahmen der Rückabwicklung des Vertrages erforderlich werden sollte.

220 Über eine isolierte Vorab-Löschung des Rechts ist in drei Fällen näher nachzudenken:

1. Immer jedenfalls dann, wenn die Kaufpreisfälligkeit nicht nur das Vorhandensein der Löschungsbewilligung im Notariat verlangt, sondern die Löschung des Rechts selbst. Dann muss aufgrund der übereinstimmenden Vollzugsanweisungen in der Urkunde die Löschung auch erfolgt sein; hierüber darf sich der Notar nicht hinwegsetzen.
2. Bei veräußerlichen dinglichen Rechten zugunsten von Privatpersonen (Hypothek, Grundschuld für Privatperson), wenn Anhaltspunkte dafür bestehen, dass die Löschungsbewilligung womöglich nicht mehr verwendbar sein könnte (durch zwischenzeitliche Insolvenz oder Abtretung an jemand anderen).
3. Bei Rücknahmeanträgen im Versteigerungsverfahren: Diese sollten vorab vorgelegt werden, weil ohnehin ein erheblicher Zeitraum zwischen dem Eingang aller Rücknahmeerklärungen beim Versteigerungsgericht und dem amtlichen Ersuchen dieses Gerichts an das Grundbuchamt auf Löschung des Versteigerungsvermerks vergeht. Die Aufhebung des Verfahrens erfolgt durch rechtsmittelfähigen Beschluss, sodass die Rechtsmittelfrist von einem Monat abgewartet werden muss, auch wenn dies sinnlos ist.

G. Vollzug außerhalb des Notariats

221 Trotz dieser vielfältigen Vollzugsakte laufen bei weitem nicht alle Abwicklungshandlungen über das Notariat. Außerhalb des Notariats finden beispielsweise statt

- die Besitzübergabe, insbesondere eine Schlüsselaushändigung;
- die Umstellung der Brand- und sonstigen Elementarschädenversicherungen bei den jeweiligen Versicherungsgesellschaften (oder der Ausspruch einer Kündigung gegenüber der bisherigen Versicherungsgesellschaft durch den Käufer);
- eine erforderliche Meldung an den Bezirksschornsteinfeger;
- die Übergabe der Mietkaution und eine Mitteilung neuer Kontoverbindungen an einen übernommenen Mieter;
- die Umstellung der Kontoverbindung an den Wohnungseigentumsverwalter zum Einzug des Hausgeldes (oder die Einrichtung eines neuen Dauerauftrages durch den Käufer);
- gegebenenfalls auch die Umstellung der Darlehensverträge bei übernommenen Krediten (was aber sowieso selten ist, vergleiche Rdn 169);
- die Umstellung der Grundsteuer (nicht Grunderwerbsteuer) als laufende Quartalszahlung nimmt die Gemeinde selbst vor. Interessant dabei: Die Gemeinde erlässt die Bescheide zu Jahresanfang aufgrund einer Sammelabfrage bei den Grundbuchämtern. Deswegen kann die Grundsteuer nicht unterjährig auf den Erwerber umgeschrieben werden. Die Vertragsparteien müssen sich diese Zahlungen gegebenenfalls erstatten.

H. Hinweise zur Grundschuld

I. Bedeutung der Grundschuld

Eng verzahnt mit dem Vollzug von Grundstückskaufverträgen ist der Vollzug von Grundschulden. Die Grundschuld ist das im Grundbuch eingetragene Recht, wonach der Inhaber (die Bank) die Immobilie (Grundstück, Erbbaurecht, Wohnungseigentum) versteigern kann, wenn der Kredit nicht zurückbezahlt wird. Die Grundschuld wird allein aufgrund der Bewilligung des Eigentümers im Grundbuch (dort Abt. III) eingetragen. Eine Annahmeerklärung der Bank ist dem Grundbuchamt für die Eintragung nicht nachzuweisen. **222**

Zwar werden auch isolierte Grundschulden zur Absicherung eines Kredits bestellt, aber häufig ist es gerade die Anschaffung der Immobilie, welche die Darlehensaufnahme (und als deren Folge die Absicherung durch eine Grundschuld) veranlasst.

Dem Grundstückskäufer wird im Kaufvertrag eine Vorwegbeleihungsvollmacht erteilt. Er wird allein durch die Unterzeichnung des Kaufvertrages noch nicht Grundstückseigentümer (und könnte – wenn es dabei bliebe – die Grundschuld noch nicht im Grundbuch eintragen lassen), bekommt aber vom Verkäufer eine entsprechende „Erlaubnis“ in Form der Vollmacht. Diese wiederum ist nur unter Beschränkungen erteilt, wie z.B. derjenigen, dass vorerst allein die Kreditaufnahme zur Kaufpreisfinanzierung gestattet wird. Deswegen ist der Standardbaustein einer Finanzierungsvollmacht sehr umfangreich. Rechtlich geht die Finanzierungsgrundschuld (vorerst noch) vom Verkäufer aus, auch wenn sie allein im Interesse des Käufers bestellt wird, dieser allein den Kredit aufnimmt und beispielsweise die Bank aussucht. Darum taucht der Verkäufer auch im Eingang der Urkunde auf und wird (als Vertretener) in der Urkundenrolle genannt. **223**

II. Grundschuld als zu vollziehende Urkunde

Die Grundschuld ist im Verhältnis zum Kauf ein **gesonderter Rechtsakt**, der für sich vollzogen werden muss und ggf. eigenen Genehmigungserfordernissen unterliegt. Allerdings sind die Genehmigungserfordernisse bei Grundschulden weniger zahlreich. An folgende muss immer noch gedacht werden: **224**

- Erfordernis der betreuungsgerichtlichen Genehmigung beim Betreuerverkauf;
- Ehegattenzustimmung gemäß § 1365 BGB;
- Eigentümerzustimmung bei Beleihung eines Erbbaurechts;
- Nacherbenzustimmung, jedenfalls bei der Beleihung durch einen nicht befreiten Vorerben;
- Genehmigung der Gemeinde im Umlegungs- oder Sanierungsgebiet.

Es entfallen die Verwaltergenehmigung nach WEG, die Genehmigung nach GrdstVG sowie (soweit nach Landesrecht bestehend) Teilungsgenehmigungen.

Soweit eine **Genehmigungspflicht** besteht, muss die Genehmigung für die Grundschuld zusätzlich zum Kauf eingeholt werden. Die Genehmigung des Kaufs deckt die Bestellung der Grundschuld nicht automatisch ab. Natürlich könnte aber der Entwurf der Genehmigung gleich so gefasst werden (durch Nennung beider Urkunden im Text), dass die Erklärung sich auf beides bezieht. **225**

Es kann dazu auf die Darstellung beim Kauf verwiesen werden; nur einige Abweichungen und Ergänzungen sind zu erwähnen.

III. Besonderheiten beim Vollzug

1. Vollmachtlose Vertretung

Hat für den Verkäufer bei der Beurkundung des Kaufvertrages ein vollmachtloser Vertreter gehandelt und dieser dem Käufer eine übliche Finanzierungsvollmacht erteilt, so wird die Finanzierungsvollmacht mit Rückwirkung wirksam, wenn der Verkäufer den Kaufvertrag genehmigt. Aufgrund der Rückwirkung ist dann auch die Finanzierungsgrundschuld ge- **226** deckt, und zwar selbst dann, wenn die Bestellung der Grundschuld rein zeitlich gesehen vor der Erteilung der Genehmigung beurkundet wurde. Eine zusätzliche ausdrückliche Genehmigung auch der Grundschuld schadet nicht, ist aber nicht erforderlich. Die Grundschuld muss deswegen nicht ausdrücklich zusätzlich genehmigt werden.

227 Davon zu unterscheiden ist der Fall, dass die Grundschuld für sich genommen von einem vollmachtlosen Vertreter beurkundet wird, etwa weil der Kauf versehentlich oder aufgrund eines vorschnellen Verzichts des Käufers keine Finanzierungsvollmacht enthielt. Das ergibt sich aus dem Urkundseingang, indem bei der Grundschuld der Auftretende als „*vorbehaltlich Genehmigung handelnd für* (...)“ beschrieben wird. In dieser Gestaltung ist zur Grundschuld die Genehmigung des Vertretenen erforderlich.

2. Verkauf durch Betreuer (und parallele Fälle)

228 Beim **Betreuerverkauf** bedarf die Bestellung der Grundschuld (also das nachfolgende Ausnutzen der Finanzierungsvollmacht) erneut der betreuungsgerichtlichen Genehmigung, selbst wenn die Finanzierungsvollmacht des Käufers als Teil des Kaufvertrages schon vom Betreuungsgericht genehmigt wurde. Diese Genehmigung ist gesondert zu beantragen. Für die Vertragsgestaltung und den Vollzug ist es deswegen beim Betreuerverkauf noch dringlicher als beim normalen Verkauf, die Grundschuld unmittelbar im Anschluss an den Kauf, also eine Urkunde danach, zu beurkunden, um beide Genehmigungsverfahren zeitgleich durchführen zu können. Allerdings lässt sich eine Nachlässigkeit des Käufers mit der Beibringung seiner Unterlagen zur Kreditsicherung in der Ausfertigung nicht mehr korrigieren.

229 Die Genehmigung des Betreuungsgerichts muss ebenfalls mit Rechtskraftvermerk versehen sein. Für den Entgegennahmevermerk reicht aber die Eingangsbestätigung des Notars: Weil dem Grundbuchamt sowieso keine Erklärung der Bank nachgewiesen werden muss, braucht auch keine Weiterleitung an diese nachgewiesen zu werden. Deswegen enthält die Grundschuld auch keine Doppelvollmacht.

3. Besonderheiten beim Vertragsobjekt

a) Miteigentumsanteile

230 Eine Grundschuld kann auch an einem **Miteigentumsanteil** von Grundstück/Wohnungseigentum/Erbbaurecht eingetragen werden (nicht aber am Grundstücksanteil eines Miterben oder eines Gesellschafters einer GbR), allerdings nur dann, wenn der Miteigentumsanteil so, wie er beliehen werden soll, im Zeitpunkt der Eintragung der Grundschuld gebildet ist. Ein Alleineigentümer kann also nicht einen Miteigentumsanteil von $^1/_2$ mit einer Grundschuld beleihen, ein Miteigentümer zu $^1/_2$ nicht von diesem Anteil nur die Hälfte (d.h. $^1/_4$ bezogen auf das Gesamteigentum). Der Miteigentumsanteil muss zuvor mit genau dieser Quote gebildet sein; eine künftige Quote genügt nicht, selbst wenn der Kauf beurkundet wurde und eine Vormerkung im Grundbuch eingetragen ist. Nun werden separate Miteigentumsanteile (allein) kaum mit Grundschulden beliehen, weil sie nicht werthaltig sind (wer würde ein halbes Haus kaufen oder ersteigern) und die Banken sie als Sicherheit nicht akzeptieren. Das Problem stellt sich aber beim Verkauf eines Grundstücks mitsamt eines Miteigentumsanteils am Privatweg (oder beim Verkauf einer Eigentumswohnung mitsamt Miteigentumsanteil an der Tiefgarage). Ist der Miteigentumsanteil bereits gebildet, kann auch die Grundschuld sofort eingetragen werden. Es ergeben sich keine Besonderheiten beim Grundbuchvollzug.

231 Wird der Miteigentumsanteil aber erst gebildet, kann daran die Grundschuld nicht sofort eingetragen werden.

> *Beispiel:*
>
> Verkäufer verkauft Bauplatz mit $^1/_2$ Miteigentumsanteil am Zuweg in seinem Eigentum; den weiteren $^1/_2$-Anteil am Zuweg benötigt er für einen zweiten erschlossenen Bauplatz.

Ein umfassender sofortiger Vollzugsantrag würde zurückgewiesen. Der Vollzug kann zwar sofort für den Bauplatz beantragt werden, die Ausdehnung auf den Miteigentumsanteil am

Weg (durch Pfanderstreckung) geht aber erst nach der Auflassung. Hier muss im Zusammenhang mit dem Vollzug der Auflassung an den Antrag zu Ergänzungen der Grundschuld gedacht werden.

b) Teilflächenverkauf

Beim Messungskauf kann die Grundschuld an der Teilfläche erst nach der Vermessung und 232
der Übernahme des Fortführungsnachweises in das Grundbuch eingetragen werden. Erst dann ist das Grundstück als rechtlich selbstständig gebildet. Bis dahin können nur die Ansprüche auf Eigentumsverschaffung verpfändet werden. Dies wird im Grundbuch bei der Vormerkung vermerkt, weswegen die Praxis von der „*Verpfändung der Auflassungsvormerkung*" spricht.

Zu ihrer Wirksamkeit muss die Verpfändung dem Verkäufer angezeigt werden. Diese Anzei- 233
ge hat mit der Finanzierungsvollmacht nichts zu tun. Der Verkäufer wird angeschrieben, weil er die Eigentumsübertragung schuldet. Ihm wird dabei die Grundschuld zugesandt. Eine Äußerung des Verkäufers ist dabei nicht erforderlich. Er kann die Verpfändung nicht abwehren oder ihr widersprechen. Weil aber die Anzeige zwingendes gesetzliches Erfordernis ist, wird der Verkäufer üblicherweise um eine Empfangsbestätigung gebeten.

> *Hinweis:*
>
> In diesen Fällen auf eine eher kurze Wiedervorlage (von ca. zwei Wochen) achten, um beim Ausbleiben der Empfangsbestätigung den Zugang zu kontrollieren. Sonst hat die Bank keine Sicherheit, auch wenn die Verpfändung im Grundbuch bei der Vormerkung vermerkt worden sein sollte!

4. Finanzierungsgrundschuld des Ersteigerers

Verkauft der Vollstreckungsschuldner aus der Versteigerung heraus, kann er im üblichen 234
Verfahren dem Käufer eine Finanzierungsvollmacht erteilen; die Grundschuld wird auch anstandslos eingetragen. Der eingetragene Versteigerungsvermerk hindert die Eintragung gerade nicht. Die Grundschuld würde zwar bei einer weiteren Durchführung des Versteigerungsverfahrens mit dem Zuschlag wieder entfallen, der Kaufvertrag sieht aber gerade den Abbruch der Versteigerung vor, sodass diese Überlegung nur theoretischer Natur ist.

Anders liegt es, wenn das Grundstück nicht freihändig verkauft, sondern bis zum **Zuschlag** 235
versteigert wird und der Ersteigerer die Grundschuld bestellt.

Hier gilt: Dem Ersteigerer kann keine Finanzierungsvollmacht erteilt werden. Der Vollstreckungsgläubiger ist hierzu nicht befugt; der Eigentümer als Vollstreckungsschuldner wäre zwar berechtigt, wirkt aber an nichts mit. Also kann der Ersteigerer die Grundschuld vorab beurkunden; sie wird jedoch erst später im Grundbuch eingetragen, nämlich dann, wenn das Vollstreckungsgericht das Versteigerungsverfahren endgültig abschließt und das Grundbuchamt um die Eintragung des Ersteigerers als neuen Eigentümer ersucht.

Es gibt für die Bank aber einen gewissen Schutz: Die Grundschuld kann selbst bei noch ausstehendem Vollzug des Zuschlags im Grundbuch dem Grundbuchamt vorgelegt werden. Das Grundbuchamt darf dann die Eintragung der Grundschuld nicht zurückweisen, selbst wenn der Vollzug auf unabsehbare Zeit nicht stattfinden kann. Die Urkunde liegt beim Grundbuchamt im Grundakt „auf Halde". Deswegen ist es wichtig, bei einer Grundschuld des Ersteigerers eben nicht den Zuschlag abzuwarten (den teilt auch niemand dem Notariat mit), sondern unter Hinweis auf die Versteigerungssituation (wenn nicht schon in der Urkunde enthalten) sofort vorzulegen!

5. Erteilung der vollstreckbaren Ausfertigung

Im Vollzug ist weiter zu beachten, welches Kreditinstitut wann eine vollstreckbare Ausfer- 236
tigung der Grundschuld haben möchte. Weil nach einem Verlust nicht einfach so eine neue vollstreckbare Ausfertigung erteilt werden darf (siehe § 1 Rdn 32), müssen die Vorgaben der

Banken beachtet werden, um die Schwierigkeiten beim Abhandenkommen zu vermeiden. Diese Vorgaben sind Geschäftspolitik der jeweiligen Bank und für den einzelnen Notar nicht zu ändern.

> *Praxistipp:*
>
> Fertigen Sie sich für die regelmäßig beteiligten Banken eine Liste an. Bei unbekannten Banken (oder Versicherungen) lesen Sie den Notarauftrag und die Ausfertigungsanweisung sorgfältig durch.

Die Grundschulden selbst sind zur Erteilung der vollstreckbaren Ausfertigung sehr komplex und ineinander verschachtelt formuliert; daraus lässt sich ein vorläufiger Verzicht auf die vollstreckbare Ausfertigung fast nicht erschließen.

Die meisten Kreditinstitute wünschen die vollstreckbare Ausfertigung, die später ggf. Grundlage der Versteigerung sein soll, nach der Beurkundung, und zwar zum Teil sofort nach der Beurkundung, zum Teil nach der Eintragung der Grundschuld. Jedenfalls wird von der Mehrzahl der Banken weder eine konkrete Zwangsversteigerungsabsicht noch ein Verzug des Schuldners mit der Darlehensrückzahlung abgewartet, bevor sie die vollstreckbare Ausfertigung verlangen.

237 Einige wenige Kreditinstitute wünschen aber eine vollstreckbare Ausfertigung tatsächlich erst dann, wenn der Krisenfall eingetreten ist, und dann auch nur auf gesonderte Anforderung. Diesen Instituten darf die vollstreckbare Ausfertigung dann nicht gleich nach der Beurkundung zugeschickt werden! Da die Ausfertigungsanweisungen in den Grundschuldurkunden häufig sehr versteckt sind, legen Sie sich am besten eine Liste dieser Banken an.

238 Zum Hintergrund: Diese letztgenannten Institute haben ihren internen Geschäftsablauf vollständig auf EDV umgestellt. Der gesamte eingehende Schriftverkehr wird gescannt und digital archiviert, die Schriftstücke nach dem Scan vernichtet. Deswegen können diese Institute mit der vollstreckbaren Ausfertigung nichts anfangen. Das Dokument würde nach seinem Eingang sofort geschreddert, sodass die Bank im Krisenfall im dafür vorgesehenen (beschwerlichen) Verfahren zunächst eine zweite vollstreckbare Ausfertigung beantragen müsste. Wenn eine solche Bank dann tatsächlich eine vollstreckbare Ausfertigung anfordert, ist diese beispielsweise mit einem besonderen farbigen Vorblatt zurückzuschicken, welches gegenüber der Poststelle ein Schredderverbot für die Papierausfertigung ausspricht.

6. Vollstreckungsunterwerfung/Grundschuld aufgrund Unterschriftsbeglaubigung

239 Ein weiterer Hinweis zum Verständnis der Grundschuld: Die Vollstreckung aus der Grundschuld und damit die Erteilung einer vollstreckbaren Ausfertigung hängt nicht nur am dinglichen Recht, das im Grundbuch eingetragen wird, sondern an der Zusatzerklärung der **Vollstreckungsunterwerfung**, die etwa lautet:

> *Formulierungsbeispiel: Dingliche Vollstreckungsunterwerfung*
>
> Der Besteller unterwirft sich wegen vorstehender Grundschuld der sofortigen Zwangsvollstreckung aus dieser Urkunde mit der Maßgabe, dass die Vollstreckung gegen den jeweiligen Eigentümer zulässig sein soll.

240 Enthält die Grundschuld eine solche Vollstreckungsunterwerfung nicht, wie es gelegentlich bei Bausparkassen oder bei nachrangig einzutragenden Grundschulden vorkommt, kann von dieser Grundschuld auch nie eine vollstreckbare Ausfertigung erteilt werden. Typischerweise erkennt man das beim Vollzug daran, dass die Grundschuld nicht beurkundet, sondern lediglich unterschriftsbeglaubigt wurde: Die Beteiligten versuchen, die Gebührenersparnis einer Unterschriftsbeglaubigung ohne Entwurf in Anspruch zu nehmen.

> *Praxistipp:*
>
> Von unterschriftsbeglaubigten Grundschulden keine Ausfertigungen, sondern allenfalls beglaubigte Abschriften erteilen.

Die Genehmigungserfordernisse bestehen aber dessen ungeachtet für alle Grundschulden in gleicher Weise.

I. Überblick über aufzubewahrende Dokumente

I. Vorlage an das Grundbuchamt

Ihre eigene Büroroutine sollten Sie auch bei der Frage beachten, welche Dokumente im Original und welche in beglaubigter Abschrift an das **Grundbuchamt** gegeben werden. Sicher ist, dass diejenigen Dokumente, deren Original zwingend in der Urkundensammlung aufbewahrt werden müssen, immer nur in beglaubigter Abschrift oder Ausfertigung an das Grundbuchamt gehen dürfen. Bei anderen Dokumenten ist die Frage aber offen. Dies betrifft beispielsweise die von extern kommenden Genehmigungen, Löschungsbewilligungen und sonstigen Erklärungen, Vorkaufsrechtzeugnis oder auch Unbedenklichkeitsbescheinigung des Finanzamts. 241

Hier bestehen nach meinem Eindruck unterschiedliche Routinen, die sämtlich zulässig sind. In einzelnen Notariaten wird das Negativzeugnis zum Vorkaufsrecht und Unbedenklichkeitsbescheinigung im Original an das Grundbuchamt gegeben, teils wird das Original des gemeindlichen Vorkaufsrechtzeugnisses zurückbehalten und das Grundbuchamt erhält eine beglaubigte Abschrift. Zulässig wäre sogar, lediglich von der Unbedenklichkeitsbescheinigung eine beglaubigte Abschrift an das Grundbuchamt weiterzureichen, eine Praxis, von der offenbar wenig Gebrauch gemacht wird. Ein Zwang zur Vorlage in Ausfertigung besteht lediglich bei Erbscheinen und Testamentsvollstreckerzeugnissen (nicht bei Vollmachten). Hier ist darauf zu achten, dass die Ausfertigung nach Vollzug zurückgegeben wird. Zwingend im Original vorzulegen sind auch erteilte Grundschuld- und Hypothekenbriefe. Auch diese sind nach Vollzug zurückzuverlangen, sofern nicht eine vollständige Löschung des Rechts beantragt wird. 242

II. Verwahrung der Dokumente in der Urkundensammlung

Die maßgebliche Rechtsgrundlage für die Aufbewahrung von **Urschriften**, aber auch von Dokumenten, die bei der Urschrift aufzubewahren sind, findet sich in der NotAktVV: 243

§ 31 NotAktVV: Urkundensammlung

(1) In der Urkundensammlung sind zu verwahren

1. bei Niederschriften über eine Verfügung von Todes wegen
   a) eine beglaubigte Abschrift, wenn die Beteiligten dies wünschen, und
   b) ein Ausdruck der Bestätigung oder der Bestätigungen über die Registrierung im Zentralen Testamentsregister,
2. bei sonstigen Niederschriften, die in das Urkundenverzeichnis einzutragen sind, die Urschrift,
3. bei elektronischen Niederschriften im Sinne des § 16b des Beurkundungsgesetzes, ein beglaubigter Ausdruck des elektronischen Dokuments,
4. bei Vermerken im Sinne des § 39 des Beurkundungsgesetzes, die in das Urkundenverzeichnis einzutragen sind,
   a) die Urschrift, wenn diese in notarieller Verwahrung verbleibt,
   b) eine Abschrift, wenn die Urschrift ausgehändigt wird und der Notar die Urkunde entworfen hat,
   c) in den übrigen Fällen nach Ermessen des Notars eine Abschrift,
5. bei einfachen elektronischen Zeugnissen im Sinne des § 39a des Beurkundungsgesetzes, die in das Urkundenverzeichnis einzutragen sind,
   a) ein beglaubigter Ausdruck des elektronischen Dokuments, wenn dieses in notarieller Verwahrung verbleibt,

b) ein Ausdruck des elektronischen Dokuments, wenn dieses ausgehändigt wird und der Notar die Urkunde entworfen hat,
c) in den übrigen Fällen nach Ermessen des Notars ein Ausdruck des elektronischen Dokuments,

6. bei Vollstreckbarerklärungen nach § 796c Absatz 1 der Zivilprozessordnung die Urschrift mit der Urschrift des Vergleichs,
7. bei Vollstreckbarerklärungen nach § 1053 Absatz 4 der Zivilprozessordnung die Urschrift mit einer beglaubigten Abschrift des Schiedsspruchs,
8. bei Einigungen, Abschlussprotokollen, Vertragsbeurkundungen und Vertragsbestätigungen nach § 96 Absatz 3 Satz 1 und Absatz 5 Satz 2, § 98 Absatz 2 Satz 1 und § 99 Satz 1 des Sachenrechtsbereinigungsgesetzes die Urschrift.

(2) Die Urkundensammlung ist nach der Reihenfolge der Eintragungen im Urkundenverzeichnis zu ordnen.

(3) Nachweise für die Vertretungsberechtigung, die nach § 12 Absatz 1 des Beurkundungsgesetzes der Niederschrift beigefügt werden sollen, werden der Urschrift beigefügt und mit ihr in der Urkundensammlung verwahrt. Nachweise für die Vertretungsberechtigung, die nach § 16d des Beurkundungsgesetzes der elektronischen Niederschrift beigefügt werden sollen, werden dem in der Urkundensammlung verwahrten beglaubigten Ausdruck der elektronischen Niederschrift in Urschrift oder in beglaubigter Abschrift beigefügt und mit ihm in der Urkundensammlung verwahrt.

(4) Einem in der Urkundensammlung verwahrten Dokument können andere Urschriften oder Unterlagen beigefügt und mit ihm verwahrt werden, wenn
1. diese mit dem verwahrten Dokument inhaltlich derart zusammenhängen, dass das verwahrte Dokument ohne die anderen Urschriften oder Unterlagen nicht in zweckdienlicher Weise verwendet werden kann, oder
2. sie für die Rechtswirksamkeit oder die Durchführung des beurkundeten Rechtsvorgangs bedeutsam sind.

(5) Anstelle der Urschrift ist eine Ausfertigung oder eine beglaubigte Abschrift in der Urkundensammlung zu verwahren, wenn nach dem Beurkundungsgesetz die Ausfertigung oder die beglaubigte Abschrift an die Stelle der Urschrift tritt. Anstelle eines beglaubigten Ausdrucks der elektronischen Urschrift ist eine Ausfertigung oder eine beglaubigte Abschrift in der Urkundensammlung zu verwahren, wenn nach dem Beurkundungsgesetz die elektronische Fassung einer Ausfertigung oder einer beglaubigten Abschrift an die Stelle der elektronischen Urschrift tritt und die Verwahrung eines beglaubigten Ausdrucks der elektronischen Urschrift nicht möglich ist.

244 Sonstige Dokumente regelt Abs. 4 Nr. 2. Bei der Urschrift können also Genehmigungen (auswärtige Nachgenehmigungen, betreuungsgerichtliche Genehmigung, behördliche Genehmigung) aufbewahrt werden. Behördliche Bescheinigungen wären etwa das Vorkaufsrechtszeugnis, obwohl in einigen Notariaten das Original des Negativzeugnisses an das Grundbuchamt weitergegeben wird. Selbst das funktioniert reibungslos.

III. Urkunde – Nebenakten, Hinweise zur Aktenauflösung

245 *Zur Vertiefung:*

Kersten, Büroorganisation, 2. Aufl., § 1 Rn 120.

Beim Auflösen der Akte ist fraglich, ob sie einzelne Erklärungen zur **Urschrift** (Ergebnis: dauerhafte Aufbewahrung) oder in die **Nebenakte** geben (mit der Folge der regelmäßigen Vernichtung nach Ablauf der Aufbewahrungsfrist). Die gesetzlichen Vorgaben enthalten nur rudimentäre Vorschriften.

246 Als Leitlinie sollte gelten: Alles das, wozu möglicherweise auch nach Jahren noch Nachfragen kommen könnten, ist bei der Urschrift aufzubewahren. Dies betrifft beispielsweise sämtliche Erklärungen, die zur Darlegung der Wirksamkeit der Urkunde maßgeblich sind (insbesondere Genehmigungen) und gerade beim Kaufvertrag diejenigen Urkunden oder Dokumente, welche die Kaufpreiszahlung belegen. Das sind die Zahlungsquittung des Verkäufers selbst ebenso wie die Treuhandauflagen. Meines Erachtens ist dabei schon nicht einmal so sehr die Erfüllungsbestätigung der Banken maßgeblich, als vielmehr die ursprüngliche Treuhandauflage selbst, weil sich erst und nur hieraus ergibt, an wen das Geld überhaupt geflossen ist. Dementsprechend ist das Entlassungsschreiben der Bank typischerweise ohne Aussagekraft. Eine abschriftweise Aufbewahrung auch der Löschungsbewilligungen selbst (im Rahmen der Lastenfreistellung) scheint mir demgegenüber nicht erforderlich zu sein. Wenn die Vollzugsmitteilung aufbewahrt wird, aus der sich die Löschung des Rechts ergibt, ist die der Löschung zugrundeliegende Bewilligungserklärung ohne jedes Erkenntnisinteresse.

Nur im Notariat vorhanden sind auch Haftentlassungen, Schuldübernahmegenehmigungen und Nichtausübungserklärungen von Vorkaufsrechten, wenn das Recht als solches für weitere Verkaufsfälle fortbestehen soll. 247

Andere Dokumente, die insbesondere auch noch beim Grundbuchamt auffindbar wären, können demgegenüber vernachlässigt werden. Meines Erachtens bestehen beispielsweise keine Bedenken, das Vorkaufsrechtszeugnis der Gemeinde im Original an das Grundbuchamt zu geben, ohne eine Kopie in den eigenen Unterlagen zu verwahren. 248

Der spätere Zahlungsnachweis hat in Einzelfällen sogar in Prozessen eine Rolle gespielt, deswegen sollten diese Belege auch über die Aufbewahrungsfrist von Nebenakten hinaus dauerhaft greifbar sein.

Als Checkliste mag dienen: 249

Checkliste:

1. **Sofort bei Beurkundung beizufügen sind:**
   - **1.1** Anlagen und Pläne, auf die in der Urkunde verwiesen wird – vgl. § 9 Abs. 1 S. 2 BeurkG (dazu gehören auch die „Weiteren Bestimmungen“ von Grundpfandrechten i.S.v. § 14 BeurkG)
     Erste Ausnahme: Urkunden und Pläne, auf die nach § 13a BeurkG verwiesen wird (falls in der Urkunde ein Verzicht auf Beifügung erklärt ist)
     Zweite Ausnahme: Schriftstücke (notarielle oder privatschriftliche), auf die in der Urkunde Bezug genommen wird.
     Bitte die Bedeutung der Begriffe beachten: Verweisen bedeutet, dass das betreffende Schriftstück zum Urkundsinhalt gehört. Schriftstücke, auf die verwiesen wird, müssen nach § 9 Abs. 1 S. 2 BeurkG der Urkunde beigefügt (und vorgelesen bzw. zur Durchsicht vorgelegt) werden oder es muss nach § 13a BeurkG verfahren werden, falls dessen Voraussetzungen vorliegen. Bezug nehmen bedeutet nur eine Erläuterung des Urkundeninhalts; solche Schriftstücke müssen nur beigefügt werden, wenn dies in der Urkunde steht.
   - **1.2** Alle bei Beurkundung vorliegenden Vollmachten, Genehmigungen, Bestallungsurkunden etc., und zwar – im Original bzw. Ausfertigung, falls von den Beteiligten nicht mehr benötigt, – sonst in beglaubigter Abschrift.
   - **1.3** Alle sonstigen Schriftstücke, die laut Urkundentext der Urkunde zu Beweiszwecken (= Bezugnahme, s.o.) beigefügt sind, z.B. Kopie Freistellungsverpflichtung der Globalgläubigerin nach § 3 MaBV.
2. **Nachträglich während des „Vollzugs“ beizufügen sind:**
   - **2.1** Feststellungen zur Personenidentität aufgrund nachgereichter Ausweise.
   - **2.2** Vertretungsbescheinigungen nach § 21 BNotO.
   - **2.3** Nachträglich vorgelegte Genehmigungen, die zur Rechtswirksamkeit oder zum Vollzug nötig sind,
     - von Vertragsbeteiligten,
     - von sonstigen privaten Dritten, z.B. Verwalter nach WEG, Grundstückseigentümer bei Verkauf/Beleihung von Erbbaurecht,
     - von Behörden, z.B. genehmigt nach GrdstVG, GVO, Teilungsgenehmigung nach § 19 BauGB etc.,

- von Betreuungs- oder Nachlassgericht,
- Negativatteste, Nichtausübungserklärungen zu Vorkaufsrechten, gesetzlichen Vorkaufsrechten, und zwar gleich, ob zum Vollzug nötig (z.B. Vorkaufsrecht der Gemeinde nach BauGB) oder nicht zum Vollzug nötig (z.B. Vorkaufsrecht des Landratsamts nach BayNatSchG),
- privatrechtlichen Vorkaufsrechten,
- „rote Zettel“ = Kaufpreisempfangsbestätigung des Verkäufers,
- sonstige Schriftstücke, die zur Rechtswirksamkeit von Verträgen nötig sind, Hauptfall: Nachweis aufschiebender Bedingungen, z.B. Grundstückskauf wird vereinbarungsgemäß erst wirksam, wenn Baugenehmigung erteilt ist; dann ist die Kopie der Baugenehmigung beizufügen (notfalls auch schriftliche Erklärung der Vertragsteile, dass sie vorliege).
- Auflagen und Zahlungsbestätigungen,
- Vollzugsmitteilungen,
- des Grundbuchamts (wenn Vollzugsmitteilungen zu mehreren Urkunden, dann Kopie zu jeder davon; Ausnahme: Massenbeurkundungen, z.B. Straßengrundabtretung, dann aber Hinweis auf Urkunde, wo Vollzugsmitteilungen sich befinden),

2.4 Kostenrechnung für Urkunde

2.5 Sonstige wesentliche Schriftstücke, die länger als 7 Jahre aufbewahrt werden sollten. Ggf. Rücksprache.
Z.B.:
- Anweisung von Beteiligten, eine Urkunde nicht zu vollziehen;
- Anzeige eines Vertrages an einen Vorkaufsberechtigten, wenn dieser sich innerhalb der Ausübungsfrist nicht gerührt hat (samt Zustellungsnachweis);
- sonstige von uns vorgenommene Anzeigen, ggf. samt Rückscheinen, z.B. Abtretungsanzeigen o.ä.

2.6 Vorlage an Gerichte, Behörden etc.
Soweit die vorbezeichneten Schriftstücke an Grundbuchamt, Registergericht, Behörden etc. vorzulegen sind, immer nur in Abschrift (beglaubigt, falls gesetzlich nötig, z.B. § 29 GBO).

3. Nicht beizufügen sind: Alle sonstigen Schriftstücke, darunter auch die „UB“ des Finanzamtes

4. Nachträge zu Urkunden, z.B.: Messungsanerkennung

4.1 Urkundensammlung:
Aufbewahrung rechtlich möglich bei Haupturkunde oder getrennt unter der UVZ-Nr. des Nachtrags

4.2 Urkundenrolle
über die EDV bei „Bemerkung“ erfolgen. Falls Haupturkunde nicht mehr im lfd. Monat ist, Eintrag von Hand in der Bemerkungsspalte.

4.1 Bei Nachträgen zu Urkunden:

4.1.1 Bei Nachtrag vermerken, dass Original bei Vorurkunde verwahrt, und zwar
- falls Nachtrag im laufenden Monat: Eingabe in EDV als „*verwahrt bei* …“
- falls Nachtrag in abgeschlossenem Monat: selbe Eintragung von Hand in Urkundenrolle eintragen.

4.1.2 Bei Vorurkunde auf Nachtrag hinweisen, und zwar
- falls Vorurkunde im laufenden Monat: über Bewertungsprogramm bei Bemerkungen: Nachtrag UVZ-Nr. (...)/(...)
- falls Nachtrag in abgeschlossenem Monat: selbe Eintragung von Hand in Urkundenrolle eintragen.

5. **Behandlung der Urkundenoriginale bzw. (beglaubigter) Abschrift für Sammlung**
   Was kommt in die Sammlung?
   5.1 Grundsätzlich kommen die Originale in die Sammlung.
   5.2 Ausnahmen:
   5.2.1 Von im Original abgelieferten Urkunden, z.B. Testamente, kommt die beglaubigte Abschrift in die Sammlung.
   5.2.2 Von Erklärungen mit Unterschriftsbeglaubigung
   - wenn Entwurf von uns, dann beglaubigte Abschrift in Sammlung,
   - wenn ohne Entwurf, dann einfache Abschrift als Vermerkblatt in Sammlung.

   Was kommt an die Originale bzw. beglaubigte Abschriften für Sammlung?
   5.3 Vollzugsmitteilungen von Grundbuchamt bzw. Registergericht an betreffende Urkunde heften.
   5.3.1 Bei Nachträgen Vollzugsmitteilungen an Vorurkunde heften.
   5.3.2 Bei mehreren Urkunden, z.B. Kauf und Grundschuld,
   - Vollzugsmitteilungen an eine (die wichtigste) Urkunde heften und bei allen anderen betroffenen Urkunden (gilt z.B. auch für Lastenfreistellungserklärungen etc.) auf der ersten Seite der Urkunde oben rechts vermerken: Vollzugsmitteilungen siehe UVZ-Nr. (...)/(...)
   - In geeigneten Fällen, können stattdessen auch Kopien der Vollzugsmitteilungen an alle betroffenen Urkunden geheftet werden.

   5.4 Vollständigkeit der Originalurkunden prüfen.
6. **Nebenakte**
   6.1 Durchsehen, ob alles in zeitlicher Reihenfolge von hinten nach vorne in der Nebenakte ist. Falls nein, zeitlich richtig sortieren. Eingänge nach Eingangsstempel, Ausgänge nach unserem Datum. Dies betrifft vor allem Schriftstücke, die man bisher lose in der Akte hatte, weil sie wichtig waren, z.B. Zwischenverfügungen, aber auch Grundbucheinsichten.
   6.2 UVZ-Nr. oben links auf erstem Blatt vermerken.
   6.3 Kalenderjahr, in dem Nebenakte vernichtet werden kann, deutlich in Rot vermerken. 7 Jahre, nach dem letzten Vorgang, also 7 Jahre nach dem Eingang oder Absendung des letzten Schreibens in der Sache oder nach dem letzten Telefonat in der Sache. Beispiel: VM versandt 1995, dann Nebenaktenvernichtung in 2003.
7. **Wiedervorlagen löschen**

§ 3 Wissensüberprüfung

Aufgabe 1a 1

Nachfolgender Kaufvertrag, der hier auszugsweise wiedergegeben ist, wurde beurkundet und Ihnen zur Ausfertigung auf den Tisch gelegt.

Vervollständigen Sie den Vollzugsbogen, soweit es Ihnen nach den Angaben möglich ist, und fertigen Sie die erforderlichen Anschreiben.

▼

Muster 3.1: Kaufvertrag

UVZ-Nr. 345/2023/V

Frü

Kaufvertrag

Heute, den fünfzehnten Juni zweitausenddreiundzwanzig

erschienen vor mir,

Michael Volmer,

Notar in Obernburg a. Main,

in meinen Amtsräumen in Obernburg, Römerstraße 6 a:

1. Herr Dieter **Mayer**,
   Berufsbetreuer,
   geboren am 15.8.1962 in Dessau,
   wohnhaft in 63933 Mönchberg, Waldweg 5,
   ausgewiesen durch seinen Bundespersonalausweis,
   hier handelnd aufgrund des heute in Urschrift vorliegenden und dieser Urkunde in beglaubigter Abschrift beigefügten Betreuerausweises für
   Frau Hannelore **Trauner**, Zahnarzthelferin,
   geboren am 18.2.1957,
   wohnhaft in 63863 Eschau-Hobbach, Birkenweg 5,
   unverheiratet;
2. Herr Giuseppe **Amoroso**,
   Arbeiter,
   geboren am 15.10.1958 in Catania/Italien,
   wohnhaft in 63863 Eschau-Hobbach, Teichweg 8,
   nach Angabe unverheiratet,
   ausgewiesen durch seinen italienischen Reisepass
   Ihren bei gleichzeitiger Anwesenheit vor mir abgegebenen Erklärungen gemäß, beurkunde ich nach Grundbucheinsicht auf Ansuchen, was folgt:

§ 1 Grundbuch- und Sachstand

Im Grundbuch des Amtsgerichts Obernburg für Hobbach Band 22 Blatt 1434 ist Frau Hannelore Trauner als Alleineigentümerin des folgenden Grundbesitzes vorgetragen:

Gemarkung Hobbach

lfd.Nr. 1 Flst.Nr. 143 – 0,0180 ha Stadtweg 49.

Der Grundbesitz ist im Grundbuch wie folgt belastet:

- Abteilung II: keine Rechte.
- Abteilung III: Buchgrundschuld für die Sparkasse Miltenberg-Obernburg.

Der Eigentümer beantragt hiermit die Löschung der vorbezeichneten Grundschuld Zug um Zug gegen Vorlage der Löschungsbewilligung.

§ 2 Veräußerung

Frau Hannelore Trauner

– im Folgenden „der Verkäufer" genannt –

verkauft das in § 1 bezeichnete Vertragsobjekt mit allen Rechten und dem gesetzlichen Zubehör

an

Herrn Giuseppe Amoroso

– im Folgenden „der Käufer" genannt –

zum Alleineigentum.

Neben dem gesetzlichen Zubehör sind keine beweglichen Gegenstände, insbesondere auch kein Inventar mitverkauft, wohl aber etwa vorhandene Brennstoffvorräte.

§ 3 Vormerkung

Zur Sicherung des Anspruchs des Käufers auf Übertragung des Eigentums an dem Vertragsobjekt bewilligt der Verkäufer und beantragt der Käufer zu dessen Gunsten eine

Vormerkung

gemäß § 883 BGB an dem in § 1 bezeichneten Grundbesitz ohne weitere Voraussetzungen an nächstoffener Rangstelle in das Grundbuch einzutragen. Der Käufer bewilligt und beantragt, die Vormerkung bei der Eigentumsumschreibung wieder zu löschen, vorausgesetzt, dass nachrangig keine Eintragungen bestehen bleiben, denen er nicht zugestimmt hat.

▲

Lösung:

Der Vollzugsbogen könnte wie folgt aussehen (erstellt auf der Grundlage des Leermusters; siehe hierzu Anhang 2):

Vorgang	SB:	UVZNr. 345/2023 V Termin:

		Maßnahme	Nr.	Veranlasst	Gemahnt	Erledigt
1.	☒	Vormerkung ~~sofort~~/nach 4b			○	
		Mit FinanzierungsGS URNr(n).				
		Abschriften an			○	
2.		2. (Kontroll-)Einsicht Rang				
3.		Gen. Beteiligter			○	
					○	
4.		Gen. § 51 BauGB (Umlegung)			○	
		Gen. § 144 BauGB (Sanierung)			○	
					○	
		Gen. GrdstVG			○	
					○	
		Gen. Verwalter mit Nachweis			○	
		Gen. Eigentümer bei Erbbaurecht				
					○	
4a	☒	BtG/~~FamG~~			○	
4b		Entgegennahme nach 4a				
					○	
5.	☒	Unbedenklichkeitsbescheinigung			○	
		Mitteilung FA über Gen. nach 4b				
6.		Schenkung/Erbschaftsteuerstelle				
7.	☒	Gutachterausschuss	(ohne)			
8.	☒	Vorkaufsrecht Gemeinde			○	
		Vorkaufsrecht Mieter			○	
		VorkR			○	
					○	
9.		Lastenfreistellung				
	☒	Löschung GS Sparkasse			○	
					○	
					○	
					○	
					○	
10.		Fälligkeitsmitteilung				
11.		Zahlungsbestätigung Verkäufer			○	
		Entlassung aus Auflagen			○	
		Nachweis unbare Zahlung (GwG)			○	
12.		Vollzug			○	
		VM an Beteiligte			○	

WV:

Auflage(n)	
	Nein
	Ja
	Erl.

Anmerkungen:

Nach Urkundseingang verkauft ein Betreuer. Deswegen muss die betreuungsgerichtliche Genehmigung eingeholt werden (siehe § 2 Rdn 26).

Nach Eingang der rechtskräftigen Genehmigung ist die Entgegennahme zu fertigen, deswegen entsprechend vormerken (§ 2 Rdn 27, vgl. auch Aufgabe 1b). Die Vormerkung ist erst nach der betreuungsgerichtlichen Genehmigung sinnvoll zu beantragen. Es ist der

Betreute, welcher verkauft; die fehlende Genehmigung hindert die Eintragung der Vormerkung (siehe § 2 Rdn 190).

Ebenfalls muss die erteilte Genehmigung dem Finanzamt wegen der Grunderwerbsteuer mitgeteilt werden, deswegen entsprechender Vermerk.

Ferner ist die Veräußerungsanzeige für das Finanzamt sofort zu fertigen (mit Hinweisen auf die ausstehende Wirksamkeit, siehe § 2 Rdn 69) und es muss eine Mitteilung an den Gutachterausschuss sowie die Vorkaufsrechtsanfrage an die Gemeinde erfolgen (verkauft wird eine „normale" Immobilie, siehe § 2 Rdn 36).

Die Lastenfreistellung bei der Sparkasse Miltenberg-Obernburg ist einzuholen (vgl. § 2 Rdn 164); dies ergibt sich aus dem Löschungsantrag beim Grundbuchbeschrieb.

Zur Kaufpreisfälligkeit und zum Vollzug der Auflassung enthält die auszugsweise Wiedergabe des Kaufvertrages keine Angabe; insoweit bleibt die Lösung offen.

2 **Aufgabe 1b**

Am 30.9.2023 geht folgender ordnungsgemäß gesiegelter Beschluss des zuständigen Amtsgerichts – Betreuungsgericht – ein:

Beschluss

Die Erklärungen des Dieter Mayer, Betreuer über Frau Hannelore Trauner, im Kaufvertrag des Notars Michael Volmer, Obernburg a. Main, vom 15.6.2023 zur Veräußerung an Herrn Giuseppe Amoroso werden betreuungsgerichtlich genehmigt. Der Beschluss wird mit Rechtskraft wirksam.

Obernburg, 3.8.2023

(Rechtspfleger)

Dieser Beschluss ist rechtskräftig seit 28.9.2023.

(JOS)

Welche Folgenmaßnahmen sind veranlasst? Entwerfen Sie die erforderlichen Erklärungen.

Lösung:

Zu fertigen ist die Entgegennahme der Genehmigung aufgrund einer Doppelvollmacht (siehe § 2 Rdn 27) etwa nach folgendem Wortlaut:

▼

Muster 3.2: Feststellung

Feststellung

Am heutigen 30.9.2023, habe ich, Michael Volmer, Notar, aufgrund der in § ____ der diesamtlichen Urkunde UVZ-Nr. 345/2023 V vom 15.6.2023 erteilten Vollmacht, die Genehmigung des Amtsgerichts – Betreuungsgericht – Obernburg vom 3.8.2023, Aktenzeichen ____, in Empfang genommen, sie dem anderen Vertragsteil mitgeteilt und für diesen die Mitteilung in Empfang genommen.

Die Rechtswirksamkeit des Kaufvertrages ist somit eingetreten.

(Volmer, Notar) *(Siegel)*

▲

Anmerkung:

Als Folgemaßnahme ist sodann die Vormerkung zur Eintragung zu veranlassen. Ferner muss dem Finanzamt die Genehmigung mitgeteilt werden, um die Festsetzung der Grunderwerbsteuer voranzutreiben.

Aufgabe 2 3

Ihnen liegt (auszugsweise) folgender Kaufvertrag vor. Vervollständigen Sie den Vollzugsbogen, soweit es Ihnen nach den Angaben möglich ist, und fertigen Sie die erforderlichen Anschreiben.

▼

Muster 3.3: Kaufvertrag Eigentumswohnung

UVZ-Nr. 621/2023/V

Kaufvertrag über eine Eigentumswohnung

Heute, den zweiten Mai zweitausenddreiundzwanzig

erschienen vor mir,

Michael Volmer,

Notar in Obernburg a. Main,

in meinen Amtsräumen in Obernburg, Römerstraße 6 a:

1. Herr Sebastian **Meller**, Angestellter, geboren am 15.4.1969, wohnhaft in 64293 Darmstadt, Delpstraße 9, nach Angabe unverheiratet, persönlich bekannt;
2. Herr Mehmet **Durcu**, Arbeiter, geboren am 22.3.1952 in Ocakli (Türkei), wohnhaft in 64283 Darmstadt, Waldgasse 35, nach Angabe ohne Ehevertrag verheiratet, ausgewiesen durch seinen Bundespersonalausweis,
   hier handelnd
   a) für sich im eigenen Namen;
   b) vorbehaltlich der Genehmigung und befreit von den Beschränkungen des § 181 BGB für seine Ehefrau
      Frau Güldana Durcu, geb. Well, Arbeiterin, geboren am 10.2.1958, wohnhaft in 64283 Darmstadt, Waldgasse 35, ohne Ehevertrag verheiratet.

Ihren bei gleichzeitiger Anwesenheit vor mir abgegebenen Erklärungen gemäß beurkunde ich nach Grundbucheinsicht auf Ansuchen, was folgt:

§ 1 Grundbuch- und Sachstand

a)

Im Grundbuch des Amtsgerichts Starnberg für Berg Blatt 1234 ist Herr Sebastian Meller als Eigentümer des Grundstücks der Gemarkung Berg

lfd.Nr. 1 Flst.Nr. 433 – 0,0696 ha Mühlbachweg 1, Gebäude- und Freifläche

eingetragen.

Dieses Grundstück ist im Grundbuch wie folgt belastet:

- Abteilung II: keine Rechte.
- Abteilung III: Buchgrundschuld für die Raiffeisen-Volksbank Miltenberg eG.

Herr Meller verpflichtet sich zur Lastenfreistellung des Vertragsbesitzes.

b)

Mit Urkunde UVZ-Nr. 619/2023/V des beurkundenden Notars von heute (Teilungserklärung) hat Herr Sebastian Meller das vorbezeichnete Grundstück Flst.Nr. 433 der Gemarkung Berg unter anderem aufgeteilt in einen

Miteigentumsanteil zu 159,48/1.000, verbunden mit dem Sondereigentum an dem im Aufteilungsplan mit Nr. 3 bezeichneten Räumen im 1. Obergeschoss samt Balkon und im Kellergeschoss, – Raumeinheit Nr. 3 –.

Sondernutzungsrechte sind begründet.

Auf die Teilungserklärung samt Gemeinschaftsordnung und Aufteilungsplan wird verwiesen (UVZ-Nr. 619/2023/V des beurkundenden Notars von heute). Dadurch wird ihr Inhalt auch für den heutigen Käufer verbindlich. Die Beteiligten erklären, dass ihnen der Inhalt genau bekannt ist. Sie verzichten auf deren erneute Verlesung und Vorlage zur Durchsicht sowie auf

Beifügung an die heutige Niederschrift. Die Teilungserklärung lag samt allen Anlagen bei Beurkundung dieses Vertrages in Urschrift vor. Eine beglaubigte Abschrift hiervon wird dem Käufer ausgehändigt. Der Käufer war beim Verlesen der Teilungserklärung mitanwesend.

Diese Raumeinheit bildet das heutige Vertragsobjekt. (…)

▲

Lösung:

Der Vollzugsbogen könnte wie folgt aussehen (erstellt auf der Grundlage des Leermusters; siehe hierzu Anhang 2):

Vorgang	SB:	UVZNr. 621/2023 V Termin:

		Maßnahme	Nr.	Veranlasst	Gemahnt	Erledigt
1.	☒	Vormerkung sofort/~~nach~~ mit			○	
		Mit FinanzierungsGS URNr(n).				
		Abschriften an			○	
2.		2. (Kontroll-)Einsicht Rang				
3.	☒	Gen. Beteiligter 2b (Durcu)			○	
					○	
4.		Gen. § 51 BauGB (Umlegung)			○	
		Gen. § 144 BauGB (Sanierung)			○	
					○	
		Gen. GrdstVG			○	
					○	
		Gen. Verwalter mit Nachweis			○	
		Gen. Eigentümer bei Erbbaurecht				
					○	
		BtG/FamG			○	
		Entgegennahme				
					○	
5.	☒	Unbedenklichkeitsbescheinigung			○	
		Mitteilung FA über Gen. nach 4				
6.		Schenkung/Erbschaftsteuerstelle				
7.	☒	Gutachterausschuss	(ohne)			
8.		Vorkaufsrecht Gemeinde			○	
		Vorkaufsrecht Mieter			○	
		VorkR			○	
					○	
9.		Lastenfreistellung				
	☒	III/1 Freigabe RV Miltenberg			○	
					○	
					○	
					○	
					○	
10.		Fälligkeitsmitteilung				
11.		Zahlungsbestätigung Verkäufer			○	
		Entlassung aus Auflagen			○	
		Nachweis unbare Zahlung (GwG)			○	
12.		Vollzug			○	
		VM an Beteiligte			○	

WV:

Auflage(n)	
	Nein
	Ja
	Erl.

Anmerkungen:

Nach dem Urkundseingang sind die Erklärungen des Verkäufers wirksam. Auf Seiten der Käufer ist noch die Genehmigung der Ehefrau erforderlich, deswegen Anschreiben mit der Bitte um Genehmigung an sie (siehe § 2 Rdn 13).

Veräußerungsanzeige (siehe § 2 Rdn 60) und Mitteilung an Gutachterausschuss (siehe § 2 Rdn 81) sind zu fertigen. Beim Finanzamt ist die derzeit fehlende volle Wirksamkeit zu vermerken. Die Wirksamkeitsmitteilung an das Finanzamt nach Eingang der Genehmigung kann als künftiges „to do" notiert werden.

Aus der Beschreibung des Kaufvertrages ergibt sich, dass eine Eigentumswohnung verkauft wird. Das Vorkaufsrecht der Gemeinde entfällt damit (siehe § 2 Rdn 38).

Die Buchgrundschuld hat sich in eine Gesamtgrundschuld umgewandelt. Lastenfreistellung ist deswegen hier nur die Freigabe der verkauften Eigentumswohnungen. Diese kann sofort eingeholt werden (siehe § 2 Rdn 186).

Vermutlich ist auch die Vormerkung sofort zu beantragen. Dazu ist aber nach dem nur auszugsweise mitgeteilten Text der Urkunde keine nähere Aussage zu treffen. Deswegen bleibt diese Maßnahme offen.

Aufgabe 3 4

Ihnen liegt folgender Kaufvertrag vor. Vervollständigen Sie den Vollzugsbogen, soweit es Ihnen nach den Angaben möglich ist, und fertigen Sie die erforderlichen Anschreiben. Der zugehörige Grundbuchauszug ist im Anhang 1 wiedergegeben.

▼

Muster 3.4: Kaufvertrag

UVZ-Nr. 234/2023/V

Sch/Su

Kaufvertrag

Heute, den achtundzwanzigsten Februar zweitausenddreiundzwanzig

– 28.2.2023 –

erschienen vor mir,

Michael Volmer,

Notar in Obernburg a. Main,

in meinen Amtsräumen in Obernburg, Römerstraße 6 a:

1. Herr Walter **Reuler**,
   Diplom-Ingenieur (Elektrotechnik),
   geboren am 23.9.1962 in Hofstetten,
   wohnhaft in 63839 Kleinwallstadt, Einöd 4,
   nach Angabe im gesetzlichen Güterstand verheiratet,
   ausgewiesen durch seinen gültigen Bundespersonalausweis,

sowie dessen Schwester

2. Frau Erna **Schmitt**, geb. Reuler,
   Diplom-Betriebswirtin,
   geboren am 11.8.1963 in Hofstetten,
   wohnhaft in 61194 Niddatal, Rhönstraße 15 a,
   nach Angabe im gesetzlichen Güterstand verheiratet,
   ausgewiesen durch Bundespersonalausweis

sowie deren Bruder

3. Herr Jörg **Reuler**,
   Diplom-Ingenieur,
   geboren am 14.3.1963 in Erlenbach a. Main,
   wohnhaft in 63839 Kleinwallstadt, St. Pierre-Platz 5,
   nach Angabe im gesetzlichen Güterstand verheiratet,
   ausgewiesen durch Bundespersonalausweis;
4. Herr Gerd **Meier**,
   1. Bürgermeister des Marktes Kleinwallstadt,
   persönlich bekannt;
   hier handelnd aufgrund heute in beglaubigter Abschrift vorliegenden Beschlusses des Gemeinderates vom 21.2.2023 für den

Markt Kleinwallstadt.

Ihren bei gleichzeitiger Anwesenheit vor mir abgegebenen Erklärungen gemäß beurkunde ich nach Grundbucheinsicht auf Ansuchen, was folgt:

§ 1 Grundbuch- und Sachstand

Im Grundbuch des Amtsgerichts Obernburg für Hofstetten Band 99 Blatt 4343 sind Herr Walter Reuler, Frau Erna Schmitt und Herr Jörg Reuler in Erbengemeinschaft als Eigentümer der Grundstücke der Gemarkung Hofstetten

lfd.Nr. 15 Flst.Nr. (...)2 – 0,0609 ha	Wallstraße 3, Wohnhaus, Wirtschaftsgebäude, Hofraum
lfd.Nr. 25 Flst.Nr. 604/8 – 0,0199 ha	Am Neugraben, Wirtschaftsgebäude, Garten
lfd.Nr. 26 Flst.Nr. 604/4 – 0,0311 ha	Nähe Heckenweg, Bauplatz

eingetragen.

Der Grundbesitz ist im Grundbuch wie folgt belastet:

- Abteilung II:
  - an Flst.Nr. 2: Leibgeding für Frau Katharina Reuler, geb. Reus;
  - an Flst.Nr. 604/4: Vorkaufsrecht für alle Verkaufsfälle für den jeweiligen Eigentümer des Grundstücks Flst.Nr. 604/95 der Gemarkung Hofstetten;
  - an Flst.Nrn. 604/8 und 604/4: Abwasserkanalverlegungsrecht für den jeweiligen Eigentümer des Grundstücks Flst.Nr. 604/95 der Gemarkung Hofstetten.
- Abteilung III:
  - lfd.Nr. 1 (zur Mithaft): Buchgrundschuld für die Sparkasse Miltenberg-Obernburg;
  - lfd.Nr. 2 an Flst.Nr. 2: Buchgrundschuld für die Sparkasse Miltenberg-Obernburg;
  - lfd.Nr. 3 an Flst.Nr. 2: Buchgrundschuld für die Sparkasse Miltenberg-Obernburg.

Die vorgenannten Eigentümer beantragen hiermit die Löschung der vorbezeichneten Grundpfandrechte an allen Grundstücken Zug um Zug gegen Vorlage der Bewilligung. Sie beantragen ferner die Löschung des Leibgedings für Frau Katharina Reuler Zug um Zug gegen Vorlage der Sterbeurkunde.

§ 2 Veräußerung

Herr Walter Reuler, Frau Erna Schmitt und Herr Jörg Reuler

– im Folgenden „der Verkäufer" genannt –

verkaufen die in § 1 bezeichneten Vertragsobjekte mit allen Rechten und dem gesetzlichen Zubehör

an

den Markt Kleinwallstadt

– im Folgenden „der Käufer" genannt –

zum Eigentum.

Mitverkauft sind die auf dem Vertragsobjekt Flst.Nr. 2 der Gemarkung Hofstetten befindlichen Gegenstände sowie etwaige Brennstoffvorräte. Die einzelnen Gegenstände sind den Beteiligten bekannt. Auf eine Auflistung wird ausdrücklich verzichtet.

Der Verkäufer haftet nicht für Sachmängel und leistet keine Garantien, tritt jedoch etwaige ihm für diese Gegenstände gegen Dritte zustehende Ansprüche an den Käufer ab. Vertragsstörungen wegen des Kaufs beweglicher Sachen lassen den Grundstückskaufvertrag unberührt.

Die Vertragsteile sind aufschiebend bedingt auf den Erhalt des Kaufpreises über den Eigentumsübergang einig. Die Übergabe erfolgt mit Besitzübergang hinsichtlich des Grundstücks.

Jeder Verkäufer versichert in dieser Urkunde nicht über den ganzen oder überwiegenden Teil seines Vermögens zu verfügen, so dass eine Zustimmung seines Ehegatten gemäß § 1365 BGB nicht erforderlich ist.

Der Verkauf des Grundstücks Flst.Nr. 604/4 der Gemarkung Hofstetten ist vom rechtlichen Bestand des Verkaufs der Grundstücke Flst.Nrn. 2 und 604/8 der Gemarkung Hofstetten unabhängig.

§ 3 Vormerkung

Zur Sicherung des Anspruchs des Käufers auf Übertragung des Eigentums an dem Vertragsobjekt bewilligt der Verkäufer und beantragt der Käufer zu dessen Gunsten eine

Vormerkung

gemäß § 883 BGB an dem in § 1 bezeichneten Grundbesitz ohne weitere Voraussetzungen an nächstoffener Rangstelle in das Grundbuch einzutragen. Der Käufer bewilligt und beantragt, die Vormerkung bei der Eigentumsumschreibung wieder zu löschen, vorausgesetzt, dass nachrangig keine Eintragungen bestehen bleiben, denen er nicht zugestimmt hat.

§ 4 Kaufpreis; Fälligkeit

Der Kaufpreis beträgt

a) für das Grundstück Flst.Nr. 604/4 der Gemarkung Hofstetten 35.000,00 EUR
   – fünfunddreißigtausend EUR –;
b) für die Grundstücke Flst.Nrn. 2 und 604/8 der Gemarkung Hofstetten samt beweglicher Gegenstände 160.000,00 EUR
   – einhundertsechzigtausend EUR –.

Bis zur Fälligkeit ist der Kaufpreis nicht zu verzinsen und nicht sicherzustellen.

a) Fälligkeit

Der Kaufpreis in Höhe von 160.000,00 EUR ist fällig innerhalb von zwei Wochen nach dem Zugang einer schriftlichen Mitteilung des Notars, in welcher dieser dem Käufer bestätigt, dass

1. die zugunsten des Käufers bewilligte Auflassungsvormerkung im Grundbuch eingetragen ist,

und

2. dem Notar für alle nach dem Inhalt dieses Vertrages zu beseitigenden Belastungen Lastenfreistellungsunterlagen in grundbuchmäßiger Form bedingungslos oder nur unter solchen Zahlungsauflagen vorliegen, die aus dem Kaufpreis erfüllbar sind. Zur Einholung und Entgegennahme der Lastenfreistellungsunterlagen wird der Notar allseits bevollmächtigt.

Der Kaufpreis in Höhe von 35.000,00 EUR für das Grundstück Flst.Nr. 604/4 ist fällig innerhalb von zwei Wochen nach dem Zugang einer schriftlichen Mitteilung des Notars, in welcher dieser dem Käufer bestätigt, dass

aa) der Kaufpreis in Höhe von 160.000,00 EUR zur Zahlung fällig geworden ist, und
bb) hinsichtlich des im Grundbuch eingetragenen dinglichen Vorkaufsrechtes an dem Grundstück Flst.Nr. 604/4 der Gemarkung Hofstetten entweder dem Notar eine schriftliche Verzichtserklärung aller in der heutigen Urkunde bezeichneten Berechtigten vorliegt oder ihm innerhalb von zwei Monaten und einer Woche nach Zugang seiner Vorkaufsrechtsanfrage keine Ausübung bekannt wird. Der Verkäufer verpflichtet sich, den Notar von bei ihm etwa eingehenden Vorkaufsrechtsausübungserklärungen unverzüglich zu unterrichten. Dem Käufer sind die Risiken bekannt, die aus einer wahrheitswidrigen Leugnung ei-

nes gleichwohl wirksam ausgeübten Vorkaufsrechtes durch den Verkäufer entstehen könnten.

Soweit eingetragene Gläubiger für die Lastenfreistellung Ablösebeträge verlangen, oder erforderliche Genehmigungen mit den Verkäufer treffenden Zahlungsauflagen versehen sind, kann letzterer vom Käufer nur Erfüllung dieser Zahlungsauflagen in Anrechnung auf den Kaufpreis verlangen, ohne dass die Empfänger insoweit ein eigenes Forderungsrecht erwerben. Zur Überprüfung der geforderten Beträge hinsichtlich Grund und Höhe sind Notar und Käufer weder berechtigt noch verpflichtet.

Soweit der Kaufpreis nicht zur Lastenfreistellung benötigt wird, ist er ausschließlich durch Überweisung auf ein noch anzugebendes erbengemeinschaftliches Konto des Verkäufers zu bezahlen.

Aufschiebend bedingt mit Zahlung des Kaufpreises tritt der Verkäufer an den dies annehmenden Käufer entsprechend dem Erwerbsverhältnis gemäß § 2 dieses Vertrages alle Eigentümerrechte und Rückübertragungsansprüche ab, die ihm in Ansehung eingetragener oder einzutragender Grundpfandrechte aus irgendeinem Rechtsgrund zustehen, und bewilligt die Umschreibung im Grundbuch.

b) Verzug

Der Zugang der Fälligkeitsmitteilung des Notars wird als Ereignis im Sinne des § 286 Abs. 2 Nr. 2 BGB vereinbart. Verzug tritt ein, wenn der Käufer nicht innerhalb von zwei Wochen nach Zugang der Mitteilung den Kaufpreis entsprechend den Vereinbarungen in diesem Vertrag bezahlt. Maßgeblich ist das Datum des Zahlungseingangs.

Der Notar wies darauf hin, dass im Falle des Verzugs der Verkäufer jeden Verzögerungsschaden geltend machen kann, mindestens aber eine Verzinsung von fünf Prozent über Basiszinssatz jährlich.

§ 5 Auflassung

Die Beteiligten sind über den vereinbarten Eigentumsübergang einig. Der Verkäufer bewilligt und der Käufer beantragt die Eintragung der Rechtsänderung im Grundbuch.

§ 6 Besitzübergabe; Erschließung

a) Besitzübergang

Besitz und Nutzungen sind mit vollständiger Kaufpreiszahlung zu übergeben; die Gefahr geht zu diesem Zeitpunkt, Haftung, Lasten und Verkehrssicherungspflichten bereits bei Eintritt der Fälligkeit auf den Käufer über.

b) Erschließung

Der Verkäufer versichert, dass die gesamte öffentlich-rechtliche Erschließung des Vertragsbesitzes gemäß BauGB und Kommunalabgabengesetz mit Straßenausbau und Entwässerung durchgeführt, endabgerechnet und bezahlt ist. Gleiches gilt für die Anbindung an die öffentliche Wasserversorgung. Sollten wider Erwarten noch Zahlungen für den derzeitigen Zustand vom Käufer verlangt werden, hat diese der Verkäufer zu übernehmen.

Sofern allerdings Baukostenzuschüsse, Hausanschlusskosten und Nacherhebungen von Erschließungskosten anlässlich einer künftigen Bebauung des Vertragsbesitzes oder künftiger Veränderungen der Erschließungsanlagen angefordert werden, treffen diese den Käufer.

Hinsichtlich der vorhandenen privatrechtlichen Versorgungsanlagen (Elektrizität und – sofern einschlägig – Gas, Heizwärme etc.) hat der Käufer ab Lastenübergang ggf. vertragliche Vereinbarungen mit den Versorgern zu treffen. Bereits erteilte Aufträge treffen den Auftraggeber.

c) Versicherungen

Bestehende Sach- und Betriebshaftpflichtversicherungen, insbesondere auch eine etwaige Brandversicherung, gehen kraft Gesetzes auf den Erwerber über, sofern dieser sie nicht innerhalb eines Monats nach Eigentumsumschreibung kündigt. Mit Zahlung des Kaufpreises werden dem Erwerber alle versicherungsrechtlichen Ansprüche des Veräußerers bezüglich des Vertragsobjektes abgetreten. Ab dem Zeitpunkt des Lastenübergangs trifft ihn auch die

Pflicht zur Prämienzahlung und zur Anzeige an den Versicherer. Die Beteiligten wurden darauf hingewiesen, dass der Versicherungsschutz erlöschen kann, wenn die Anzeige nicht unverzüglich erfolgt.

§6 Vermietung; Räumung

Der Vertragsbesitz ist nicht vermietet oder verpachtet.

§7 Ausübung von Vorkaufsrechten

Wird ein Vorkaufsrecht ausgeübt, so sind beide Vertragsteile zum Rücktritt vom Vertrag berechtigt; ein Anspruch auf Schadenersatz oder Verzinsung bereits geleisteter Kaufpreisteile besteht in diesem Fall nicht.

§8 Rechtsmängel

Der Verkäufer ist verpflichtet, dem Käufer ungehinderten Besitz und lastenfreies Eigentum an dem Grundbesitz zu verschaffen, soweit in dieser Urkunde nichts anderes vereinbart ist.

Mit Ausnahme des Leibgedings für Frau Katharina Reuler werden die in Abteilung II des Grundbuches eingetragenen, in §1 dieser Urkunde bezeichneten Belastungen vom Käufer zur weiteren Duldung mit allen sich aus der Eintragungsbewilligung ergebenden Verpflichtungen übernommen.

Allen zur Lastenfreistellung bewilligten Löschungen oder Rangänderungen wird mit dem Antrag auf Vollzug zugestimmt, auch soweit weiterer Grundbesitz betroffen ist.

Der Verkäufer garantiert, dass das auf dem Grundstück Flst.Nr. 2 der Gemarkung Hofstetten befindliche Wohnhaus nicht im Rahmen des Sozialen Wohnungsbaus errichtet wurde und somit keiner Wohnungsbindung unterliegt.

§9 Sachmängel

Alle Ansprüche und Rechte wegen Sachmängeln am Vertragsgegenstand (einschließlich etwa mitverkaufter beweglicher Sachen), insbesondere wegen des Bauzustands bestehender Gebäude, werden hiermit ausgeschlossen. Der Verkäufer erklärt, dass ihm nicht erkennbare Mängel, insbesondere auch schädliche Bodenveränderungen oder Altlasten, sowie Abstandsflächenübernahmen und Baulasten nicht bekannt sind. Garantien werden nicht abgegeben. Der Käufer erwirbt das Objekt im gegenwärtigen, ihm bekannten Zustand. Der Käufer hat das Vertragsobjekt besichtigt.

Von der vorstehenden Rechtsbeschränkung ausgenommen ist eine Haftung für Vorsatz oder Arglist.

Stehen dem Verkäufer hinsichtlich Sachmängel des Grundstücks und des Gebäudes, für die seine eigene Haftung vereinbarungsgemäß ausgeschlossen wurde, Ansprüche gegen Dritte, insbesondere aus Reparaturmaßnahmen zu, tritt er diese – aufschiebend bedingt mit vollständiger Kaufpreiszahlung – an den Käufer ab, der diese Abtretung annimmt. Der vorstehende Haftungsausschluss gilt für diese Abtretung entsprechend. Der Verkäufer übernimmt somit keine Haftung für den Bestand und die Einbringlichkeit der abgetretenen Forderungen.

§10 Vollzugsauftrag

Alle Beteiligten beauftragen und bevollmächtigen den Notar, die zum Vollzug dieser Urkunde erforderlichen Genehmigungen und Erklärungen anzufordern, den Verkauf etwaigen Vorkaufsberechtigten anzuzeigen, auch den Teilvollzug der Urkunde zu betreiben, Anträge beim Grundbuchamt auch über §15 GBO hinauszustellen, Rangerklärungen vorzunehmen und Anträge der Beteiligten ganz oder teilweise zurückzunehmen. Soweit Bescheide ohne Einschränkungen erteilt werden, sollen diese ausschließlich dem auch gemäß §875 Abs. 2 BGB allseits empfangsbevollmächtigten Notar übersandt werden; auf förmliche Zustellung und Einlegung von Rechtsbehelfen wird insoweit bereits jetzt durch alle Beteiligten verzichtet. Ablehnende oder mit Bedingungen bzw. Auflagen versehene Bescheide sowie Zwischenbescheide zur Fristverlängerung sind den Beteiligten – unter Übersendung einer Abschrift an den Notar – zuzustellen.

Die Vollzugsmitteilungen des Grundbuchamtes sind für alle Beteiligten dem Notar zu erteilen.

Die jeweiligen Angestellten an der Notarstelle Martin Herrmann und Michael Volmer in Obernburg a. Main werden einzeln und befreit von den Beschränkungen des § 181 BGB ermächtigt, alle zum Vollzug dieser Urkunde erforderlichen Erklärungen abzugeben und entgegenzunehmen.

Ausstehende Genehmigungen sollen mit ihrem Eingang beim Notar den Beteiligten gegenüber als mitgeteilt gelten und rechtswirksam sein.

§ 11 Hinweise des Notars

Der Notar hat die Beteiligten über die rechtliche Bedeutung der von ihnen abgegebenen Erklärungen belehrt und abschließend insbesondere auf folgendes hingewiesen:

Das Eigentum geht nicht schon mit der heutigen Beurkundung, sondern erst mit der Eigentumsumschreibung im Grundbuch auf den Käufer über.

Die Umschreibung kann erst erfolgen, wenn nach Zahlung der gesetzlichen Grunderwerbsteuer die Unbedenklichkeitsbescheinigung des Finanzamtes erteilt ist. Ferner muss der Gemeinderat des Marktes Kleinwallstadt diesen Vertrag genehmigen.

Eine Barzahlung ist gesetzlich ausgeschlossen.

Der Vertragsbesitz haftet kraft Gesetzes für Rückstände an öffentlichen Lasten (z.B. Erschließungskosten, Ausgleichsbetrag nach dem BundesbodenschutzG).

Unabhängig von den Vereinbarungen in dieser Urkunde, die nur im Innenverhältnis gelten, haften beide Vertragsteile kraft Gesetzes für die Grunderwerbsteuer und die Kosten als Gesamtschuldner.

Alle Vereinbarungen müssen richtig und vollständig beurkundet werden, andernfalls kann der ganze Vertrag nichtig sein.

Eine steuerliche Beratung hat der Notar nicht übernommen, jedoch auf die mögliche Steuerpflicht einer Veräußerung vor Ablauf von zehn Jahren gemäß § 23 EStG hingewiesen.

§ 12 Kosten, Abschriften

Die Kosten für die Beurkundung, eventuelle Genehmigungen und den Vollzug dieses Vertrages sowie die Grunderwerbsteuer trägt der Käufer. Die Kosten einer etwaigen Lastenfreistellung trägt der Verkäufer.

Von dieser Urkunde erhalten:

- *Ausfertigungen:*
  - die Vorkaufsberechtigte;
- *beglaubigte Abschriften:*
  - die Vertragsteile;
  - das Grundbuchamt;
  - etwaige Kaufpreisfinanzierungsgläubiger;
- *einfache Abschriften:*
  - die Grunderwerbsteuerstelle;
  - der Gutachterausschuss;
  - die etwa in § 1 bezeichneten Grundpfandrechtsgläubiger;
  - – soweit erforderlich.

§ 13 Verkäufererklärung

Der Verkäufer bestätigt, dass er am 2.2.2023 einen vollständigen Entwurf dieses Kaufvertrages vom amtierenden Notar erhalten hat und dass er sich bereits seit mehreren Wochen mit dem Verkauf des vorbezeichneten Vertragsobjektes beschäftigt und Verhandlungen mit dem Käufer geführt hat

▲

Lösung:

Der Vollzugsbogen könnte wie folgt aussehen (erstellt auf der Grundlage des Leermusters; siehe hierzu Anhang 2):

Vorgang	SB:	UVZNr. 234/2023 V Termin:

		Maßnahme	Nr.	Veranlasst	Gemahnt	Erledigt
1.	☒	Vormerkung sofort/~~nach~~			○	
		Mit FinanzierungsGS URNr(n).				
		Abschriften an			○	
2.		2. (Kontroll-)Einsicht Rang nach 1				
3.		Gen. Beteiligter			○	
					○	
4.		Gen. § 51 BauGB (Umlegung)			○	
		Gen. § 144 BauGB (Sanierung)			○	
					○	
		Gen. GrdstVG			○	
					○	
		Gen. Verwalter mit Nachweis			○	
		Gen. Eigentümer bei Erbbaurecht				
					○	
		BtG/FamG			○	
		Entgegennahme				
					○	
5.	☒	Unbedenklichkeitsbescheinigung			○	
		Mitteilung FA über Gen.				
6.		Schenkung/Erbschaftsteuerstelle				
7.	☒	Gutachterausschuss	(ohne)			
8.		Vorkaufsrecht Gemeinde			○	
		Vorkaufsrecht Mieter			○	
	☒	VorkR für Eigent. 604/95			○	
					○	
9.		Lastenfreistellung				
	☒	III/1-3, Löschung Sparkasse			○	
	☒	II/1 Sterbeurk. anfordern			○	
					○	
					○	
10.		Fälligkeitsmitteilung a) 160':				
		b) 35' nach 1, 8, 9			○	
11.		Zahlungsbestätigung Verkäufer			○	
		Entlassung aus Auflagen			○	
		Nachweis unbare Zahlung (GwG)			○	
12.		Vollzug nach 11 + 10			○	
		VM an Beteiligte			○	

WV:

	Auflage(n)
	Nein
	Ja
	Erl.

Anmerkungen:

Die Urkunde ist für alle Seiten sofort wirksam. Nach damaliger wie nun wieder aktueller Rechtslage (siehe § 2 Rdn 18) benötigt der Bürgermeister die Genehmigung durch den Rat; er hat sich diese aber im Vorfeld beschaffen können. Deswegen kann die Vormerkung sofort beantragt werden (siehe § 2 Rdn 191). Ebenso wird die Veräußerung der Grunderwerbsteuerstelle sofort uneingeschränkt angezeigt (siehe § 2 Rdn 60). Auch dem Gutachterausschuss wird die Urkunde mitgeteilt.

Für die Löschung des Leibgedings ist die Sterbeurkunde einzuholen. Dies ergibt sich aus dem Schlusssatz bei Wiedergabe des Grundbuchstandes (siehe § 2 Rdn 101).

Die Immobilie wird in Abt. III lastenfrei verkauft. Theoretisch könnte die Grundschuld Abt. III/1 nur hinsichtlich des konkreten Vertragsobjekts gelöscht werden und an den anderen Objekten fortbestehen (siehe § 2 Rdn 183). Da aber die Löschung nach der Vertragsformulierung „*an allen Grundstücken*" gewollt ist, ist hinsichtlich aller drei Grundschulden eine Löschung einzuholen (siehe § 2 Rdn 166).

Hinsichtlich des Vorkaufsrechts ist der Eigentümer des berechtigten Grundstücks festzustellen und bei diesem die Vorkaufsrechtsanfrage unter Übersendung einer Urkundsausfertigung zu machen (siehe § 2 Rdn 126). Die Urkunde ist sofort wirksam. Ausstehende Lastenfreistellungen fallen nicht unter Wirksamkeitshindernisse, sodass die Anfrage auch sofort verschickt werden kann.

Bei der Kaufpreisfälligkeit ist die gespaltene Fälligkeit in Abhängigkeit von der Ausübung bzw. Reaktion des Vorkaufsberechtigten zu berücksichtigen.

Der Vollzug der Auflassung ist nicht von der Kaufpreiszahlung abhängig gemacht (es erwirbt eine zweifelsfrei solvente Gemeinde). Die Löschungsbewilligungen der Bank sowie die Sterbeurkunde kann aber abgewartet werden, weil die Gemeinde sonst ein belastetes Grundstück erwerben würde.

5 **Aufgabe 4 (Anderkontoabwicklung)**

Ihnen liegt folgender Kaufvertrag vor. Vervollständigen Sie den Vollzugsbogen, soweit es Ihnen nach den Angaben möglich ist, und fertigen Sie die erforderlichen Anschreiben. Die Urkunde wurde 2012 errichtet; Geldwäscheprävention und Russlandembargo bleiben außer Betracht.

▼

Muster 3.5: Kaufvertrag

UVZ-Nr. 313/V/2012

Kaufvertrag

Heute, den achtundzwanzigsten März zweitausendzwölf

– 28.3.2012 –

erschienen vor mir,

Michael Volmer,

Notar in Starnberg,

in meinen Amtsräumen in 82319 Starnberg, Hauptstraße 5 b:

1. Herr Manfred **Müller**,
   geb. am 30.4.1957,
   wohnhaft Seegasse 5, CH-6318 Walchwil,
   nach Angabe im gesetzlichen Güterstand der Zugewinngemeinschaft lebend,
   ausgewiesen durch amtlichen Lichtbildausweis,
   hier handelnd
   a) im eigenen Namen und
   b) zugleich aufgrund schriftlich erteilter Vollmacht mit der Verpflichtung, unverzüglich Vollmachtsbestätigung in grundbuchtauglicher Form nachzureichen, namens
      Frau Constanze **Müller-Czerny**,
      geborene Czerny, geb. am 10.2.1958,
      wohnhaft Seegasse 5, CH-6318 Walchwil,
      nach Angabe im gesetzlichen Güterstand der Zugewinngemeinschaft lebend,
2. Herr Gregori **Valerijev**, geb. am 5.7.1962,
   und
   Frau Ludmila **Valerijeva**, geborene Putina, geb. am 3.8.1967,

beide wohnhaft Gasse Opytnyj/Haus No 41, Whg 17, RU-St. Petersburg,
nach Angabe in Errungenschaftsgemeinschaft, nach russischem Recht verheiratet,
Postanschrift: c/o Anastassia Soest, Ottostraße 10, 80333 München,
jeweils ausgewiesen durch amtliche Lichtbildausweise.

Herr Gregori Valerijev und Frau Ludmila Valerijeva sprechen nach eigener Angabe und meiner, des Notars, Überzeugung nicht hinreichend deutsch, sprechen aber die russische Sprache.

Deshalb habe ich als Dolmetscherin für diese Sprache zugezogen:

Frau Marja Holm, geb. am 9.11.1978, ausgewiesen durch Vorlage ihres Passes der russischen Förderation, – nachstehend „Dolmetscherin" genannt –.

Die Dolmetscherin ist nach ihrer Erklärung allgemein vereidigt und beruft sich unter Vorlage der entsprechenden Urkunde, auf deren Beifügung hier verzichtet wird, auf den geleisteten Eid.

Die Dolmetscherin ist und war nach Angabe mit keinem Beteiligten verheiratet, verwandt oder verschwägert.

Auf schriftliche Übersetzung wird allseits trotz Hinweis des Notars verzichtet.

Ich beurkunde die vor mir abgegebenen Erklärungen der gleichzeitig anwesenden Erschienenen, wie folgt:

§ 1 Grundbuchstand

Im Grundbuch des Amtsgerichts Starnberg für Percha Blatt 8152

ist folgender Grundbesitz eingetragen:

Gemarkung Percha

Bestandsverzeichnis-Nr. 1

Flurstück-Nr. 122 Bachgauweg 39, Gebäude- und Freifläche, zu 436 qm.

Eigentümer:

Manfred Müller, geb. am 30.4.1957 zu 1/2 und Constanze Müller-Czerny, geb. am 10.2.1958 zu 1/2.

- Abteilung II: keine Belastungen
- Abteilung III: lfd. Nr. 1 180.000,00 EUR Buchgrundschuld für Deutsche Bank Privat- und Geschäftskunden AG Filiale Deutschlandgeschäft, Frankfurt am Main

§ 2 Vertragsobjekt

Vertragsobjekt ist der oben in § 1 bezeichnete Grundbesitz.

Zum Vertragsobjekt gehören außerdem die Photovoltaikanlage mit einem Restwert von 15.000,00 EUR und sämtliche Küchenmöbel, samt elektr. Großgeräten im Wert von 15.000,00 EUR.

Diese Gegenstände sind im Kaufpreis mit einem Betrag von 30.000,00 EUR enthalten; eine abweichende Bewertung durch Dritte ändert den vereinbarten Kaufpreis nicht. Die Veräußerer haften nicht für Sachmängel dieser gebrauchten Gegenstände, außer bei Vorsatz und Arglist. Das Eigentum hieran geht ab vollständiger Kaufpreiszahlung auf die Erwerber über.

§ 3 Kauf

Herr Manfred Müller und Frau Constanze Müller-Czerny,

– im Folgenden „die Veräußerer" genannt –,

verkaufen hiermit das Vertragsobjekt mit allen Rechten, Bestandteilen und gesetzlichem Zubehör an

Herrn Gregori Valerijev und Frau Ludmila Valerijeva,

– im Folgenden „die Erwerber" genannt –,

zum Miteigentum je zur Hälfte.

§ 4 Besitz, Nutzungen, Lasten etc.

a) Besitzübergang

Der Besitz ist den Erwerbern unverzüglich nach Kaufpreiszahlung – Gutschrift – besenrein zu übergeben.

Die Veräußerer unterwerfen sich wegen dieser Verpflichtung der sofortigen Zwangsvollstreckung aus dieser Urkunde; der Notar darf vollstreckbare Ausfertigung erteilen, wenn ihm die Kaufpreiszahlung durch schriftliche Bankbestätigung nachgewiesen ist.

Mit dem Besitz gehen Nutzungen, Lasten, sämtliche Gefahren und die Haftung, insbesondere die Verkehrssicherungspflicht, auf die Erwerber über.

b) Erschließungskosten

Die Veräußerer zahlen Erschließungsbeiträge nach dem Baugesetzbuch und einmalige Kommunalabgaben, soweit sie bis heute durch Beitragsbescheide erhoben wurden. Beiträge auf danach zugestellte Bescheide zahlen die Erwerber, und zwar auch für schon durchgeführte Maßnahmen. Die Erwerber müssen den Veräußerern etwa schon bezahlte Vorausleistungen und -zahlungen nicht erstatten; die Veräußerer treten etwaige Erstattungsansprüche an die Erwerber ab, soweit diese nicht mit der endgültigen Beitragsschuld verrechnet werden.

Die Veräußerer garantieren, dass alle bisher erhobenen Beiträge bezahlt sind und sie keine zwar durchgeführten aber noch nicht abgerechneten Maßnahmen kennen. Dies gilt nicht für Beiträge, die für vorhandene Erschließungsanlagen infolge baulicher Maßnahmen der Erwerber oder ihrer Rechtsnachfolger entstehen.

c) Hinweis

Der Notar wies darauf hin, dass der jeweilige Eigentümer kraft Gesetzes für öffentliche Lasten und Abgaben einschließlich etwaiger Rückstände haftet, und dass deren Gläubiger obige Vereinbarungen nicht gegen sich gelten lassen müssen.

Der Notar hatte den Erwerbern vor dieser Beurkundung empfohlen, sich bei den zuständigen Behörden über durchgeführte, aber noch nicht abgerechnete Erschließungsmaßnahmen (Straße, Kanal, Wasser) zu erkundigen.

§ 5 Sach- und Rechtsmängel

a) Rechtsmängel

Die Veräußerer müssen den Erwerbern das Vertragsobjekt frei von Rechten übereignen und übergeben, welche Dritten in Bezug auf das Vertragsobjekt zustehen. Dies gilt jedoch nicht für Rechte, welche die Erwerber übernommen haben oder denen sie zugestimmt haben.

Freiheit von altrechtlichen Dienstbarkeiten schulden die Veräußerer nicht, erklären aber, dass ihnen solche nicht bekannt sind.

Die Veräußerer haben am Vertragsobjekt alle von den Erwerbern nicht übernommenen Belastungen löschen zu lassen, insbesondere Abteilung III lfd.Nr. 1.

Die Vertragsteile bewilligen und

beantragen,

alle Löschungen, Freigaben und Rangrücktritte zu vollziehen, unabhängig davon, wann sie dem Grundbuchamt vorgelegt werden.

Die Veräußerer treten ihre bis zum Eigentumsübergang an zu beseitigenden Belastungen erworbenen Rechte und Ansprüche bezüglich des Vertragsobjekts bedingt durch die Kaufpreiszahlung an die Erwerber im oben bezeichneten Anteilsverhältnis ab.

Der Notar wies darauf hin, dass Miet- und Pachtverhältnisse trotz einer Veräußerung fortbestehen. Die Veräußerer erklären hierzu, dass das Vertragsobjekt weder vermietet noch verpachtet sei.

b) Sachmängel

Die Erwerber haben das Vertragsobjekt besichtigt und kaufen es, wie es liegt und steht in seinem gegenwärtigen Zustand. Rechte und Ansprüche der Erwerber wegen offener oder verborgener Sachmängel, insbesondere wegen der Flächenmaße, Beschaffenheit, Ertrag und Ausnutzungsmöglichkeit von Grund und Boden sowie Gebäude werden ausgeschlossen.

Vorstehendes gilt nicht bei Vorsatz und Arglist der Veräußerer. Diese erklären hierzu, dass ihnen keine wesentlichen verborgenen Sachmängel bekannt sind, vor allem keine baurechtswidrigen Zustände, Abstandsflächenübernahmen oder schädliche Bodenveränderungen und Altlasten im Sinne des Bundesbodenschutzgesetzes. Sie erklären, dass die Zufahrt rechtlich gesichert ist.

Die Veräußerer müssen aber Sachmängel beseitigen, die zwischen dem heutigen Vertragsschluss und dem Gefahrübergang entstehen, soweit sie nicht auf bestimmungsgemäßem Gebrauch beruhen.

c) Abtretung

Die Veräußerer treten mit Wirkung ab Besitzübergang, bedingt durch die vollständige Kaufpreiszahlung, alle ihnen bezüglich des Vertragsobjekts etwa zustehenden Gewährleistungs- und Ersatzansprüche an die Erwerber ab.

§ 6 Kaufpreis

a) Kaufpreishöhe

Der Kaufpreis beträgt 1.035.000,00 EUR,

eine Million fünfunddreißigtausend EUR.

Die Erwerber haften für alle Verbindlichkeiten aus dieser Urkunde gesamtschuldnerisch.

b) Hinterlegung

1) Einzahlung auf Notaranderkonto

Die Kaufpreiszahlung erfolgt über Notaranderkonto mit der Maßgabe, dass auch die Vertragsnebenkosten (Grunderwerbsteuer, Grundbuchkosten, soweit sie vom Erwerber zu tragen sind, Erteilung des Negativzeugnisses und Notargebühren) über Notaranderkonto beglichen werden.

Der Erwerber ist deswegen verpflichtet, einen Betrag von 1.085.000,00 EUR binnen zehn Bankarbeitstagen, gerechnet ab heute, auf das Notaranderkonto des beurkundenden Notars, Kto. Nr. 1234567 bei der Volksbank Raiffeisenbank Starnberg-Herrsching-Landsberg eG, Starnberg (BLZ 700 932 00, BIC GENODEF1STH, IBAN DE 82 700 932 00000 1234567) zu hinterlegen.

Die Hinterlegung ist vertragsgemäß und rechtzeitig, wenn der Betrag auf dem Notaranderkonto gutgeschrieben ist und die Verfügung hierüber von keinen weiteren Auflagen abhängt als solchen, die in diesem Vertrag vereinbart sind. Falls der Kaufpreis durch Dritte finanziert wird, ist die Hinterlegung auch dann vertragsgemäß, wenn der finanzierende Gläubiger die Auszahlung des von ihm hinterlegten Betrages zusätzlich davon abhängig macht, dass für ihn ein Grundpfandrecht im Rang nach den in obiger Ziffer 1. bezeichneten Belastungen eingetragen ist und die Löschung der vorrangigen Belastungen, soweit sie nicht von den Erwerbern in gegenwärtigem Vertrag übernommen werden, gesichert ist.

2) Auszahlung von dem Notaranderkonto

Der Notar wird angewiesen, den Kaufpreis auszuzahlen, sobald folgende Voraussetzungen erfüllt sind:

aa) Die Eigentumsvormerkung für die Erwerber muss an der in Ziffer 7.1. bezeichneten Rangstelle im Grundbuch eingetragen sein.

bb) Die Lastenfreistellungsunterlagen für von den Erwerbern nicht übernommene Belastungen müssen dem Notar in grundbuchtauglicher Form vorliegen.
Die vorbezeichneten Lastenfreistellungsunterlagen müssen auflagenfrei oder mit der alleinigen Auflage vorliegen, dass die Bezahlung von Geldbeträgen sichergestellt ist, die ins-

gesamt aus dem zu hinterlegenden Kaufpreis erfüllt werden können, wobei jedoch vorab folgende Beträge abzuziehen sind:

- Die von den Veräußerern nach den Bestimmungen dieses Vertrages für die Lastenfreistellung zu tragenden Kosten und Gebühren, insbesondere von Notar, Grundbuchamt und Kreditinstituten;
- die von den Erwerbern nach den Bestimmungen dieses Vertrages zu tragenden Kosten und Gebühren, insbesondere Notar, Grundbuchamt, Finanzamt – Grunderwerbesteuer –, Stadt Starnberg – Negativzeugnis nach BauGB; der Notar wird hierzu vom Erwerber ermächtigt und beauftragt, das zuständige Finanzamt – Grunderwerbsteuerstelle –, Stadt Starnberg, Grundbuchamt bzw. Landesjustizkasse Bamberg anzuweisen, die entsprechenden Bescheide direkt zu Händen des amtierenden Notars zu senden;
- die von den Erwerbern nach den Bestimmungen dieses Vertrages für die Hinterlegung zu tragenden Notarkosten und Bankgebühren;
- Der Notar muss die von ihm mit dem hinterlegten Betrag zu bezahlenden Kosten und Gläubigerauflagen weder dem Grunde noch der Höhe nach prüfen.

cc) Das Negativzeugnis bezüglich des Vorkaufsrechts nach dem Baugesetzbuch muss vorliegen.
Hierbei soll der Notar:
(i) die vorstehend genannten Kosten bezahlen bzw. entnehmen,
(ii) vom verbleibenden Rest die von den Gläubigern gemachten Auflagen erfüllen,
(iii) einen dann etwa verbleibenden Kaufpreisrest – vorbehaltlich späterer anderslautender schriftlicher Weisung der Veräußerer an den Notar – auf das Konto-Nr. 578379001 bei der Commerzbank (BLZ 700 800 00), Kontoinhaber Herr Manfred Müller und Frau Constanze Müller-Czerny, zu überweisen.

Der amtierende Notar und wird seitens der Veräußerer insbesondere beauftragt beim Grundbuchamt die Kosten der Lastenfreistellung zu erfragen und den angeforderten Betrag bei allgemeiner Auszahlungsreife vorschussweise auf ein Konto des Grundbuchamtes – Landesjustizkasse Bamberg – zu überweisen.

Die Vertragsnebenkosten, die den Erwerber treffen, sind jeweils bei deren Fälligkeit dem Anderkonto zu entnehmen. Hinsichtlich der Grundbuchkosten soll der amtierende Notar gleichfalls die anfallenden Kosten erfragen und diese vorschussweise auf ein Konto des Grundbuchamtes – Landesjustizkasse Bamberg – überweisen.

3) Zinsen, Restguthaben

Auf dem Anderkonto anfallende Zinsen, ebenso ein sich nach Abrechnung ergebendes Restguthaben, stehen dem Erwerber zu. Sie sind nach Vollzug dieser Urkunde auf das Konto der Frau Anastasia Soest, Konto-Nr. 54376 bei der Deutsche Bank (BLZ 700 700 24) zur Weiterleitung an die Erwerber auszuzahlen.

4) Anlage

Das Notaranderkonto ist nur auf übereinstimmende schriftliche Weisung beider Vertragsteile als Tagesgeld als sog. VR-FlexGeld anzulegen, soweit bankseits die Voraussetzungen vorliegen.

5) Kosten, Gebühren

Die für die Hinterlegung anfallenden Bankgebühren und Notarkosten tragen die Erwerber und Veräußerer zu gleichen Teilen.

6) Definition

Soweit in diesem Vertrag von Zahlung bzw. Fälligkeit des Kaufpreises die Rede ist, ist hierunter stets die Hinterlegung beim Notar und nicht die Auskehrung durch den Notar zu verstehen, soweit nicht ausdrücklich etwas anderes bestimmt ist.

c) Rücktrittsrecht der Veräußerer

Die Veräußerer können vom schuldrechtlichen Teil dieses Kaufvertrages zurücktreten, wenn der Kaufpreis nicht innerhalb von einem Monat, gerechnet ab heute, vollständig auf dem Notaranderkonto eingegangen ist.

Das Rücktrittsrecht erlischt, wenn der Rücktrittsgrund vor Absendung der Rücktrittserklärung wegfällt.

Der Rücktritt muss schriftlich gegenüber den Erwerbern erklärt werden. Eine Kopie der Rücktrittserklärung ist dem Notar zu senden, ohne dass dies jedoch Voraussetzung für die Wirksamkeit des Rücktritts wäre.

d) Zwangsvollstreckungsunterwerfung

Die Erwerber unterwerfen sich wegen des Kaufpreises mit der Maßgabe, dass beizutreibende Beträge auf das vorgenannte Notaranderkonto einzuzahlen sind, der sofortigen Zwangsvollstreckung aus dieser Urkunde in ihr gesamtes Vermögen.

§ 7 Grundbucherklärungen

a) Vormerkung

Die Vertragsteile bewilligen und

beantragen,

für die Erwerber eine Eigentumsvormerkung in das Grundbuch lediglich im Rang nach den in Ziffer 1. bezeichneten Belastungen einzutragen.

Die Erwerber bewilligen und

beantragen,

die Vormerkung mit Eigentumsumschreibung wieder zu löschen, wenn nach dieser Vormerkung nichts ohne ihre Zustimmung eingetragen wurde.

Der Notar wird angewiesen die Eintragung der Auflassungsvormerkung beim Grundbuchamt erst zu beantragen, sobald der Kaufpreis vollständig auf dem Notaranderkonto eingegangen ist, sowie auszugsweise Ausfertigungen (ohne diesen § 7) bis dahin zu erteilen.

b) Eigentumsübergang

Die Vertragsteile sind über den in Ziffer 3. bezeichneten Eigentumsübergang einig. Diese Einigung enthält nicht die Bewilligung, den Eigentumsübergang im Grundbuch einzutragen. Die Vertragsteile bevollmächtigen unwiderruflich mit Wirkung für sich und ihre Erben den Notar, dessen Sozius sowie deren Vertreter und Nachfolger im Amt, die Eintragung des Eigentumsübergangs in das Grundbuch zu bewilligen und zu beantragen.

Sie weisen den Notar an, die Eigentumsumschreibung beim Grundbuchamt erst zu bewilligen, wenn der Kaufpreis in voller Höhe auf dem o.g. Notaranderkonto eingezahlt ist und die Auszahlungsreife eingetreten ist oder er bereits ausgezahlt wurde.

§ 8 Finanzierungsgrundpfandrechte

a) Mitwirkungsverpflichtung

Die Veräußerer werden am Vertragsobjekt Grundpfandrechte mit dinglicher Zwangsvollstreckungsunterwerfung für inländische Kreditinstitute in beliebiger Höhe mit Zinsen bis zu 20 % jährlich und einer einmaligen Nebenleistung bis zu 10 % mitbestellen, um den Erwerbern die Finanzierung des Kaufpreises zu ermöglichen. Dies gilt nur, wenn in die Grundpfandrechtsbestellung Folgendes aufgenommen wird:

Die Gläubigerin darf das Grundpfandrecht als Sicherheit nur für solche Zahlungen verwerten oder behalten, mit denen sie den Kaufpreis gemäß diesem Kaufvertrag tilgt. Andere Sicherungsvereinbarungen oder Zweckerklärungen in oder außerhalb der Urkunde über die Bestellung des Grundpfandrechts gelten erst, wenn der Kaufpreis voll bezahlt ist, spätestens ab Eigentumsumschreibung; sie gelten ab dann für und gegen die Erwerber als Sicherungsgeber. Die Veräußerer treten mit Wirkung ab diesem Zeitpunkt ihre an dem Grundpfandrecht bis zur Eigentumsumschreibung erworbenen Rechte und Ansprüche an die Erwerber im bezeichneten Anteilsverhältnis ab und bewilligen deren Umschreibung.

Die Veräußerer übernehmen keine persönlichen Verpflichtungen. Die Erwerber stellen die Veräußerer von allen Kosten und sonstigen Folgen des Grundpfandrechts frei.

b) Vollmacht

Die Veräußerer bevollmächtigen jeden Erwerber einzeln, befreit von § 181 BGB, Grundpfandrechte gemäß vorstehender Ziffer mit dinglicher Zwangsvollstreckungsunterwerfung zu bestellen. Die Erwerber bevollmächtigen sich gegenseitig in gleicher Weise, und zwar erweitert auf das persönliche Schuldanerkenntnis samt Unterwerfung unter die Zwangsvollstreckung in das gesamte Vermögen und den Rangrücktritt mit der Eigentumsvormerkung.

Die Vollmacht gilt nur für Grundpfandrechte, die der beurkundende Notar, dessen Sozius oder deren Vertreter oder Amtsnachfolger beurkunden oder beglaubigen.

c) Auszugsweise Ausfertigung

Der Notar wird angewiesen, vor vollständiger Einzahlung auf das Notaranderkonto Ausfertigungen und beglaubigte Abschriften dieser Urkunde nur im Auszug – ohne diesen Abschnitt 8 – zu erteilen, vollständige beglaubigte Abschriften und Ausfertigungen erst nach vertragsgemäßer Einzahlung. In diesem Umfang wird der Ausfertigungsanspruch der Beteiligten beschränkt.

§ 9 Gesetzliche Vorkaufsrechte

Es können gesetzliche Vorkaufsrechte bestehen, vor allem nach dem Baugesetzbuch und dem Bayerischen Naturschutzgesetz. Der Vorkaufsberechtigte muss nicht immer den vollen hier vereinbarten Kaufpreis zahlen.

Die Vertragsteile ermächtigen den Notar, den Inhalt dieses Vertrages den Vorkaufsberechtigten anzuzeigen und deren Erklärung über Nichtbestehen oder Nichtausübung gesetzlicher Vorkaufsrechte entgegen zu nehmen.

Wegen des naturschutzrechtlichen Vorkaufsrechts soll der Notar nicht anfragen, da dessen Voraussetzungen nach Angabe der Vertragsteile nicht vorliegen.

Wird ein gesetzliches Vorkaufsrecht für das Vertragsobjekt oder Teile davon ausgeübt, kann jeder Vertragsteil vom schuldrechtlichen Teil dieses Vertrages zurücktreten. Erbrachte Leistungen sind dann Zug um Zug zinslos zurück zu gewähren. Die Veräußerer treten ihre Ansprüche gegen den Vorkaufsberechtigten an die Erwerber sicherungshalber ab, soweit die Erwerber bereits Zahlungen an die Veräußerer geleistet haben. Die Veräußerer müssen dann den Erwerbern die Notar- und Grundbuchkosten für diesen Vertrag und die Löschung der Vormerkung erstatten. Weitergehende gegenseitige Ansprüche bestehen nicht.

Der Notar hat darüber belehrt, dass ein Rücktritt nicht gegenüber dem Vorkaufsberechtigten wirkt und den Bestand des Vorkaufsrechts nicht berührt.

§ 10 Rechtswahl, Gerichtsstandsvereinbarung

a) Rechtswahl

Für diesen Vertrag gilt, soweit nicht zwingendes Recht entgegensteht, deutsches Recht.

b) Gerichtsstand

Hat ein Vertragsteil im Inland keinen allgemeinen Gerichtsstand, ist für Rechtsstreitigkeiten aus diesem Vertragsverhältnis das Gericht örtlich zuständig, bei dem der andere Vertragsteil seinen allgemeinen inländischen Gerichtsstand hat. Hat kein Vertragsteil einen allgemeinen Gerichtsstand im Inland, sind die für Starnberg zuständigen Gerichte örtlich zuständig.

Verlegt ein zu verklagender Vertragsteil nach dem heutigen Vertragsschluss seinen Wohnsitz oder gewöhnlichen Aufenthalt in das Ausland oder ist sein Wohnsitz oder gewöhnlicher Aufenthalt im Zeitpunkt der Klageerhebung unbekannt, ist für Rechtsstreitigkeiten aus diesem Vertragsverhältnis das Gericht örtlich zuständig, bei dem der Kläger seinen allgemeinen inländischen Gerichtsstand hat, und in Ermangelung eines solchen die für Starnberg zuständigen Gerichte.

Empfangs- und Zustellungsvollmacht

Herr Gregori Valerijev und Frau Ludmila Valerijeva bevollmächtigen hiermit

Frau Anastassia Soest, Ottostraße 10, 80333 München,

für sie Erklärungen und Zustellungen aller Art entgegenzunehmen, die mit diesem Vertrag, seiner Durchführung und ggf. seiner Änderung, Aufhebung oder Rückabwicklung im weitesten Sinne zusammenhängen. Dies gilt vor allem für Erklärungen seitens des anderen Vertragsteils, des Notars und von Gerichten und Behörden.

Im Verhältnis zum anderen Vertragsteil ist diese Vollmacht unwiderruflich.

§ 11 Vollmacht für Notar

Die Vertragsteile bevollmächtigen und beauftragen den Notar, dessen Sozius sowie deren Vertreter und Nachfolger, zur Durchführung und zum Vollzug dieses Vertrages alle Erklärungen abzugeben, einzuholen und entgegenzunehmen, und zwar auch Genehmigungen Beteiligter, und Anträge – auch über § 15 Grundbuchordnung hinaus – zu stellen, zu ergänzen, abzuändern und zurückzunehmen sowie Rangbestimmungen vorzunehmen. Der Notar soll die entsprechenden Entwürfe fertigen.

Ablehnende, bedingte oder mit Auflagen versehene behördliche und gerichtliche Bescheide sind den Beteiligten direkt zuzustellen. Die Notare sind aber empfangsbevollmächtigt für Gebühren- und Steuerbescheide; diese sollen sie ausdrücklich anfordern.

Im Hinblick auf die Abwicklung der Vertragsnebenkosten über Notaranderkonto wird der Notar ferner bevollmächtigt, den Grunderwerbsteuerbescheid beim Finanzamt zu beantragen und entgegenzunehmen, sowie namens der Beteiligten das Negativzeugnis wegen des gemeindlichen Vorkaufsrechts einschließlich Kostennote hierzu zu beantragen und entgegenzunehmen. Das Steuergeheimnis etc. wird in diesem Umfang eingeschränkt. Zu einer inhaltlichen Prüfung der Kostennoten ist der Notar nicht verpflichtet.

§ 12 Wirksamkeit von Vollmachten

Alle in dieser Urkunde erteilten Vollmachten gelten unabhängig von der Erteilung etwa zu diesem Vertrag erforderlicher Genehmigungen.

§ 13 Kosten, Steuern

Die Kosten dieser Urkunde und ihres Vollzugs sowie Grunderwerbsteuern tragen die Erwerber. Kosten der Lastenfreistellung tragen die Veräußerer. Nicht erschienene Vertragsteile tragen die Kosten ihrer Genehmigung selbst.

Die Vertragsteile wissen, dass sie alle kraft Gesetzes für diese Kosten und Steuern gesamtschuldnerisch haften.

§ 14 Abschriften

Von dieser Urkunde erhalten

a) **beglaubigte Abschrift**
   - jeder Vertragsteil,
   - Grundbuchamt,

b) **einfache Abschrift**
   - Grundpfandrechtsgläubiger der Veräußerer auf ihren Antrag,
   - Finanzierungsgläubiger der Erwerber,
   - Makler,
   - Landratsamt – Gutachterausschuss –,
   - Finanzamt – Grunderwerbsteuerstelle –.

§ 15 Hinweise

Der Notar hat unter anderem auf folgendes hingewiesen:

- Alle Vereinbarungen müssen beurkundet sein. Nicht beurkundete Abreden sind unwirksam und führen in aller Regel zu Unwirksamkeit des gesamten Vertrages, vor allem bei unrichtiger Angabe des Kaufpreises.

- Das Eigentum am Vertragsobjekt geht erst mit Umschreibung im Grundbuch auf die Erwerber über. Diese erfolgt erst, wenn alle etwa erforderlichen Genehmigungen, das Negativattest der Kommune zum Vorkaufsrecht nach dem BauGB und die grunderwerbsteuerliche Unbedenklichkeitsbescheinigung vorliegen sowie alle Kosten und Steuern bezahlt sind.
- Ungesicherte Vorleistungen sind mit Gefahren verbunden und können ersatzlos verloren gehen, insbesondere Kaufpreiszahlung und Investitionen in das Vertragsobjekt, bevor der lastenfreie Besitz- und Eigentumsübergang gesichert ist, und Besitz- oder Eigentumsübergang sowie Eintragung einer Vormerkung, bevor der Kaufpreis voll bezahlt ist.
- Bestehende Gebäudeversicherungen gehen mit Eigentumsumschreibung im Grundbuch auf die Erwerber über. Diese können die Versicherungen innerhalb eines Monats ab Eigentumsumschreibung kündigen. Die Vertragsteile müssen dem Versicherungsunternehmen die Veräußerung unverzüglich anzeigen.
- Gewinne aus der Veräußerung von Grundbesitz können nicht nur im Fall steuerlichen Betriebsvermögens einkommensteuerpflichtig sein, sondern auch bei Privatvermögen, wenn zwischen Anschaffung und Veräußerung nicht mehr als zehn Jahre verstrichen sind; als Anschaffung gilt auch die Entnahme aus dem Betriebsvermögen. Im Übrigen hat der Notar über die steuerlichen Folgen dieses Vertrages nicht beraten; er hatte den Vertragsteilen empfohlen, sich hierüber vor der Beurkundung durch einen Steuerberater beraten zu lassen.

§ 16 Maklerklausel

Nach Angabe wurde dieser Vertrag nachgewiesen bzw. vermittelt von

Anett Müller Realwert, Krankenhausstr.8, 82319 Starnberg,

– nachstehend „der Makler“ genannt –.

§ 17 Rechtswahl

Herr Gregori Valerijev und Frau Ludmila Valerijeva besitzen nach ihrer Angabe jeweils die russische Staatsbürgerschaft.

Im Hinblick auf die Staatsangehörigkeit der Käufer und unabhängig davon, nach welchem geltenden Recht sich die allgemeinen güterrechtlichen Wirkungen ihrer Ehe richten, wählen sie für das heute erworbene Kaufobjekt das Recht des Lageortes gemäß Art. 15 Abs. 2 Nr. 3 Einführungsgesetz zum Bürgerlichen Gesetzbuch, also das Recht der Bundesrepublik Deutschland als Güterrechtsstatut nach seinem heutigen Stand, und zwar in der Form des derzeit geltenden gesetzlichen Güterstandes der Zugewinngemeinschaft.

Der Notar hat über die rechtliche Tragweite dieser Vereinbarung belehrt.

Vorgelesen, vom Dolmetscher übersetzt, von den Erschienenen genehmigt und eigenhändig unterschrieben:

(*Unterschriften*)

▲

Lösung:

Der Vollzugsbogen könnte wie folgt aussehen (erstellt auf der Grundlage des Leermusters; siehe hierzu Anhang 2):

Vorgang	SB:	URNr. 313 / V / 2012 Termin:

		Maßnahme	Nr.	Veranlasst	Gemahnt	Erledigt
1.		Vormerkung ~~sofort~~/nach 3 + Anderkontoeinzahlung			○	
		Mit FinanzierungsGS URNr(n).				
	☒	Abschriften ~~an~~ vorerst nur auszugsweise			○	
2.		2. (Kontroll-)Einsicht Rang nach 1				
3.	☒	Gen. Beteiligter, Ehefrau M-C			○	
					○	
4.		Gen. § 51 BauGB (Umlegung)			○	
		Gen. § 144 BauGB (Sanierung)			○	
					○	
		Gen. GrdstVG			○	
					○	
		Gen. Verwalter mit Nachweis			○	
		Gen. Eigentümer bei Erbbaurecht				
					○	
		BtG/FamG			○	
		Entgegennahme		▨	▨	
					○	
5.	☒	Unbedenklichkeitsbescheinigung			○	
		Mitteilung FA über Gen. nach 3		▨	▨	
6.		Schenkung/Erbschaftsteuerstelle		▨	▨	
7.	☒	Gutachterausschuss	(ohne)	▨	▨	
8.	☒	Vorkaufsrecht Gemeinde			○	
		Vorkaufsrecht Mieter			○	
		VorkR			○	
					○	
9.		Lastenfreistellung				
	☒	III/1, Löschung Deutsche Bank			○	
					○	
					○	
					○	
					○	
10.		~~Fälligkeitsmitteilung~~		▨	▨	
		Anderkontoauszahlung nach 1, 8, 9			○	
11.		~~Zahlungsbestätigung Verkäufer~~			○	
		~~Entlassung aus Auflagen~~			○	
12.		Vollzug mit 10			○	
		VM an Beteiligte			○	

vorläufig auszugsweise Abschriften!

WV:

Auflage(n)	
	Nein
	Ja
	Erl.

Anmerkungen:

Dreh- und Angelpunkt dieser Urkunde ist die Anderkontoabwicklung (siehe § 2 Rdn 213).

Das erklärt die Datenweitergabe an die anderkontoführende Bank (Feststellung des wirtschaftlich Berechtigten) sowie das Abwarten der Einzahlung für wesentliche Vollzugshandlungen, die üblicherweise sofort eingeleitet werden.

Die Vormerkung kommt erst zur Eintragung, wenn die mitverkaufende Ehefrau die Vollmacht grundbuchtauglich bestätigt hat (siehe § 2 Rdn 190); insoweit fehlt derzeit der Vollmachtsnachweis gegenüber dem Grundbuchamt. Außerdem muss nach den vertraglichen Regelungen erst die vollständige Anderkontoeinzahlung abgewartet werden, deswegen der entsprechende Vermerk.

Es wird Normaleigentum verkauft, deswegen erfolgt die Anfrage an die Gemeinde wegen Erteilung des Negativzeugnisses (siehe § 2 Rdn 38). Erforderlich sind weiter die Mitteilung an den Gutachterausschuss und die Veräußerungsanzeige an die Grunderwerbsteuerstelle (siehe § 2 Rdn 60). Da dem Ehemann die Vollmacht mündlich erteilt war, ist die Urkunde streng genommen sofort wirksam.

Die Grundschuld in Abt. III/1 wird gelöscht. Dies ergibt sich aus § 5a Rechtsmängel. Deswegen ist die Löschungsbewilligung anzufordern (siehe § 2 Rdn 167).

Zu beachten ist auch, dass vorsorglich bis Anderkontoeinzahlung keine beglaubigten Abschriften mit Passage der Auflassungsvormerkung erteilt werden. Das sollte im Vollzugsbogen als Einzelanweisung vermerkt werden.

6 **Aufgabe 5 (Kauf und Grundschuld)**

Ihnen liegen folgende zwei Urkunden vor. Vervollständigen Sie zu jeder Urkunde den Vollzugsbogen, soweit es Ihnen nach den Angaben möglich ist, und fertigen Sie die erforderlichen Anschreiben.

▼

Muster 3.6: Kaufvertrag

UVZ-Nr. 789/2023/V

Kaufvertrag

Heute, den siebten Juli zweitausenddreiundzwanzig

– 7.7.2023 –

erschienen vor mir,

Michael Volmer,

Notar in Obernburg a. Main,

in meinen Amtsräumen in Obernburg, Römerstraße 6 a:

1. Herr Martin **Delling**,
   Maler,
   geboren am 16.10.1968 in Erlenbach,
   wohnhaft in 63906 Erlenbach a. Main, Steingasse 16,
   nach Angabe im gesetzlichen Güterstand verheiratet,
   ausgewiesen durch Bundespersonalausweis

sowie dessen Ehefrau

2. Frau Melanie **Delling**, geb. Dehner,
   Hausfrau,
   geboren am 28.11.1972 in Erlenbach a. Main,
   wohnhaft in 63906 Erlenbach a. Main, Steingasse 16,
   nach Angabe im gesetzlichen Güterstand verheiratet,
   ausgewiesen durch Bundespersonalausweis.

Die Ehegatten Martin und Melanie Delling handeln hier

für sich im eigenen Namen, sowie

als vollmachtlose Vertreter – also vorbehaltlich nachträglicher Genehmigung sowie befreit von den Beschränkungen des § 181 BGB –

für Herrn Rechtsanwalt Markus Meier,

geschäftsansässig: Philosophenweg 5, 53111 Bonn,

dieser wiederum handelnd als Insolvenzverwalter über das Vermögen von

Herrn Werner Wüst,

geboren am 3.12.1962,

wohnhaft in Staffelsgasse 8, Alfter.

Der Insolvenzverwalter verpflichtet sich, im Rahmen seiner Nachgenehmigung die Eröffnung des Insolvenzverfahrens und seine Stellung nachzuweisen.

Ihren bei gleichzeitiger Anwesenheit vor mir abgegebenen Erklärungen gemäß beurkunde ich nach Grundbucheinsicht auf Ansuchen, was folgt:

§ 1 Grundbuch- und Sachstand

Im Grundbuch des Amtsgerichts Kaufbeuren für Rückholz Band 10 Blatt 723 ist Herr Werner Wüst, geboren am 3.12.1962 als Eigentümer des folgenden Grundbesitzes vorgetragen:

Gemarkung Rückholz

lfd.Nr. 1 Flst.Nr. 325/5 – 0,1217 ha In Holz, Bauplatz

Der Grundbesitz ist im Grundbuch wie folgt belastet:

- Abteilung II: Insolvenzvermerk (Amtsgericht Bonn, Az: 76 IN 5/04)
- Abteilung III:
  - Grundschuld mit Brief für die Sparkasse Ostallgäu in Füssen, nunmehr Sparkasse Allgäu mit Sitz in Kempten,
  - Grundschuld mit Brief für dasselbe Institut,
  - Zwangssicherungshypothek für Erdmann Baumaschinentechnik GmbH mit Sitz in Wede,
  - Zwangssicherungshypothek für Alsmann GmbH technische Kunststoffe mit Sitz in Erdholz,
  - Zwangssicherungshypothek für Maschinenbau- und Metall-Berufsgenossenschaft mit Sitz in Bingen,
  - Zwangssicherungshypothek für das Land Nordrhein-Westfalen (FA Siegburg).

Der Eigentümer verpflichtet sich zur Löschung vorgenannter Eintragungen. Der Eigentümer stimmt den Löschungsbewilligungen unter Vollzugsantrag zu, Zug um Zug gegen Vorlage der Löschungsbewilligungen.

§ 2 Veräußerung

Herr Werner Wüst bzw. für diesen der verfügungsberechtigte Insolvenzverwalter, wie vor,

– im Folgenden „der Verkäufer" genannt –

verkauft das in § 1 bezeichnete Vertragsobjekt mit allen Rechten und dem gesetzlichen Zubehör

an

Herrn Martin Delling und Frau Melanie Delling

– im Folgenden „der Käufer" genannt –

zum Miteigentum zu je 1/2.

§ 3 Vormerkung

Zur Sicherung des Anspruchs des Käufers auf Übertragung des Eigentums an dem Vertragsobjekt bewilligt der Verkäufer und beantragt der Käufer zu dessen Gunsten eine

Vormerkung

gemäß § 883 BGB an dem in § 1 bezeichneten Grundbesitz ohne weitere Voraussetzungen an nächstoffener Rangstelle in das Grundbuch einzutragen. Der Käufer bewilligt und beantragt, die Vormerkung bei der Eigentumsumschreibung wieder zu löschen, vorausgesetzt, dass nachrangig keine Eintragungen bestehen bleiben, denen er nicht zugestimmt hat.

§ 4 Kaufpreis; Fälligkeit

Der Kaufpreis beträgt 70.000,00 EUR

– in Worten: siebzigtausend EUR –.

Bis zur Fälligkeit ist der Kaufpreis nicht zu verzinsen und nicht sicherzustellen.

a) Fälligkeit

Der Kaufpreis ist fällig am 30.11.2023 – dreißigsten November zweitausenddreiundzwanzig – (Kontogutschrift), nicht aber vor dem Zugang einer schriftlichen Mitteilung des Notars, in welcher dieser dem Käufer bestätigt, dass

- die zugunsten des Käufers bewilligte Auflassungsvormerkung im Grundbuch eingetragen ist,
- das Negativzeugnis wegen des gemeindlichen Vorkaufsrechts vorliegen muss,

und

- dem Notar für alle nach dem Inhalt dieses Vertrages zu beseitigenden Belastungen Lastenfreistellungsunterlagen in grundbuchmäßiger Form bedingungslos oder nur unter solchen Zahlungsauflagen vorliegen, die aus dem Kaufpreis erfüllbar sind. Zur Einholung und Entgegennahme der Lastenfreistellungsunterlagen wird der Notar allseits bevollmächtigt.
- Der Käufer ist zu vorzeitigen Zahlungen auf den Kaufpreis berechtigt, jedoch ohne Abzug von Zwischenzinsen und immer erst nach dem Zugang der erwähnten Notarbestätigung. Über die Bedeutung dieser Bestätigung wurde belehrt; erst aus ihr ergibt sich die Vollzugsfähigkeit des Vertrages und die Verteilung des Kaufpreises auf die verschiedenen beteiligten Gläubiger.

Soweit eingetragene Gläubiger für die Lastenfreistellung Ablösebeträge verlangen, oder erforderliche Genehmigungen mit den Verkäufer treffenden Zahlungsauflagen versehen sind, kann letzterer vom Käufer nur Erfüllung dieser Zahlungsauflagen in Anrechnung auf den Kaufpreis verlangen, ohne dass die Empfänger insoweit ein eigenes Forderungsrecht erwerben. Zur Überprüfung der geforderten Beträge hinsichtlich Grund und Höhe sind Notar und Käufer weder berechtigt noch verpflichtet.

Soweit der Kaufpreis nicht zur Lastenfreistellung benötigt wird, ist er ausschließlich durch Überweisung auf das Konto des Insolvenzverwalters bei der Sparkasse Köln-Bonn, IBAN ... zu bezahlen.

Aufschiebend bedingt mit Zahlung des Kaufpreises tritt der Verkäufer an den dies annehmenden Käufer entsprechend dem Erwerbsverhältnis gemäß § 2 dieses Vertrages alle Eigentümerrechte und Rückübertragungsansprüche ab, die ihm in Ansehung eingetragener oder einzutragender Grundpfandrechte aus irgendeinem Rechtsgrund zustehen, und bewilligt die Umschreibung im Grundbuch.

b) Verzug

Der Zugang der Fälligkeitsmitteilung des Notars wird als Ereignis im Sinne des § 286 Abs. 2 Nr. 2 BGB vereinbart. Verzug tritt ein, wenn der Käufer nicht innerhalb von zwei Wochen nach Zugang der Mitteilung den Kaufpreis entsprechend den Vereinbarungen in diesem Vertrag bezahlt. Maßgeblich ist das Datum des Zahlungseingangs.

Der Notar wies darauf hin, dass im Falle des Verzugs der Verkäufer jeden Verzögerungsschaden geltend machen kann, mindestens aber eine Verzinsung von fünf Prozent über Basiszinssatz jährlich.

§ 5 Auflassung

Die Beteiligten sind über den vereinbarten Eigentumsübergang in dem angegebenen Erwerbsverhältnis einig. Diese Erklärung der

Auflassung

enthält jedoch ausdrücklich weder die Eintragungsbewilligung noch den Eintragungsantrag. Zu deren Erklärung wird der amtierende Notar, sein amtlicher Vertreter oder Nachfolger durch die Beteiligten unwiderruflich, über den Tod hinaus und unter Befreiung von den Beschränkungen des § 181 BGB bevollmächtigt.

Der Notar wird angewiesen, die Eigentumsumschreibung gemäß dieser Vollmacht erst zu bewilligen und zu beantragen, wenn ihm der Verkäufer unverzüglich nach Erhalt des Geldes schriftlich bestätigt oder hilfsweise der Käufer nachgewiesen hat, dass der Kaufpreis (ohne etwaige Zinsen) bezahlt ist.

§ 6 Besitzübergabe; Erschließung

a) Besitzübergang

Besitz und Nutzungen sind mit vollständiger Kaufpreiszahlung zu übergeben; die Gefahr geht zu diesem Zeitpunkt, Haftung, Lasten und Verkehrssicherungspflichten bereits bei Eintritt der Fälligkeit auf den Käufer über.

b) Erschließung

Der Verkäufer versichert, dass die gesamte öffentlich-rechtliche Erschließung des Vertragsbesitzes gemäß BauGB und Kommunalabgabengesetz mit Straßenausbau, und Entwässerung durchgeführt, endabgerechnet und bezahlt ist. Gleiches gilt für die Anbindung an die öffentliche Wasserversorgung. Sollten wider Erwarten noch Zahlungen für den derzeitigen Zustand vom Käufer verlangt werden, hat diese der Verkäufer zu übernehmen.

Sofern allerdings Baukostenzuschüsse, Hausanschlusskosten und Nacherhebungen von Erschließungskosten anlässlich einer künftigen Bebauung des Vertragsbesitzes oder künftiger Veränderungen der Erschließungsanlagen angefordert werden, treffen diese den Käufer. Den Käufer treffen ferner sämtliche Erschließungskostenbescheide wegen des Baues der neuen Straße, und zwar unabhängig davon, ob der Straßenbau zum Zeitpunkt der Beurkundung bereits begonnen wurde oder nicht, und unabhängig davon, ob die durch den jeweiligen Erschließungskostenbescheid abgerechnete Teilmaßnahme bereits vor Beurkundung durchgeführt wurde oder nicht.

Hinsichtlich der vorhandenen privatrechtlichen Versorgungsanlagen (Elektrizität und – sofern einschlägig – Gas, Heizwärme etc.) hat der Käufer ab Lastenübergang ggf. vertragliche Vereinbarungen mit den Versorgern zu treffen. Bereits erteilte Aufträge treffen den Auftraggeber.

c) Vermietung; Räumung

Der Vertragsbesitz ist nicht vermietet oder verpachtet; das Objekt steht leer.

d) Ausübung von Vorkaufsrechten

Wird ein Vorkaufsrecht ausgeübt, so sind beide Vertragsteile zum Rücktritt vom Vertrag berechtigt; ein Anspruch auf Schadensersatz oder Verzinsung bereits geleisteter Kaufpreisteile besteht in diesem Fall nicht.

§ 7 Vollstreckungsunterwerfungen

Der Käufer unterwirft sich wegen der Verpflichtung zur Kaufpreiszahlung der sofortigen Zwangsvollstreckung aus dieser Urkunde in sein gesamtes Vermögen. Gleiches gilt für den Verkäufer wegen seiner Verpflichtung zur Besitzverschaffung.

Mehrere Beteiligte, die zu derselben Leistung verpflichtet sind, haften als Gesamtschuldner.

Vollstreckbare Ausfertigungen dieser Urkunde sind dem jeweiligen Gläubiger auf dessen Antrag, – soweit die Besitzverschaffung nur Zug um Zug gegen Kaufpreiszahlung geschuldet ist, gegen Vorlage einer Bankbestätigung hierüber –, im Übrigen aber ohne den Nachweis der Tatsachen zu erteilen, von denen die Entstehung oder die Fälligkeit des Anspruchs abhängen.

§ 8 Rechtsmängel

Der Verkäufer ist verpflichtet, dem Käufer ungehinderten Besitz und lastenfreies Eigentum an dem Grundbesitz zu verschaffen, soweit in dieser Urkunde nichts anderes vereinbart ist.

Aufgrund der heutigen Veräußerung **beantragt** der Insolvenzverwalter hiermit gemäß § 32 Abs. 3 S. 2 InsO, die Eintragung über die Eröffnung des Insolvenzverfahrens im Grundbuch

Zug um Zug im Sinne des § 16 Abs. 2 GBO mit Eintragung des Erwerbers als Eigentümer zu löschen.

Allen zur Lastenfreistellung bewilligten Löschungen oder Rangänderungen wird mit dem Antrag auf Vollzug zugestimmt, auch soweit weiterer Grundbesitz betroffen ist.

§ 9 Sachmängel

Alle Ansprüche und Rechte wegen Sachmängeln am Vertragsgegenstand (einschließlich etwa mitverkaufter beweglicher Sachen), insbesondere wegen des Bauzustands bestehender Gebäude, werden hiermit ausgeschlossen. Der Verkäufer erklärt, dass ihm nicht erkennbare Mängel, insbesondere auch schädliche Bodenveränderungen oder Altlasten, sowie Abstandsflächenübernahmen und Baulasten nicht bekannt sind. Garantien werden nicht abgegeben. Der Käufer erwirbt das Objekt im gegenwärtigen, ihm bekannten Zustand.

Von der vorstehenden Rechtsbeschränkung ausgenommen ist eine Haftung für Vorsatz oder Arglist.

Stehen dem Verkäufer hinsichtlich Sachmängel des Grundstücks und des Gebäudes, für die seine eigene Haftung vereinbarungsgemäß ausgeschlossen wurde, Ansprüche gegen Dritte, insbesondere aus Reparaturmaßnahmen zu, tritt er diese – aufschiebend bedingt mit vollständiger Kaufpreiszahlung – an den Käufer ab, der diese Abtretung annimmt. Der vorstehende Haftungsausschluss gilt für diese Abtretung entsprechend. Der Verkäufer übernimmt somit keine Haftung für den Bestand und die Einbringlichkeit der abgetretenen Forderungen.

§ 10 Vollzugsauftrag

Alle Beteiligten beauftragen und bevollmächtigen den Notar, die zum Vollzug dieser Urkunde erforderlichen Genehmigungen und Erklärungen anzufordern, den Verkauf etwaigen Vorkaufsberechtigten anzuzeigen, auch den Teilvollzug der Urkunde zu betreiben, Anträge beim Grundbuchamt auch über § 15 GBO hinauszustellen, Rangerklärungen vorzunehmen und Anträge der Beteiligten ganz oder teilweise zurückzunehmen. Soweit Bescheide ohne Einschränkungen erteilt werden, sollen diese ausschließlich dem auch gemäß § 875 Abs. 2 BGB allseits empfangsbevollmächtigten Notar übersandt werden; auf förmliche Zustellung und Einlegung von Rechtsbehelfen wird insoweit bereits jetzt durch alle Beteiligten verzichtet. Ablehnende oder mit Bedingungen bzw. Auflagen versehene Bescheide sowie Zwischenbescheide zur Fristverlängerung sind den Beteiligten – unter Übersendung einer Abschrift an den Notar – zuzustellen.

Die Vollzugsmitteilungen des Grundbuchamtes sind für alle Beteiligten dem Notar zu erteilen.

Die jeweiligen Angestellten an der Notarstelle Martin Herrmann und Michael Volmer in Obernburg a. Main werden einzeln und befreit von den Beschränkungen des § 181 BGB ermächtigt, alle zum Vollzug dieser Urkunde erforderlichen Erklärungen abzugeben und entgegenzunehmen.

§ 11 Vollmacht zur Kaufpreisfinanzierung

Der Verkäufer verpflichtet sich, bei der Bestellung vollstreckbarer Grundschulden zugunsten deutscher Geldinstitute als derzeitiger Grundstückseigentümer mitzuwirken.

Diese Mitwirkungspflicht besteht jedoch nur, wenn in der Grundschuldurkunde folgende von den Beteiligten bereits jetzt getroffene Vereinbarungen wiedergegeben werden:

a) **Sicherungsabrede**
Die Grundschuldgläubigerin darf die Grundschuld nur insoweit als Sicherheit verwerten oder behalten, als sie tatsächlich Zahlungen mit Tilgungswirkung auf die Kaufpreisschuld des Käufers geleistet hat. Sollte die Grundschuld zurückzugewähren sein, so kann nur ihre Löschung verlangt werden, nicht Abtretung oder Verzicht. Alle weiteren Zweckbestimmungserklärungen, Sicherungs- und Verwertungsvereinbarungen innerhalb oder außerhalb dieser Urkunde gelten erst, nachdem der Kaufpreis vollständig bezahlt ist, in jedem Fall ab Eigentumsumschreibung. Ab diesem Zeitpunkt gelten sie für und gegen den Käufer als neuen Sicherungsgeber.

b) Zahlungsanweisung
Soweit der Kaufpreis nicht zur Freistellung des verkauften Grundbesitzes von eingetragenen Belastungen zu verwenden ist, sind Zahlungen gemäß a) auf das Konto des Verkäufers zu leisten.

c) Persönliche Zahlungspflichten, Kosten
Der Verkäufer übernimmt im Zusammenhang mit der Grundschuldbestellung keinerlei persönliche Zahlungspflichten. Der Käufer verpflichtet sich, den Verkäufer von allen Kosten und sonstigen Folgen der Grundschuldbestellung freizustellen.

d) Fortbestand der Grundschuld
Die Grundschuld darf auch nach der Umschreibung des Eigentums auf den Käufer weiterbestehen. Der Verkäufer überträgt hiermit alle Rechte, die ihm hinsichtlich der Grundschuld infolge Tilgung oder aus einem anderen Rechtsgrund zustehen, ab Kaufpreiszahlung, in jedem Fall aber ab Eigentumsumschreibung, auf den Käufer, auf mehrere im angegebenen Anteilsverhältnis, und bewilligt die entsprechende Eintragung im Grundbuch.

Der Verkäufer erteilt dem Käufer Vollmacht, ihn bei allen vorstehenden Rechtshandlungen zu vertreten. Diese

Vollmacht

gilt nur dann, wenn in der Grundschuldurkunde die vorstehend unter a) mit d) getroffenen Bestimmungen wiedergegeben werden. Die Vollmacht kann nur durch Erklärung vor den Notaren Martin Herrmann oder Michael Volmer in Obernburg am Main bzw. deren amtlich bestellten Vertretern oder Amtsnachfolgern ausgeübt werden. Sie gilt auch für die Bestellung vollstreckbarer Hypotheken und nicht vollstreckbarer Grundpfandrechte.

Jeder Grundpfandgläubiger, der aufgrund dieser Vollmacht im Grundbuch eingetragen wird, erhält eine Abschrift dieses Kaufvertrages.

§ 12 Hinweise des Notars

Der Notar hat die Beteiligten über die rechtliche Bedeutung der von ihnen abgegebenen Erklärungen belehrt und abschließend insbesondere auf folgendes hingewiesen:

- Das Eigentum geht nicht schon mit der heutigen Beurkundung, sondern erst mit der Eigentumsumschreibung im Grundbuch auf den Käufer über.
- Die Umschreibung kann erst erfolgen, wenn nach Zahlung der gesetzlichen Grunderwerbsteuer die Unbedenklichkeitsbescheinigung des Finanzamtes erteilt ist und das Vorkaufsrechtszeugnis der Gemeinde vorliegt.
- Barzahlungen haben keine Erfüllungswirkung.
- Der Vertragsbesitz haftet kraft Gesetzes für Rückstände an öffentlichen Lasten (z.B. Erschließungskosten, Ausgleichsbetrag nach dem BundesbodenschutzG).
- Unabhängig von den Vereinbarungen in dieser Urkunde, die nur im Innenverhältnis gelten, haften beide Vertragsteile kraft Gesetzes für die Grunderwerbsteuer und die Kosten als Gesamtschuldner.
- Alle Vereinbarungen müssen richtig und vollständig beurkundet werden, andernfalls kann der ganze Vertrag nichtig sein.
- Eine steuerliche Beratung hat der Notar nicht übernommen, jedoch auf die mögliche Steuerpflicht einer Veräußerung vor Ablauf von zehn Jahren gemäß § 23 EStG hingewiesen.

§ 14 Kosten, Abschriften

Die Kosten für die Beurkundung, eventuelle Genehmigungen und den Vollzug dieses Vertrages sowie die Grunderwerbsteuer trägt der Käufer. Die Kosten einer etwaigen Lastenfreistellung trägt der Verkäufer.

Von dieser Urkunde erhalten:

- beglaubigte Abschriften:
  - die Vertragsteile,
  - das Grundbuchamt,
  - etwaige Kaufpreisfinanzierungsgläubiger,

- einfache Abschriften:
  - die Grunderwerbsteuerstelle;
  - der Gutachterausschuss;
  - die zuständige Gemeinde zur Erklärung über das Vorkaufsrecht (auf Anfrage);
  - die Sparkasse Allgäu, Kaiser-Maximilian-Platz 3, 87629 Füssen;
  - etwaige Belastungsgläubiger in Abt. III (auf Anfrage).

▲

▼

Muster 3.7: Buchgrundschuld

UVZ-Nr. 790/2023/V

Ihre Sachbearbeiterin: Frau Grün

Buchgrundschuld

Heute, den siebten Juli zweitausendundzwanzig

– 7.7.2023 –

erschienen vor mir,

Michael Volmer,

Notar in Obernburg a. Main,

in meinen Amtsräumen in Obernburg, Römerstraße 6 a:

1. Herr Martin **Delling**, geboren am 16.10.1968 in Erlenbach, wohnhaft in 63906 Erlenbach a. Main, Steingasse 16, nach Angabe im gesetzlichen Güterstand verheiratet, ausgewiesen durch Bundespersonalausweis

sowie dessen Ehefrau

2. Frau Melanie **Delling**, geb. Dehner, geboren am 28.11.1972 in Erlenbach a. Main, wohnhaft in 63906 Erlenbach a. Main, Steingasse 16, nach Angabe im gesetzlichen Güterstand verheiratet, ausgewiesen durch Bundespersonalausweis,

Die Ehegatten Martin und Melanie Delling handeln hier

a) für sich im eigenen Namen, sowie
b) für Herrn Werner Wüst, geboren am 3.12.1962, wohnhaft in Staffelsgasse 8, Alfter.

bzw. für dessen Insolvenzverwalter,

c) Herrn Rechtsanwalt Markus **Meier**, geschäftsansässig: Philosophenweg 5, 53111 Bonn,

aufgrund Vollmacht in der vorausgehenden Urkunde des amtierenden Notars vom heutigen Tage; diese liegt in Urschrift vor.

Herr Werner Wüst, Herr Martin Delling und Frau Melanie Delling werden nachstehend auch als der Sicherungsgeber bezeichnet – auch wenn es sich um mehrere Personen handelt –; Herr Martin Delling und Frau Melanie Delling werden nachstehend auch als der Darlehensnehmer bezeichnet.

Auf Ansuchen der Erschienenen beurkunde ich ihren Erklärungen gemäß nach Grundbucheinsicht was folgt:

§ 1 Grundschuldbestellung

Herr Werner Wüst ist und Herr Martin Delling und Frau Melanie Delling werden Eigentümer des im Grundbuch Amtsgerichts Kaufbeuren für Rückholz Band 10 Blatt 723 vorgetragenen Grundstücks der Gemarkung Rückholz

lfd.Nr. 1 Flst.Nr. 325/5 – 0,1217 ha In Holz, Bauplatz

Der vorbezeichnete Grundbesitz wird nachstehend das Pfandobjekt genannt.

Der Sicherungsgeber bestellt hiermit zugunsten der Sparkasse Aschaffenburg-Alzenau Anstalt des öffentlichen Rechts mit dem Sitz in Aschaffenburg

– nachstehend Gläubigerin genannt –

auf dem Pfandobjekt eine Grundschuld in Höhe von

150.000 EUR

(einhundertfünfzigtausend EUR).

Die Erteilung eines Grundschuldbriefes wird ausgeschlossen.

Die Grundschuld ist vom heutigen Tage an mit fünfzehn vom Hundert – 15 % – jährlich zu verzinsen. Die Zinsen sind jeweils nachträglich am ersten Werktag des folgenden Kalenderjahres fällig.

Die hier bestellte Grundschuld soll im Grundbuch erste Rangstelle erhalten. Die derzeit eingetragenen Belastungen werden mit Vollzug der Erwerbsurkunde gelöscht. Hilfsweise wird die Eintragung an nächstoffener Rangstelle bewilligt und beantragt.

Die Ehegatten Martin Delling und Melanie Delling treten mit ihrer am Pfandobjekt zur Eintragung gelangenden Auflassungsvormerkung im Rang hinter die heute bestellte Grundschuld samt Zinsen zurück und

beantragen

die Eintragung dieser Rangänderung im Grundbuch.

§ 2 Dingliche Zwangsvollstreckungsunterwerfung

Wegen des Grundschuldkapitals nebst Zinsen und sonstiger Nebenleistung unterwerfen sich der Sicherungsgeber – und der Darlehensnehmer – der sofortigen Zwangsvollstreckung aus dieser Urkunde in das belastete Pfandobjekt in der Weise, dass die sofortige Zwangsvollstreckung bei einem Grundeigentum auch gegen den jeweiligen Eigentümer und bei einem Erbbaurecht auch gegen den jeweiligen Erbbauberechtigten zulässig sein soll.

§ 3 Haftungsübernahme und Zwangsvollstreckungsunterwerfung

Für die Zahlung eines Geldbetrages, dessen Höhe der bewilligten Grundschuld (Kapital, Zinsen und die sonstige Nebenleistung) entspricht, übernehmen die Darlehensnehmer Martin Delling und Melanie Delling – mehrere Personen als Gesamtschuldner – die persönliche Haftung, aus der er ohne vorherige Zwangsvollstreckung in das belastete Pfandobjekt in Anspruch genommen werden kann. Er unterwirft sich wegen dieser persönlichen Haftung der Gläubigerin gegenüber der sofortigen Zwangsvollstreckung aus dieser Urkunde in das gesamte Vermögen. Die Gläubigerin kann die persönliche Haftung unabhängig von der Eintragung der Grundschuld und ohne vorherige Zwangsvollstreckung in das belastete Pfandobjekt geltend machen.

§ 4 Anträge

a) Es wird bewilligt und beantragt, im Grundbuch einzutragen:
   die vorstehend bestellte Grundschuld nebst Zinsen und sonstiger Nebenleistung mit dem unter Ziffer I angegebenen Inhalt und an der dort bestimmten Rangstelle einschließlich der unter Ziffer 2 erklärten Unterwerfung unter die sofortige Zwangsvollstreckung.
   Falls der Grundbesitz aus mehreren Pfandobjekten besteht und die gleichzeitige Eintragung nicht möglich ist, wird getrennte Eintragung bewilligt und beantragt. Jede weitere Eintragung soll eine Einbeziehung in die Mithaft für die bereits eingetragene Grundschuld darstellen, so dass dadurch eine Gesamtgrundschuld entsteht.
b) Der Sicherungsgeber beantragt gegenüber dem Grundbuchamt: der Gläubigerin nach Erledigung der Eintragungsanträge eine vollständige unbeglaubigte Grundbuchabschrift zu erteilen.
c) Der Notar wird beauftragt:
   - der Gläubigerin sofort eine vollstreckbare Ausfertigung gemäß Ziffer 6 dieser Urkunde zu erteilen;
   - dem Sicherungsgeber eine einfache Abschrift dieser Urkunde zu erteilen;
   - dem Grundbuchamt eine Ausfertigung dieser Urkunde einzureichen.

§ 5 Zustimmung des Ehegatten

Ehegatten stimmen der heutigen Urkunde zu.

§ 6 Vollstreckbare Ausfertigung

Die Gläubigerin ist berechtigt, auf ihren einseitigen Antrag sich eine vollstreckbare Ausfertigung dieser Urkunde sowohl wegen des Kapitals als auch wegen eines Teiles desselben und wegen einzelner Zinsraten auf Kosten des Darlehensnehmers erteilen zu lassen. Es wird auf den Nachweis der Tatsachen verzichtet, die das Entstehen und die Fälligkeit der Grundschuld nebst Zinsen und sonstiger Nebenleistung oder ihrer schuldrechtlichen Ansprüche bedingen.

Der Darlehensnehmer verzichtet zudem auf den Nachweis des Eigentumswechsels.

§ 7 Vollmacht

Die jeweiligen Angestellten an der Notarstelle Herrmann und Volmer in Obernburg a. Main werden einzeln und befreit von den Beschränkungen des § 181 BGB ermächtigt, alle zum Vollzug dieser Urkunde erforderlichen Erklärungen abzugeben.

§ 8 Hinweise

Der Notar hat auf folgendes hingewiesen:

Grundschuld und Schuldanerkenntnis sind unabhängig von einer Darlehensaufnahme und begründen jederzeit durchsetzbare Ansprüche der Gläubigerin, die durch eine Sicherungsvereinbarung (Zweckbestimmungserklärung) begrenzt werden müssen. Der Kreis der gesicherten Forderungen wird durch die Zweckbestimmungserklärung festgelegt.

§ 9 Zweckerklärung

Diese Grundschuld dient der Finanzierung des Kaufpreises, der aufgrund der vorausgehenden Urkunde des amtierenden Notars von heute zu zahlen ist.

Verkäufer und Käufer haben hierzu folgende Vereinbarungen getroffen:

a) **Sicherungsabrede**
Die Grundschuldgläubigerin darf die Grundschuld nur insoweit als Sicherheit verwerten oder behalten, als sie tatsächlich Zahlungen mit Tilgungswirkung auf die Kaufpreisschuld des Käufers geleistet hat. Sollte die Grundschuld zurückzugewähren sein, so kann nur ihre Löschung verlangt werden, nicht Abtretung oder Verzicht. Alle weiteren Zweckbestimmungserklärungen, Sicherungs- und Verwertungsvereinbarungen innerhalb oder außerhalb dieser Urkunde gelten erst, nachdem der Kaufpreis vollständig bezahlt ist, in jedem Fall ab Eigentumsumschreibung. Ab diesem Zeitpunkt gelten sie für und gegen den Käufer als neuen Sicherungsgeber.

b) **Zahlungsanweisung**
Soweit der Kaufpreis nicht zur Freistellung des verkauften Grundbesitzes von eingetragenen Belastungen zu verwenden ist, sind Zahlungen gemäß a) auf das Konto des Verkäufers zu leisten.

c) **Persönliche Zahlungspflichten, Kosten**
Der Verkäufer übernimmt im Zusammenhang mit der Grundschuldbestellung keinerlei persönliche Zahlungspflichten. Der Käufer verpflichtet sich, den Verkäufer von allen Kosten und sonstigen Folgen der Grundschuldbestellung freizustellen.

d) **Fortbestand der Grundschuld**
Die Grundschuld darf auch nach der Umschreibung des Eigentums auf den Käufer weiterbestehen. Der Verkäufer überträgt hiermit alle Rechte, die ihm hinsichtlich der Grundschuld infolge Tilgung oder aus einem anderen Rechtsgrund zustehen, ab Kaufpreiszahlung, in jedem Fall aber ab Eigentumsumschreibung, auf den Käufer, auf mehrere im angegebenen Anteilsverhältnis, und bewilligt die entsprechende Eintragung im Grundbuch.

Die Gläubigerin erhält eine beglaubigte Abschrift des vorerwähnten Kaufvertrages.

▲

Lösung – Vollzugsbogen zum Kaufvertrag:

Der Vollzugsbogen zum Kaufvertrag könnte wie folgt aussehen (erstellt auf der Grundlage des Leermusters; siehe hierzu Anhang 2):

Vorgang	SB:	UVZNr. 789/2023/V Termin:

		Maßnahme	Nr.	Veranlasst	Gemahnt	Erledigt
1.		Vormerkung ~~sofort~~/nach 3			o	
		Mit FinanzierungsGS URNr(n). 790				
	☒	Abschriften an Bet. und Bank			o	
2.		2. (Kontroll-)Einsicht Rang				
3.	☒	Gen. Beteiligter RA Meier,			o	
	☒	mit IV-Nachweis			o	
4.		Gen. § 51 BauGB (Umlegung)			o	
		Gen. § 144 BauGB (Sanierung)			o	
					o	
		Gen. GrdstVG			o	
					o	
		Gen. Verwalter mit Nachweis			o	
		Gen. Eigentümer bei Erbbaurecht				
					o	
		BtG/FamG			o	
		Entgegennahme				
					o	
5.	☒	Unbedenklichkeitsbescheinigung			o	
		Mitteilung FA über Gen. nach 3				
6.		Schenkung/Erbschaftsteuerstelle				
7.	☒	Gutachterausschuss	(ohne)			
8.	☒	Vorkaufsrecht Gemeinde			o	
		Vorkaufsrecht Mieter			o	
		VorkR			o	
					o	
9.		Lastenfreistellung, alle Löschung				
	☒	SpK Ostallgäu			o	
	☒	Erdmann GmbH			o	
	☒	Alsmann GmbH			o	
	☒	Maschinenbau BG			o	
	☒	Land NRW, FA Siegburg			o	
10.		Fälligkeitsmitteilung nach 1, 8, 9				
11.		Zahlungsbestätigung Verkäufer			o	
		Entlassung aus Auflagen			o	
		Nachweis unbare Zahlung (GwG)			o	
12.		Vollzug			o	
		VM an Beteiligte			o	

WV:

Auflage(n)	
	Nein
	Ja
	Erl.

Anmerkungen zum Kaufvertrag:

Aus dem Urkundseingang ergibt sich, dass der verkaufende Insolvenzverwalter an der Beurkundung nicht beteiligt war und deswegen nachgenehmigen muss (siehe § 2 Rdn 144).

Die Vormerkung ist bis zu seiner Genehmigung aufzuschieben (siehe § 2 Rdn 190), ebenso muss die Genehmigungsmitteilung an das Finanzamt vorgemerkt werden.

Im Übrigen sind die Veräußerungsanzeige unter Hinweis auf fehlende Wirksamkeit zu fertigen, ebenso die Information an den Gutachterausschuss und die Anfrage zum gemeindlichen Vorkaufsrecht (siehe § 2 Rdn 36).

Sämtliche Belastungen kommen zur Löschung, deswegen Anfragen an die Sparkasse Ostallgäu und die Inhaber der diversen Zwangshypotheken (siehe § 2 Rdn 175).

Die Fälligkeitsmitteilung ist von der Vormerkung und den Lastenfreistellungserklärungen abhängig. Die Nachgenehmigung des Insolvenzverwalters ist schon Teil der Voraussetzung für die Vormerkungseintragung. Sie könnte separat als weitere Fälligkeitsvoraussetzung festgelegt werden, was aber im Gesamtzusammenhang nicht zwingend erforderlich erscheint und deswegen hier nicht gemacht wurde.

Zu vermerken ist auch – weil gleichfalls nicht sofort eintragungsfähig – die nachfolgende Finanzierungsgrundschuldurkunde UVZ-Nr. 790.

Lösung – Vollzugsbogen zur Grundschuld:

Der Vollzugsbogen zur Grundschuld könnte wie folgt aussehen (erstellt auf der Grundlage des Leermusters; siehe hierzu Anhang 2):

Vorgang	SB:	UVZNr. 790/2023 V Termin:

		Maßnahme	Nr.	Veranlasst	Gemahnt	Erledigt
1.		Vormerkung sofort/nach			o	
		Mit FinanzierungsGS URNr(n).				
	☒	Abschriften Bank (vollstr.),			o	
2.		2. (Kontroll-)Einsicht Rang				
3.		Gen. Beteiligter			o	
					o	
4.		Gen. § 51 BauGB (Umlegung)			o	
		Gen. § 144 BauGB (Sanierung)			o	
					o	
		Gen. GrdstVG			o	
					o	
		Gen. Verwalter mit Nachweis			o	
		Gen. Eigentümer bei Erbbaurecht				
					o	
		BtG/FamG			o	
		Entgegennahme				
					o	
5.		Unbedenklichkeitsbescheinigung			o	
		Mitteilung FA über Gen.				
6.		Schenkung/Erbschaftsteuerstelle				
7.		Gutachterausschuss	(ohne)			
8.		Vorkaufsrecht Gemeinde			o	
		Vorkaufsrecht Mieter			o	
		VorkR			o	
					o	
9.		Lastenfreistellung				
					o	
					o	
					o	
					o	
					o	
10.		Fälligkeitsmitteilung				
					o	
11.		Zahlungsbestätigung Verkäufer			o	
		Entlassung aus Auflagen			o	
12.		Vollzug mit Kauf (AV) URNr.			o	
		VM an Beteiligte			o	

WV:

Auflage(n)	
	Nein
	Ja
	Erl.

Anmerkungen zur Grundschuld:

Die Kopien an die Beteiligten können unmittelbar verschickt werden.

Die Bank will auch sofort eine vollstreckbare Ausfertigung (vor Grundbuchvollzug, siehe § 2 Rdn 236). Das ergibt sich aus dem Auftrag nach § 6 der Urkunde.

Zu vermerken ist aber, dass ein Vollzug erst mit der Vormerkung aus dem Kaufvertrag UVZ-Nr. 789 zur Eintragung kommen kann, weil der Insolvenzverwalter noch nachgenehmigen muss. Eine isolierte Nachgenehmigung der Grundschuld ist aber nicht erforderlich (siehe § 2 Rdn 226). Seine Nachgenehmigung des Kaufs deckt die Finanzierungsvollmacht mit ab.

Anhang 1

Amtsgericht Obernburg

Grundbuch

von

Hofstetten

Band 99 Blatt 4343

Amtsgericht Obernburg Einlegebogen

Grundbuch von Hofstetten Band 99 Blatt 4343 Bestandsverzeichnis 1

Lfd. Nr.der Grundstücke	Bisherige lfd. Nr. d. Grundstücke	Bezeichnung der Grundstücke und der mit dem Eigentum verbundenen Rechte		Größe		
		Gemarkung (nur bei Abweichung vom Grundbuchbezirk angeben) Flurstück	Wirtschaft und Lage	ha	a	m2
		a/b				
1	2	3		4		
1	-	1200	Schneitweg, Grünland	-	14	10
2	-	1530	Am Hühnersteg, Grünland	-	5	90
3	-	Kleinwallstadt 3210	In der Höhe, Ackerland	-	10	70
4	-	Kleinwallstadt 3210/2	In der Höhe, Ackerland	-	6	60
5	-	Kleinwallstadt 3219	In der Höhe, Ackerland	-	6	60
6	-	Kleinwallstadt 2106	Wiesenbrunnen, Ackerland	-	13	20
7	-	Kleinwallstadt 3540	Wallster, Ackerland	-	28	00
8	-	679	Grundlos, Ackerland	-	18	20
9	-	5911	Nasse Wiesen, Grünland	-	10	00
10	-	4216	Oberer Rain, Ackerland	-	13	98
11	-	360	Im krummen Weg, Wald	-	–	34
12	-	630	Im krummen Weg, Wald	-	–	31
13	-	348	Im krummen Weg, Wald	-	–	50
14	-	7015	Am roten Anger, Ackerland	-	29	20
15	-	2	Wallstraße 3, Wohnhaus, Wirtschaftsgebäude, Hofraum	-	6	09
16	-	717	Schlag, Wald	-	19	30
17	-	579	Grundlos, Ackerland	-	12	30
18	-	6112	Ölberg, Ackerland	-	19	50
19	-	7212	Am Schneitweg, Ackerland	-	36	10
20	-	4613	Brodrain, Ackerland	-	10	10
21	-	7217	Reinscht, Grünland	-	7	90
22	-	9517	Birkental, Grünland	-	22	30
23	-	Kleinwallstadt 8921	Kiesäcker, Ackerland	-	14	70
24	-	604/4	An der Genossenschaftsstraße, Bauplatz	-	7	93
25	-	604/8	Am Neugraben, Wirtschaftsgebäude, Garten	-	1	99
26	R. v. 24	604/4	Nähe Heckenweg, Bauplatz	-	3	11
27	10	4216	Oberer Rain, Ackerland	-	14	09
28	21	7217	Reinscht, Grünland		7	70
29	19	7212	Am Schneitweg, Ackerland			97
	19	7212/1	Kr MIL 30, Verkehrsfläche		35	13
30	20	4613	Brodrain, Ackerland		8	91
	20	4613/1	Kr MIL 30, Verkehrsfläche		1	09
31	28	7217	Reinscht, Grünland		6	18
	28	7217/1	Höllenrain, Verkehrsfläche			21
	28	7217/2	Kr MIL 30, Verkehrsfläche		1	31

Amtsgericht Obernburg Einlegebogen

Grundbuch von Hofstetten Band 99 Blatt 4343 Bestandsverzeichnis 1 R

Bestand und Zuschreibungen		Abschreibungen	
Zur lfd. Nr. der Grundstücke		Zur lfd. Nr. der Grundstücke	
5	6	7	8
1–10	Von Bd. 11 Bl. 849		
11–25	von Bd. 18 Bl. 960 umgeschrieben am 18.3.1985.	24	Von BVNr. 24 Teilf. nach Bd. 33 Bl. 2818 weggemessen.
	Bomba	26	Rest unter Nr. 26 vorgetragen am 23.8.1993 – VNNr. 188
10, 27	FN 0160:		*Krebs*
	BVNr. 10 nach Flächenberichtigung (+ 11 qm) unter BVNr. 27 neu vorgetragen am 27.7.2005.	18	Nach Bd. 33 Bl. 1430 übertragen am 7.12.1993.
	Klotz		*Krebs*
		14	übertragen nach Blatt 1432 am 23.1.2004.
21, 28	FN 165:		*Müller*
	BVNr. 21 nach Flächenberichtigung (- 20 qm) unter BVNr. 28 neu vorgetragen am 9.8.2005.	29, 30, 31	Flst.Nr. 7212/1, 4613/1 und 7217/2 übertragen nach Blatt 1112 am 29.1.2007.
	Klotz		*Ebetsch*
19, 29	FN 173:	31	Flst. 7217/1 übertragen nach Blatt 9016 am 29.1.2007
	BVNr. 19 nach Zerlegung als ein Grundstück unter BVNr. 29 neu vorgetragen am 28.6.2006.		*Ebetsch*
	Klotz		
20, 30	FN 174:		
	BVNr. 20 nach Zerlegung als ein Grundstück unter BVNr. 30 neu vorgetragen am 10.7.2006.		
	Klotz		
28, 31	FN 174:		
	BVNr. 28 nach Zerlegung als ein Grundstück unter BVNr. 31 neu vorgetragen am 17.7.2006.		
	Klotz		

Amtsgericht Obernburg | Einlegebogen

Grundbuch von Hofstetten Band 99 Blatt 4344 Erste Abteilung 1

Lfd.Nr. der Eintragungen	Eigentümer	Lfd.Nr. der Grundstücke im Bestandsverzeichnis	Grundlage der Eintragung
1	2	3	10
1	Reuler, Horst in Hofstetten geb. am 17.2.1940	1–10 11–25	Erworben wie Bd. 11 Bl. 850; erworben wie Bd. 18 Bl. 960; umgeschrieben am 18.3.1985. *Bomba*
2.1	Walter Reuler, geb. am 23.9.1962	1–9, 11–13	Erbschein vom 25.3.2007 Az: VI 140/07 Amtsgericht Obernburg; eingetragen am 19.9.2007
2.2	Erna Schmitt, geb. Reuler, geb. am 11.8.1963	15–17 22–27	
2.3	Jörg Reuler, geb. am 14.3.1968 in Erbengemeinschaft		*Ebetsch*

Amtsgericht Obernburg Einlegebogen

Grundbuch von Hofstetten Band 99 Blatt 4343 Zweite Abteilung 1

Lfd.Nr. der Eintragungen	Lfd.Nr. der betroffenen Grundstücke im Bestandsverzeichnis	Lasten und Beschränkungen
1	2	3
1	6	Der Ausübung nach an Dritte übertragbare Rechte: auf Überspannung mit Leitungen samt Zubehör, auf Begehung zu Kontrollzwecken und auf Vornahme der Erhaltungs- und Ausbesserungsarbeiten, auf Unterlassung von Maßnahmen, welche den Bestand oder Betrieb der Leitung gefährden, für die Bayernwerk-AG, Bayerische Landeselektrizitätsversorgung in München. Gemäß Bewilligung vom 22.8.1950, eingetragen am 6.12.1950; umgeschrieben am 18.3.1985. *Wied* *Bomba*
2	2	Vormerkung zur Sicherung des Anspruchs auf Eigentumsübertragung für den jeweiligen Eigentümer des Grundstücks Flst. Nr. 216 der Gemarkung Hofstetten. Gemäß Bewilligung vom 17.12.1958 – URNr. 2662/58 Notar Dr. Josef Eichinger, Obernburg – eingetragen am 27.4.1959, umgeschrieben am 18.3.1985. *Wied* *Bomba*
3	7,9	Starkstromleitungs- und Begehungsrecht zugunsten der Bayernwerk AG in München (Bayer. Landeselektrizitätsversorgung). Gemäß Bewilligung vom 19.7.1971, eingetragen am 30.10.1961; umgeschrieben am 18.3.1985. *Wied* *Bomba*
4	19, 29	Der Ausübung nach an Dritte übertragbare Rechte: a) auf Überspannung mit Leitungen samt Zubehör, b) auf Begehung zu Kontrollzwecken und auf Vornahme der Erhaltungs- und Auswechselungsarbeiten, c) auf Unterlassung von Maßnahmen, welche den Bestand oder Betrieb der Leitungen gefährden, für die Bayernwerk-AG, Bayerische Landeselektrizitätsversorgung in München. Gemäß Bewilligung vom 22.8.1950, eingetragen am 13.12.1950; umgeschrieben am 18.3.1985. *Wied* *Bomba*
5	20, 21, 28 30, 31	Starkstromleitungs- und Begehungsrecht zugunsten der Bayernwerk AG in München (Bayer. Landeselektrizitätsversorgung). Gemäß Bewilligung vom 19.7.1961, eingetragen am 30.10.1961; umgeschrieben am 18.3.1985. *Wied* *Bomba*
6	15	Leibgeding für Katharina Reuler, geb. Reus in Hofstetten. Löschbar bei Todesnachweis. Gemäß Bewilligung vom 7.8.1969 eingetragen am 28.11.1969; umgeschrieben am 18.3.1985. *Wied* *Bomba*

Amtsgericht Obernburg — Einlegebogen

Grundbuch von Hofstetten Band 99 Blatt 4343 Zweite Abteilung 1 R

Veränderungen		Löschungen	
Lfd.Nr. der Spalte 1		Lfd.Nr. der Spalte 1	
4	5	6	7
10	Der Inhalt des Rechts ist geändert; gemäß Bewilligung vom 5.12.2001 URNr. 1615/2001 Notar Klotz, Obernburg; eingetragen am 17.12.2001. *Ebetsch*	8	Gelöscht am 23.8.1993.
		13, 14	Gelöscht am 29.1.2007. *Ebetsch*

Fortsetzung auf Einlegebogen 2

Amtsgericht Obernburg Einlegebogen

Grundbuch von Hofstetten Band 99 Blatt 4343 Zweite Abteilung 2

Lfd.Nr. der Eintragungen	Lfd.Nr. der betroffenen Grundstücke im Bestandsverzeichnis	Lasten und Beschränkungen
1	2	3
7	18	Das Baulandumlegungsverfahren ist eingeleitet. Eingetragen am 10.9.1991. *Wied* *Bomba*
8	24	Auflassungsvormerkung für Herrn Richard Walz in Kleinwallstadt. Gemäß Bewilligung vom 27.1.1993 eingetragen am 1.2.1993. *Wied* *Bomba*
9	26	Vorkaufsrecht für alle Verkaufsfälle für den jeweiligen Eigentümer des Flst. 604/95 Gem. Hofstetten. Gemäß Bewilligung vom 27.1.1993 eingetragen im Gleichrang mit dem Recht Nr. 9 am 23.8.1993. *Wied* *Krebs*
10	26	Abwasserkanalverlegungsrecht für den jeweiligen Eigentümer des Flst. 604/95 Gem. Hofstetten. Gemäß Bewilligung vom 27.1.1993, eingetragen im Gleichrang mit dem Recht Nr. 8 am 23.8.1993. *Ebetsch*
11	25	Abwasserkanalverlegungsrecht für den jeweiligen Eigentümer von Flst.Nr. 604/95 Gemarkung Hofstetten; gemäß Bewilligung vom 5.12.2001 URNr. 1615/2001 Notar Klotz, Obernburg; eingetragen am 17.12.2001. *Ebetsch*
12	20, 21, 28, 30, 31	Beschränkte persönliche Dienstbarkeit (Starkstromleitungsrecht) für **E.ON Bayern AG,** Regensburg; (20 KV Kabelleitung Hofstetten 4-Eichelsbach 1); gemäß Bewilligung vom 5.1.2005 URNr. 120/2005 Notar Volmer, Obernburg; eingetragen am 11.1.2005. *Siebentritt*
13	29, 30, 31	Auflassungsvormerkung bzgl. Flst.Nr. 7212/1, 4613/ und 7217/2 für den Landkreis Miltenberg; gemäß Bewilligung vom 10.10.2006 URNr. 1800/06 Notar Volmer, Obernburg; eingetragen am 19.10.2006. *Ebetsch*
14	31	Auflassungsvormerkung bzgl. Flst.Nr. 7217/1 für den Markt Kleinwallstadt; gemäß Bewilligung vom 10.10.2006 URNr. 1800/06 Notar Volmer, Obernburg; eingetragen am 19.10.2006. *Ebetsch*

Amtsgericht Obernburg Einlegebogen

Grundbuch von Hofstetten Band 99 Blatt 4343 Zweite Abteilung 2 R

Lfd.Nr. der Eintragungen	Lfd.Nr. der betroffenen Grundstücke im Bestandsverzeichnis	Lasten und Beschränkungen
1	2	3

Amtsgericht Obernburg | Einlegebogen

Grundbuch von Hofstetten Band 99 Blatt 4343 Dritte Abteilung 1

Lfd.Nr. der Eintragungen	Lfd.Nr. der belasteten Grundstücke im Bestandsverzeichnis	Betrag	Hypotheken, Grundschulden, Rentenschulden
1	2	3	4
	23		
1	11–17, 22, 23, 25	20.000,– DM	Grundschuld ohne Brief zu zwanzigtausend DM für die Kreissparkasse Obernburg-Klingenberg in Obernburg.
	26, 29, 30, 31	10.225,84 EUR	Jahreszinsen: bis zu 13 % ab Eintragungstag. Vollstreckbar nach § 800 ZPO. Gemäß Bewilligung vom 30.6.1966, eingetragen am 25.7.1966; umgeschrieben am 18.3.1995.
			Wied *Bomba*
2	15	20.000,– DM	Grundschuld ohne Brief zu zwanzigtausend DM für die Kreissparkasse Obernburg-Klingenberg in Obernburg. Jahreszinsen: bis zu 16 %. Vollstreckbar nach § 800 ZPO.
		10.225,84 EUR	Jahreszinsen: bis zu 16 %. Vollstreckbar nach § 800 ZPO. Gemäß Bewilligung vom 2.9.1971 eingetragen am 17.9.1971; umgeschrieben am 18.3.1985.
			Wied *Bomba*
3	15	25.000,– DM	Grundschuld ohne Brief zu fünfundzwanzigtausend DM für die Kreissparkasse Obernburg-Klingenberg in Obernburg.
		12.782,30 EUR	Jahreszinsen bis 16 %; vollstreckbar nach § 800 ZPO. Gemäß Bewilligung vom 20.12.1971 eingetragen am 19.1.1972; umgeschrieben am 18.3.1985.
			Wied *Bomba*

Amtsgericht Obernburg | Einlegebogen

Grundbuch von Hofstetten Band 99 Blatt 4343 Dritte Abteilung 1 R

Veränderungen			Löschungen		
Lfd.Nr. der Spalte 1	Betrag		Lfd.Nr. der Spalte 1	Betrag	
5	6	7	8	9	10
1	20.000,– DM	Löschungsvormerkung für den jeweiligen Gläubiger der Post Nr. 2. Gemäß Bewilligung vom 2.9.1971, eingetragen am 17.9.1971; umgeschrieben am 18.3.1985. *Wied* *Bomba*			
1 2	20.000,– DM 20.000,– DM	Löschungsvormerkung für den jeweiligen Gläubiger der Post Nr. 2. Gemäß Bewilligung vom 20.12.1971 eingetragen am 19.1.1972; umgeschrieben am 18.3.1985. *Wied* *Bomba*			
1	20.000,– DM	BVNr. 24 ist aus Mithaft entlassen. Eingetragen am 8.3.1993. *Wied* *Bomba*			
1	20.000,– DM	BVNr. 18 ist aus der Mithaft entlassen; eingetragen am 7.12.1993. *Wied* *Bomba*			
1	10.225,84 EUR	Lfd.Nr. 1 nun: zehntausendzweihundertfünfzig 84/100 EUR;			
2	10.225,84 EUR	lfd.Nr. 2 nun: zehntausendzweihundertfünfzig 84/100 EUR;			
3	12.782,30 EUR	lfd.Nr. 3 nun: zwölftausendsiebenhundertzweiundachtzig 30/100 EUR; jeweils nach § 26a Abs. 1 GBMaßnG umgestellt am 23.1.2004. *Müller*			
1	10.225,84 EUR	Aus Mithaft entlassen: BVNr. 14; eingetragen am 23.1.2004. *Müller*			
1	10.225,84 EUR	Aus Mithaft entlassen: Flst.Nr. 7212/1, 4613/1, 7217/2 und 7217/1; eingetragen am 29.1.2007. *Ebetsch*			

Anhang 2

Kopiervorlage

Vorgang	SB:	URNr. Termin:

		Maßnahme	Nr.	Veranlasst	Gemahnt	Erledigt
1.		Vormerkung sofort/nach			o	
		Mit FinanzierungsGS URNr(n).				
		Abschriften an			o	
2.		2. (Kontroll-)Einsicht Rang				
3.		Gen. Beteiligter			o	
					o	
4.		Gen. § 51 BauGB (Umlegung)			o	
		Gen. § 144 BauGB (Sanierung)			o	
					o	
		Gen. GrdstVG			o	
					o	
		Gen. Verwalter mit Nachweis			o	
		Gen. Eigentümer bei Erbbaurecht				
					o	
		BtG/FamG			o	
		Entgegennahme				
					o	
5.		Unbedenklichkeitsbescheinigung			o	
		Mitteilung FA über Gen.				
6.		Schenkung/Erbschaftsteuerstelle				
7.		Gutachterausschuss	(ohne)			
8.		Vorkaufsrecht Gemeinde			o	
		Vorkaufsrecht Mieter			o	
		VorkR			o	
					o	
9.		Lastenfreistellung				
					o	
					o	
					o	
					o	
					o	
10.		Fälligkeitsmitteilung				
					o	
11.		Zahlungsbestätigung Verkäufer			o	
		Entlassung aus Auflagen			o	
12.		Vollzug			o	
		VM an Beteiligte			o	

WV:

Auflage(n)	
	Nein
	Ja
	Erl.

Stichwortverzeichnis

fette Zahlen = Paragrafen, magere Zahlen = Randnummern, Zahlen mit vorangestelltem M = Fundstellen mit Mustertexten, Zahlen mit vorangestelltem C = Fundstellen mit Checklisten